陕西师范大学人文社会科学高等研究院资助出版（项目编号2018GY006）

陕西师范大学人文社会科学高等研究院资助出版（项目编号2018GY006）

中国文学人类学原创书系
叶舒宪　主编

语言人类学

（修订本）

纳日碧力戈　著

陕西师范大学出版总社

图书代号:SK19N0770

图书在版编目(CIP)数据

语言人类学 / 纳日碧力戈著. —修订本. —西安:
陕西师范大学出版总社有限公司, 2019.7
(中国文学人类学原创书系 / 叶舒宪主编)
ISBN 978-7-5695-0856-7

Ⅰ. ①语… Ⅱ. ①纳… Ⅲ. ①人类语言学
Ⅳ. ①H0

中国版本图书馆 CIP 数据核字(2019)第 112880 号

语言人类学(修订本)
YUYAN RENLEIXUE
纳日碧力戈 著

责任编辑 张旭升
责任校对 雷亚妮
装帧设计 锦 册
出版发行 陕西师范大学出版总社
(西安市长安南路 199 号 邮编 710062)
网 址 http://www.snupg.com
印 刷 西安牵井印务有限公司
开 本 720mm×1020mm 1/16
印 张 14.5
插 页 2
字 数 206 千
版 次 2019 年 7 月第 1 版
印 次 2019 年 7 月第 1 次印刷
书 号 ISBN 978-7-5695-0856-7
定 价 65.00 元

总序

2018年，正值中国改革开放40周年纪念之际，陕西师范大学出版总社推出"中国文学人类学原创书系"，对改革开放的时代大潮在人文学界催生的这个新兴学科，给出一个较全面的回顾与总结，以便继往开来，积极拓展人文学科的教学与研究新局面，可谓恰逢其时。

50后这代人的青春岁月，激荡在汹涌澎湃的"文革"浪潮之中。"文革"后的改革开放，相当于天赐给这一代知识人第二次青春。1977年恢复高考，我们在1978年春天步入大学校园，那种只争朝夕、如饥似渴的求学景象，至今仍历历在目。改革开放带来"科学的春天"，也第一次带来人文科学方面的世界景观。正如改革的基本方向是向发达国家学习市场经济模式一样，人文学者们也投入全副精力，虚心学习借鉴国际上先进的理论与研究方法。"神话-原型批评"就是当时的新方法论讨论热潮中，最早进入我们视野的一个理论流派。1986年我编成译文集《神话-原型批评》时，先将长序刊发在《陕西师大学报》上，文中介绍原型理论的宗师弗莱的观点时讲道：

> 物理学和天文学形成于文艺复兴时期，化学形成于18世纪，生物学形成于19世纪，而社会科学则形成于20世纪。系统的文

> 学批评学只是到了今天才得以发展。……正像自然科学体系的建立有赖于把握自然界本身的规律。一部文学作品,它所体现的规律性因素不是作家个人天才创造发明的,而是在文学的历史发展中,在文化传统中所形成的,这种规律性的因素就是“原型”。……从文学史的考察中可以看到,文学作为一个有机整体,植根于原始文化,最初的文学模式必然要追溯到远古的宗教仪式、神话和民间传说中去。“这样说来,探求原型实际上就是一种文学上的人类学”。

当时无论如何也不曾想到,这样一段话,居然能够准确地预示这一批学人后来几十年学术探索的方向。“文学人类学”这个名称,也就由此在汉语学术界里发端。10 年之后的 1996 年,在长春召开的中国比较文学学会第五届学术年会上,中国文学人类学研究会宣告成立(首任会长为萧兵先生),如今简称“文学人类学研究会”。从研究文学的神话原型,到探索华夏文明的思想、信仰和想象的原型,这一派学者如今正式提出的大小传统理论和文化文本符号编码理论,可以说早已全面超越了当年所借鉴学习的原型批评理论,走出文学本位的限制,走向融通文史哲、宗教、艺术、心理学的广阔领域。

从 1986 年到 2018 年,整整 32 年过去了,我们也经历了自己人生从而立到花甲的过程。如今我们要解读的是 5000 多年前的先于华夏文明国家的“文化文本”,阐发的是河南灵宝西坡仰韶文化大墓的神话学内涵。这是当年完全没有预料到的。是问题意识,先把我们引入文化人类学的宽广领域,再度引入中国考古学的全新知识世界,这样的跨越幅度,的确是当初摸索文学人类学研究范式时所始料未及的。

从原型批评倡导的文学有机整体论,拓展到文化符号的有机整体论、史前与文明贯通的文化文本论,这就是我们努力探索近 40 年的基本方向。西周青铜器上出现“中国”这个词语,至今不过 3000 年时间。2018 年 2 月 4 日,我第二次给国家图书馆“文津讲坛”开设讲座,题目是“九千年玉文化传承”。今日的学者能够在 9000 年延续不断的文化大背景中研究“中国”

和“中国文学”，就是从先于文字的文化大传统，重新审视文字书写小传统的一套完整思路。相信这样一种前无古人的理论思路和研究范式，是学者们对西方原型批评方法的全面超越和深化，这将会引向未来的知识更新格局。

本丛书要展示这 40 年的探索历程，以萧兵先生为首的这一批兴趣广泛的学人是如何一路走来，并逐渐成长壮大的。本丛书将给这个新兴学科留下它及时的也最有说服力的存照。希望后来者能够继往开来，特别注重不断发展和完善中国版的文化理论和文学理论，包括作为文史研究当代新方法论的三重证据法和四重证据法。

是为丛书总序。

叶舒宪

2018 年 2 月 7 日于北京太阳宫

目录

第一章　导论

语言人类学从文化、社会、历史、实践、权力五个维度研究语言现象，属于符号学、语言学和人类学的交叉学科。语言是文化资源（cultural resource），语言是社会实践（social practice），语言承载历史记忆，语言表达话语权力。从人类学观点看，语言是复杂的指号系统（semiotic system），涉及元语言（用来解释和研究语言现象的语言），涉及文化隐喻和文化传承，涉及社会记忆和社会行动，涉及权力关系、国家治理、民间应对。人类语言是人类存在的构成部分，文化、社会、历史、实践、权力五位一体，互为条件，互为环境，不可分割，不可倒置。文化现象的言说活动产生社会意义，话语实践贮存历史记忆，语言意识形态反映权力关系。需要特别指出的是，意义来自差异，差异让交流成为必要，交流产生新的差异，新的差异让交流继续下去。从声音的抑扬顿挫到内外环境的发展变化，从日常词汇的与时俱进到不同人群的方言土语，差异为信息的产生创造了条件。没有变化，没有差异，就没有信息。语言行为反映文化边界，记载历史记忆；话语表达权力关系，折射不同的社会地位。

第一节　语言人类学定位

一、作为交叉学科的语言人类学

语言人类学是交叉学科，处于语言学和人类学之间，既可属于语言学，也可属于人类学。称之为语言人类学（linguistic anthropology）或人类语言学（anthropological linguistics），取决于研究者的知识结构和个人偏好，不存在绝对标准。笔者根据语言人类学家海姆斯（Dell Hymes）的意见①，把它归入人类学，称语言人类学。语言人类学从人类学角度研究语言现象和语言实践。

杜然提（Duranti）认为，语言人类学和人类语言学交叉重叠，难分彼此，要把二者区分开来，就要改写历史。② 人类学家从语言研究社会③，用音位学理论研究社会和文化④，语言学家也用文化诠释语言⑤。许多研究者并不在乎学科名称，用法比较随意。海姆斯在讨论语言人类学的时候，同时使用了语言人类学和人类语言学。⑥ 尽管如此，半个多世纪之后，语言人类学还是确认了自己的名称和学科位置。⑦ 语言人类学者需要具备跨学科的知识，他们要研究人类学、社会学、语言学、哲学等等多学科问题。边缘即特点。语言人类学的研究方法兼顾民族志浓描和理论对话，推陈出新，注重吸收当代

---

① Dell Hymes, "Objective and Concepts of Linguistic Anthropology," in David, Mandelbaum, G. W. Lasker and E. M. Albert, eds, *The Teaching of Anthropology*, American Anthropological Association, 1963, pp. 275-302.

② Alessandro Duranti, *Linguistic Anthropology*, Cambridge: Cambridge University Press, 1997, pp. 1-2.

③ 如摩尔根、博厄斯。

④ 如列维－斯特劳斯。

⑤ 如柏林和凯研究颜色词。

⑥ Dell Hymes, "General Introduction," in *Language in Culture and Society: A Reader in Linguistics and Anthropology*, New York: Harper & Row, 1964, pp. xxi-xxxii.; Alessandro Duranti, *Linguistic Anthropology*, Cambridge: Cambridge University Press, 1997, pp. 1-2.

⑦ 且不提国外大量的语言人类学专著和教科书，截至 2018 年 6 月，国内已经出版了三部冠名“语言人类学”的专著，何俊芳：《语言人类学教程》，中央民族大学出版社 2005 年版；纳日碧力戈：《语言人类学》，华东理工大学出版社 2010 年版；赵杰、田晓黎：《语言人类学》，民族出版社 2015 年版。

思想精华，积极参与跨学科交流。语言人类学研究真实的社会人，把他们当作主体实践者，当作历史记忆的建构者和承载者，当作生活世界的分类者。语言人类学研究的主体是日常生活中的“各色人等”，历尽酸甜苦辣，喜怒哀乐，人情冷暖。语言人类学者和其他人类学者一样，要参与他们的平凡生活，研究他们的日常交往，挖掘深层的社会意义。对于语言人类学者来说，参与和研究社会能动者的言行交融、社会建构的持续过程十分重要，只有参与观察才能发现和把握本土社会发展变化的脉络。

人类语言学和社会语言学也有密切联系。弗理(William A. Foley)指出，人类语言学属于语言学的分支，主要从人类学观点看语言，研究语言使用、语言风格、语言形式和语域(register)，从中发现社会意义；社会语言学把语言看作社会习惯，围绕年龄、性别、阶级、种族等等变量来观察不同社会群体的不同语言行为模式。其实，无论在社会思想渊源方面，还是在具体方法论方面，人类学与社会学都有很多交叉。马克思(Karl Heinrich Marx)、涂尔干(Émile Durkheim)、帕森斯(Talcott Parsons)、福柯(Michel Foucault)、布尔迪厄(又译布迪厄，Pierre Bourdieu)、列维－斯特劳斯(Claude Lévi-Strauss)等社会学家、人类学家的思想和方法，已经渗透了社会学和人类学。像年龄、性别、阶级、种族等概念，这两个学科也都在使用。拉伯夫(William Labov)的社会语言学理论对语言人类学产生了重要影响，弗理和杜然提都在自己的著述中大量引述过他的观点。可以说，人类语言学和社会语言学之间界限不清。尤其是少数民族迁移和都市化、人类学和社会学的学科反思、国际政治格局的变化等等，都是它们共同的研究主题。

语言人类学把语言看作文化资源，认为语言和语言的使用可以反映群体和个人的分类方式和思维特征，反映他们的情感和价值观，也反映他们的行为方式和生活方式。需要着重指出，语言本身是社会构成的组成部分，我们出生在语言世界中，我们的社会养成首先是语言上的养成，语言深深嵌入人类的能动作用之中。博厄斯(Frank Boas)、萨丕尔(Edward Sapir)、马林诺夫斯基(Bronislaw Malinowski)以及其他现代人类学大师，从一开始就高度重视语言对于社会的解释和表现作用，他们或者用语言隐喻社会和文化，或者直接从语言入手研究社会和文化。人类学者格尔茨(Clifford Greertz)把文化看作文本和意义之网：

> 我所采纳的文化概念本质上属于符号学的文化概念，以下的论说文试图表明它的效用。我与马克斯·韦伯一样，认为人是悬挂在由他们自己编织的意义之网上的动物，我把文化看作这些网，因而认为文化的分析不是一种探索规律的实验科学，而是一种探索意义的阐释性科学。①

语言人类学把语言作为社会实践来研究，这本身具有独特、深远的意义。语言绝不限于教科书、大辞典里的正字正音或者规范文本，而是涉及社会生活方方面面的活态交流过程。唯有扩大语言研究的范围，唯有把语言置于生活之流当中，我们才能进行跨学科的语言研究，才能够从现代哲学观点和社会思想中广泛汲取营养，充实自己的研究，提高自己的水平。

海姆斯在1964年编辑出版了《文化和社会中的语言——语言学人类学读本》，收入莫斯(Marcel Mauss)、梅耶(Antoine Meillet)、列维-斯特劳斯、布朗(Roger Brown)、布隆菲尔德(Leonard Bloomfield)等人的著述，这些作者不一定认为自己是语言人类学者，但这个读本的面世具有重要意义：它确定了语言对于理解文化和社会的重要性，确定了文化和社会相对于语言的关联性。②

语言人类学对许多人类学主题进行了创新研究，如通过象征来表现的政治权威构成、权力合法化、种族主义和族群冲突的文化根据、社会化过程、人(自我)的文化构建、情感的政治性、仪式表演与社会控制形式的关系、范畴知识与认知、艺术表演与审美政治、文化接触与社会变迁等等，都在语言人类学中得到新的研究。③

---

① 克利福德·格尔兹：《文化的解释》，纳日碧力戈、郭于华、李彬等译，上海人民出版社1999年版，第5页。

② Alessandro Duranti, ed., *Linguistic Anthropology: A Reader*, Massachusetts & Oxford: Blackwell, 2009.

③ Alessandro Duranti, *Linguistic Anthropology*, Cambridge: Cambridge University Press, 1997.

二、实践理论和无主体性

以“惯习”(habitus,又称“社会习性”)为中心的布尔迪厄实践理论对语言人类学有特殊价值:语言是社会习惯的一部分,它本身就是社会实践;语言习惯是无意识的习惯,它融入文化生活,嵌入生产活动,是表现在主体身上的“无主体性”。福柯在有关权力话语和生物力的论述中,也突出“无主体”观点。[①] 社会人虽然有自己的意愿,但并不能真正对自己的言行负责。无形的力量控制着历史结局和社会后果,让社会充满不确定性。这样的力量是“合力”,它不独属于任何某个因素。这涉及吉登斯(Anthony Giddens)讨论的社会能动者和社会结构的问题。在他看来,社会能动者和社会结构处于互动互生的过程,社会成员在这个过程中利用社会资源组织自己的生活,而他们在利用社会资源的同时,又再生产了这些社会组织资源(结构)。吉登斯指出,社会结构的本质在于:它既是话语实践的工具(媒介),也是它的结果(产品)。这就是结构二重性(duality of structure)。[②]

三、指号三性、象征与认知

美国哲学家和指号学家皮尔士(C. Peirce)及俄国语言学家雅各布森(R. Jakobson)都把包括语言在内的指号(sign)分为物感物觉、物物相指、心智意义三个部分,目前语言人类学常用象似(icon)、标指(index)、象征(symbol)三分,超越了瑞士语言学家索绪尔的两分法(能指 signifier,所指 signified)。[③] 皮尔士指号“三性”(Thirdness)的创见,雅各布森关于语言诗学的创见,都是语言人类学的重要理论根据。

人类学领域一直存在对心理和认知的研究意识和取向,只是各家在处理心理、认知与社会、文化的关系上,看法不同,有时大相径庭。埃文思-普里查德认为,要彻底理解人类社会,就要把它作为符号系统来研究。[④]

---

① Hubert Dreyfus and Paul Rabirow, *Michel Foucault*: *Beyond structuralism and Hermeneutics*, Chicago: The University of chicago Pres, 1983.

② Anthony Giddens, *Central problems in social Theory*: *Action*, *Structure and Contradiction in social Analysis*, Berkdey: Qniversity of California press, 1979.

③ 皮尔士的指号三性很复杂,本书第六章第三节有比较详细的介绍。

④ J. H. Beattie, *Contemporary Trends in British Social Anthropology*, Sociologus,1955.

克拉克洪(Clyde Klukhohn)在研究那伐鹤人的时候,先是关注社会制度,随后转向它的象征体系。[①] 象征人类学(symbolic anthropology)和认知人类学深受索绪尔结构语言学理论的影响,而雅各布森的音位理论更是对列维-斯特劳斯的结构人类学产生了重要影响。列维-斯特劳斯认为,人类和各种文化形式可以反映他们的心理结构,可以通过转换生成,由具体文化的二元对立推导出抽象形式。由于文化材料的结构是无意识的产物,本土人对这种结构的看法并不重要,因此由具体的文化材料推演出的无意识结构是普世成立的通则。早期的认知人类学与语言学、生物学有不解之缘,它既用语言学的成分分析法研究亲属称谓,也用生物学的分类方法研究具体社区中的分类体系。后来,认知人类学引进心理学的范畴理论,研究范畴和记忆及推理的关系,进而又涉足人工智能的研究。如果说象征人类学代表了"由外向里"的观点,那么,认知人类学代表了"由里向外"观点。前者不大注意个体和生理特性,后者常常忽视社会性。

四、意义和行动

如果说语言研究曾经忽视意义研究的话,那么,现在经过马林诺夫斯基、雅各布森、拉可夫(G. Lakoff)、西尔弗斯坦(M. Silverstein)等人的努力,至少在人类学和社会学中,语言研究和意义研究已是水乳交融,密不可分。指示词语(Deixis)理论[②]、语言行动理论[③]及命题理论[④],为语言人类学开

---

① Roy D'Andrade, *The Development of Cognitive Anthropology*, Cambridge: Cambridge University Press, 1995, pp. 12-13.

② Roman Jakobson, *Shifter*, *Verbal Categories*, *and the Russian Verb*, Cambridge, Massachusetts: Harvard University Press, 1957; Charles Fillmore, *Santa Cruz Lectures on Deixis*, Bloomington: Indiana University Linguistics Club, 1971; Michael Silverstein, "Shifters, Linguistic Categories and Cultural Description," in Keith Basso and Henry Selby, eds., *Meaning in Anthropology*, Albuquerque: University of New Mexico Press, 1976, pp. 11-55.

③ John Ross, "On Declarative Sentences," in Jacobs, Roderick and Peter Rosenbaum, eds., *Readings in English Transformational Grammar*, Waltham, Mass: Georgetown University School of Language, 1970; Jerrold Sadock, *Toward a Linguistic Theory of Speech Acts*, New York: Academic Press, 1974; John Searle, *Speech Acts*, Cambridge: Cambridge University Press, 1970.

④ Robin Lakoff, "If's, and's, and but's about conjunction," in Charles Fillmore and Terence Langendoen, eds., *Studies in Linguistic Semantics*, New York: Holt, Linehart, and Winston, 1971, pp. 114-149.

拓了无限空间，使它充满活力，主动和其他学科对话，取长补短，发展自己。莫里斯的句法、语义、语用三分法，对于语言人类学具有特殊意义①，受到人类学领域意义研究者②和语用研究者③的欢迎。但是，随着研究的深入，句法、语义和语用之间的传统藩篱在生成语义学和言语行动理论中不复存在：语义是语法结构的基础，对指号的运用产生了指号系统和指号意义，或者说，指号系统和指号意义来自对指号的运用，是后者的功能。④

第二节　形式、内容与意义

语言人类学研究涉及文化、社会、历史、实践权力五个维度。不过，换一个角度，它也涉及形式、内容和意义三个方面。弄清语言的形式、内容和意义之间的关系，梳理相关研究的脉络，有助于提高理论对话的层次，也有助于提高学科的整体水准。

社会人文学科的形式、内容与意义的问题归根结底是一个哲学问题。古希腊米利都学派的泰勒斯断言水是万物之本，水可以呈现为固体、液体和气体；阿那克西曼德认为万物出于“一个永恒不朽的实体”；阿纳克西米尼认为万物之源可以是空气，可以是蒸汽或者水汽。⑤ 如果说，米利都学派是西方“内容派”的创始者，那么可以说，古希腊的毕达哥拉斯学派是“形式派”的创始者。他们认为数字是万物之源，“数必定是真正的实在、事物的基础，一切事物都是数的表现”。例如从奇数和偶数的对立可以导

---

① Charles Morris, *Signs, Language and Behavior*, New York: Prentice Hall, 1946.

② Ward Goodenough, "Componential Analysis and the Study of Meaning," in *Language*, 1956, 32(1): 195-216; J. F. Lounsbury, "Semantic Analysis of the Pawnee Kinship Usage," in *Language*, 1956, 32(1): 158-194.

③ Dell Hymes, "The Ethnography of Speaking," in Gladwin, Thomas and William Sturtevant, eds., *Anthropology and Human Behavior*, Washington, DC: Anthropological Society of Washington, 1962, pp. 13-53.

④ S. Bean. *Symbolic and Pragmatic Semantics: A kannada System of Address*, Chicago: Uniuersity of Chicago Press, 1978, Introduction, pp. xii-xiii.

⑤ 弗兰克·梯利：《西方哲学史（英汉对照）》，贾辰阳、解本远译，吉林出版集团有限责任公司 2014 年版，第 17—20 页。

出有限与无限，一与多，左与右，雌与雄，静止与运动，直与弯，光明与黑暗，好与坏，正方形与长方形；又如从数与形的关系可以得知点是一，线是二，面是三，体是四，土是六面体，火是四面体，空气是八面体，水是二十面体。[①] 毕达哥拉斯学派的二元对立与后来索绪尔的二元对立存在异曲同工之妙，强调形式，重视关系，不研究具体的质料、孤立的质料，而是集中研究这些质料的相互关系，以及由这类关系生成的形式。

西方哲学主流以二元对立为基础，讨论和研究精神与物质、经验论与唯理论、形式与内容之类的对立关系。经验主义认为经验是知识和观念的唯一来源，尤其强调感觉经验，否认或者贬低先天观念、先天范畴和先天知识。唯理论坚决反对经验论一切知识都来自感觉经验的原则，认为必然、普遍、可靠的知识不能来自经验，只能来自先天的自明之理。康德试图调和二者的关系，强调互动、辩证和能动，对后来的社会人文科学产生了深远影响。西方近代的传统哲学思想一直在寻找社会秩序的自然基础，寻找永恒的人性，寻找超越人类的进化图式。然而，在 18 世纪末的欧洲大陆，哲学唯心论重新抬头，似乎社会不再受永恒法则的支配，而要听命于社会能动者的主观意愿。不可否认，人类学本身就是一种社会现象，它的整体观和相对论，它的民族志方法，都对其他社会现象产生了重要影响。[②]

涂尔干致力于实证研究，强调用参与观察的方法研究社会分工和自杀等社会现象，研究社会团结和社会矛盾的条件，他的终极目标是发现稳定的结构，探索人类的普遍价值和道德观。从笛卡尔、霍布斯到穆尔、康德，他们都追求新古典社会模型，探索自然法则，研究社会规律，定位终极目标。这些思想家一致认为社会生活原本是和谐一致的，矛盾背后有结构，有规律。不过，康德本人把各种哲学问题归结为符号形式问题，也意识到理性的非理智基础。[③] 康德在《纯粹理性批判》一书中提出了符号形式理论，讨论符号形式与思维的关系。许多著名的社会科学家，包括涂尔干、韦伯、莫斯、冯特、索绪尔、维特根斯坦和皮尔士，都围绕康德提出的问题著书

① 弗兰克·梯利：《西方哲学史(英汉对照)》，贾辰阳、解本远译，吉林出版集团有限责任公司 2014 年版，第 22—23 页。

② Janet Dolgin, et al, *Symbolic Anthropology*, New York: Columbia University Press, 1977, p. 7.

③ Janet Dolgin, et al, *Symbolic Anthropology*, New York: Columbia University Press, 1977, p. 11.

立说，沿着形式、内容与意义的探索之路走了下来。康德认为，思维的基本结构与思维的内容无必然联系，例如事物的时间和空间属性独立于我们看到的某个具体事物，因果关系也是如此，如俗话说的“前因后果”。就是说，事物的这种时空和因果属性是独立形式，和人们所感知的具体事物没有依赖关系。涂尔干认为历史不过是一系列偶然事件，它解释不了社会形态的本质。社会形态的本质要到一种抽象结构中去寻找。[①] 韦伯和弗洛伊德在强调社会互动的同时，也都把形式和内容严格区分开来，仍然继承了康德的二分观。韦伯要提炼思维的“理想型”，弗洛伊德要寻找思维的基本结构。他们一方面重视社会互动，另一方面区分形式与内容，强调形式的决定作用。索绪尔把语言和言语区分开来，语言相当于抽象形式和价值体系；言语相当于内容，属于日常生活中的具体事项。也有社会文化人类学家把以上所说的形式看作“社会语法”，抽象的社会语法稳定，具体的语言活动多变。这样的观点同样认为形式超越内容，高于内容，独立于内容。康德、涂尔干和韦伯把意义作为混乱的对立面，社会稳定则意义存在，否则就是无意义、混乱。资产阶级革命和第一次世界大战给他们留下深刻印象，他们诚心希望人类能够找到意义，克服混乱，拯救社会。但是，黑格尔和马克思都否认意义的对立面是混乱，因为不存在这样的混乱。意义来源于行动，来源于实践，来源于劳动。他们都认为意义是社会行动者创造出来的，是人们实践活动的不可分割的一部分。

其实，形式和内容经常出现对转的情况，过去的形式变成今天的内容，固化的内容变成制约的形式，就像我们用语言（元语言）研究语言、用工具制造工具一样。需要强调的是，这样的对转不可能是平面、共时和均质的，它是立体的、历时的和差异的。社会实践本身把形式和内容联系起来，而以往的实践记忆也制约着现在和未来的实践，同时具体情景和具体需要造成社会实践的变通甚至变异，形式和内容的相对位置被置换，形式变内容，内容变形式。按照巴赫金（M. Bakhtin）的观点，艺术形式充满活力，表达和体现着价值体系，这是因为艺术的交流功能是交换有意义的信息，交流和交换为艺术形式赋予生命力。但

① Janet Dolgin, et al, *Symbolic Anthropology*, New York: Columbia University Press, 1977, p. 14.

凡艺术的指号都具有二重性:所有的内容同时也都是形式,每个形式也依赖内容而存在,形式和内容互为条件。换句话说,在任何结构中,作为“信息”特殊部分的“形式”总是富有活力。[①] 这种把形式和内容紧密结合在一起、在交流活动中互相建构的观点,有很强的解释力,尤其对于民族志个案来说,它能够真正说清楚被浓描的日常生活过程,避免牵强附会。既然形式和内容在交流和交换中共存共生,既然它们之间的关系并不那么固定不变,甚至可以交融,那么,形式抽象而内容具体的老观念也就被破除了:形式与内容水乳交融,形式借助内容而拥有具体的一面,内容也可以借助形式而有所“抽象”。

此外,形式和内容是分层差序的,“大形式”下面有“小形式”,同时也关联“小内容”和“小意义”;“大内容”下面是“小内容”,同时也关联“小形式”和“小意义”;“大意义”下面有“小意义”,同时也关联“小形式”和“小内容”;“小形式”“小内容”“小意义”各自向下递进。这种由小到大或者由大到小的层层递进、交错递进的共存序列,说明了形式、内容、意义之间复杂的重叠关系。

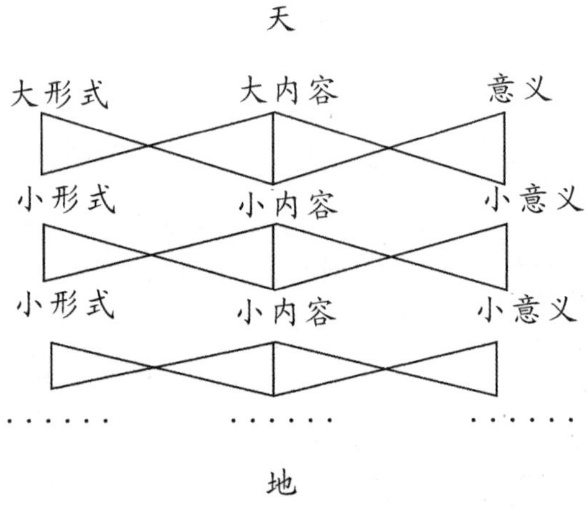

---

① Mikhail Bakhtin, *Rabelais and His World*, Hélène Iswolsky, Trans, Bloomington: Indiana University Press, 1984, p. 10.

由此可见，形式、内容、意义三者交融才有各自的价值，而且这种价值只有在“三合一”的背景之下才能够成立。无论社会如何进化，文明如何昌盛，文字如何发达，衣食住行是根本，物感物觉是原初。精神不能脱离物质，物质因精神而获得意义，地天通，万物生。

第三节 语言：能动和历时的多维活动

站在人类学立场全面观察，语言活动是多维活动，涉及社会、文化、历史和权力。不过，这样一个立场的形成并非一蹴而就，并非天生地养，自然而然，而是借助田野实践和基于田野实践的理论推演，再从理论探讨到田野实践，反复推敲，逐步形成。即便到了现代，人类学者并未就语言现象的本质达成共识。例如，古迪纳夫（Goodenough）等认知人类学家认为，要成为合格的社群成员就要学习社会知识，让社会知识入脑入心；以格尔茨为代表的解释人类学者说，社会知识不在人的头脑里，不在他们的皮相内，而是在公共领域里，在社会互动中。① 如韦伯和格尔茨所说，人是悬挂在自己所编织的意义之网上的动物，这张意义之网就是文化，人被自己创造的文化定义，被文化定义的人又在不断编制着这张意义之网，继承、发展和创造着自己的文化。这种反身性，这种能动性，让文化永远处于主体和客体之间，永远是第三种产品。②

从19世纪到20世纪，语言学不断对人类言语活动进行切分，从句子到短语，从词汇到形位、音位，直到区别性特征。然而，无论语言学如何在内部细致区分，无论其内部规律如何不以人的意志为转移，语言毕竟是社会现象，其使用属于社会实践，属于文化的特殊部分，就语言论语言只能是狭义学科研究，其代价是把历史、文化、权力等社会人文现象悬置起来，视

① 参见克利福德·格尔兹：《文化的解释》，纳日碧力戈、郭于华、李彬等译，上海人民出版社1999年版，第11—13页。

② 参见克利福德·格尔兹：《文化的解释》，纳日碧力戈、郭于华、李彬等译，上海人民出版社1999年版，第5页。

而不见,不予研究。近些年来,社会人文学科重叠交叉已成大势,越来越多的语言学者走出就语言论语言的局限,主动把语言作为社会和文化的一部分来研究,语言与思维、现实的关系重新成为他们研究的主题。这为语言人类学创造了无限广阔的空间。固然,把语言看作静态不变的实体来分析,能使学者的研究"科学"和"精确",如维特根斯坦所说,这是"游戏规则"。但是,"游戏规则"毕竟是人创造的,它至多反映了某种主观需求,难以脱离喜怒哀乐、饮食男女的物质条件,难以脱离客观世界和实践活动。语言人类学的规则显然不同于纯粹语言学的规则:它强调社会生活,描述文化实践,重视历史记忆,强调权力关系,突出互动,着眼差异。当然,维特根斯坦的解释有道理:学科之间并不存在哪个更加科学和客观的问题,存在的是游戏规则的差异。学术是一种社会生活方式,是一种信仰,是一种追求,它的研究对象不单纯是客观本身,也不单纯是主观本身,而是它们的合一,是它们的指号现象。这种"二合一"的指号现象[①]渗透在能动和历时的社会活动中,以变化和差异为动力,以审美和情感为直觉,以互动和关系为形式。

人是社会能动者,是勤奋的学习者,是情感的交际者。尽管文化作为多种要素的集合有其抽象形式,但是它必须依赖人类的社会实践,其中包括人类认知活动,如听说读写之类,归根结底属于社会人的具身化(emobodiment)活动。语言人类学[②]关注人类群体如何观察、认识、归纳和分析他们的现实。[③]

根据维特根斯坦的语言游戏观,研究意义首先要研究人的活动,研究

---

① 根据皮尔士的指号学理论,这种指号现象不是"二合一",而是"三合一"。参见本书有关皮尔士的章节。

② 可作为指号人类学的一部分。

③ Janet Dolgin, et al, *Symbolic Anthropology*, New York: Columbia University Press, 1977, p. 34.

"眨眼皮"的意义①,即把语言作为活动,而非抽象的"音义结合的符号系统"。苏联心理学家维果茨基(Vygotsky)指出,人不仅思考,还运动、建造、触摸,并通过身体的和符号的活动与其他人和物互动。一个婴儿试图够某个东西,但够不到,母亲看到了,知道婴儿想要做什么,婴儿的手就成为交流符号。人类的认知能力是在互动中形成的,这个活动既涉及语言,也涉及身体和身体的活动。② 意义产生于社会互动,互动是协商,协商出意义,就像跳舞,舞伴要相互配合,根据对方的动作随时调整。瓦雷拉(Varela)等学者指出,环境不能独立于认知主体,不能脱离认知主体的神经系统。神经系统为环境赋予当下的意义,参与了环境的建构,而外在世界也参与建构生物体本身的生存过程,主客互动,内外协同。生物体和环境之间这种重复互动,就形成了耦合(structural coupling)过程,即两个或两个以上的系统在重复互动中形成的和谐结构关系。③

① 赖尔用"眨眼皮"的例子来说明如何进行"浓描"(深描),如何进行"思考与反思""思想的思考":假设有两位抽动右眼皮的少年,其中一个是无意抽动,另一个是发出密谋信号,从表面看无法知道哪个是在挤眼示意。而挤眼示意是有意的,是针对某个人,是在传递信息,根据的是交流习惯,而且不为他人所知。假如有第三位少年在场,想来个恶作剧,戏谑第一位少年的眨眼,也抽动右眼皮。这三种"眨眼皮"显然有不同含义,需要用"浓描"加以揭示。参见克利福德·格尔兹:《文化的解释》,纳日碧力戈、郭于华、李彬等译,上海人民出版社 1999 年版,第 6—8 页。

② Duranti, Alessandro, *Linguistic Anthropology*, Cambridge: Cambridge University Press, 1997, pp. 281-283.

③ 马图拉纳(Maturana)等使用的"结构(耦合)"与人类学、语言学所说的"结构"不同,他在区分"机体组成"(organization)和"结构"(structure)的时候说:"机体组成"指必须在一个系统的各组分之间存在的关系,只有这样,这个系统才能进入分类体系;"结构"指构成某个具体单位并使上述"机体组成"得以实现的组分和关系。例如,以马桶水箱来说,组成水位调节系统的,是水位监测装置和水流节制装置之间的关系。马桶装置代表一种塑料和金属混合系统,其中包括浮球和节门。这里所说的"结构"可得到修改,例如用木材代替塑料,但这并不会改变原有马桶的组成。由此看来,马图拉纳等使用的"结构"有接近索绪尔所提出的"言语"(speech/perole),而他们的"机体组成"反倒像索绪尔说的"结构"。所以,笔者使用的"结构"和"结构耦合"在理论上与马图拉纳等的用法相通,但在具体运用上可能存在较大差别。参见 Humberto Maturana and Francisco Varela, *The Tree of Knowledge*, Boston & London: Shambhala, 1998, p. 75; William Foley, *Anthropological Linguistics*, Massachusetts & Oxford: Blackwell, 1997, p. 10。

雅各布森从另一个角度指出语言材料和语言环境的重要性。他的诗学理论强调语言形式对于语言内容的制约作用,在语言表达的过程中,语音的声学特征不只是工具,它们本身有意义,甚至占有突出地位。[1] 例如,史诗运用诗学语言,充分利用其超语言或副语言(paralinguistic)的特征。史诗不仅要有具体的场景和本土文化主题,还要利用韵律、半谐音(assonance)、程式化句法、诗节、叙事范式、视觉、声腔、乐器、服饰等等。[2] 同样,海姆斯扩展了雅各布森言语活动模型的范围,把言语活动的要素归纳为:情景(situation)、参与者(participant)、目的(ends)、活动序列(act seqences)、风格(key)、工具性(instrumentalities)、标准(norms)、体裁(genre)。[3] 苏联思想家巴赫金强调语言和社会、文化、历史的密切关系。他认为社会意义离不开现存的社会关系,创造意义的语言和文化的实践积累成历史,成为现存社会关系得以继承的遗产,语言习惯就是在这样的过程中形成,并在传承历史意义的基础上继续创造意义。[4] 人类根据意义行动,意义来自以语言为媒体的互动;个人在言语活动中要考虑他人的态度和角色,既充当行动者,也充当他人眼中的对象[5],即皮尔士所说的“人是符号”[6]。从语言人类学的立场出发,语言不是“自给自足的符号系统”,而是和社会、文化、历史、权力密不可分的复合系统,语言材料和语言环境也参加了生产意义的“协同创新”,它们在指号活动中不再是“灰姑娘”。

语言与身体、语言与行动之间的密切联系可以在社会仪式上得到充分

---

① Alessandro Duranti, *Linguistic Anthropology*, Cambridge: Cambridge University Press, 1997, p. 286.

② 约翰·迈尔斯·弗里:《口头诗学:帕里-洛德理论》,朝戈金译,社会科学文献出版社2000年版。

③ Dell Hymes, *Foundations in Social Linguistics: An Ethnographic Approach*, Philadelphia: University of Pennsylvania Press, 1974.

④ 巴赫金:《马克思主义与语言哲学——语言科学中的社会学方法基本问题》,见《巴赫金全集》第二卷,李辉凡、张捷、张杰等译,河北教育出版社1998年版,第452—461页。

⑤ 杨承芳主编:《当代国外社会科学手册》,江苏人民出版社1985年版。

⑥ Arthur Burks, ed., *Collected Papers of Charles Sanders Peirce*, Volume VII, Cambridge: Harvard University Press, 1958, p. 351.

表达。仪式是一种施为语言(performative language),而施为话语(performative utterance)也是社会行为,不只是"表达意义的声音";身体动作和口头表达密不可分,以言代行,以行附言,言行合一。[1] 这种体化实践(embodied practice)就是布尔迪厄所说的"惯习",指能动者(agent)以某种方式行动和反应的一组倾向。[2] 马克思在《关于费尔巴哈的提纲》中指出:

> 从前的一切唯物主义——包括费尔巴哈的唯物主义——的主要缺点是:对事物、现实、感性,只是从客体的或者直观的形式去理解,而不是把它们当作人的感性活动,当作实践去理解,不是从主观方面去理解。所以,结果竟是这样,和唯物主义相反,唯心主义却发展了能动的方面,但只是抽象地发展了,因为唯心主义当然是不知道真正现实的、感性的活动本身的。[3]

第四节　语言:指号系统

古代的语言学有三大传统——西方、中国和印度的传统。西方的语言学传统对世界产生了深远的影响。中国的荀子认为,语言有社会性,事物的本质不决定事物的名称,事物的名称属约定俗成。所以说:"名无固宜,约之以命,约定俗成谓之宜,异于约则谓之不宜。"(《正名篇》)中国古代的语言学有自己文字、训诂和音韵三个传统,许慎的《说文解字》是用来考字、注音、释象的词书;《尔雅》是以"字义为纲"的类书;扬雄根据实地调查,撰写了《方言》,全称《輶轩使者绝代语释别国方言》,是一部方言词典。

---

① Paul Connerton, *How Societies Remember*, Cambridge: Cambridge University Press, 1989.

② Pierre Bourdieu, *Outline of a Theory of Practice*, Cambridge: Cambridge University Press, 1977.

③ 马克思:《关于费尔巴哈的提纲》,见《马克思恩格斯选集》(第一卷),人民出版社 1972 年版,第 16 页。

近代的中国语言学以马建忠的《马氏通文》(1898)为标志,该书大量借用西方语法概念,是关于汉语语法的系统性著作。此后的中国语言学比较强调应用,例如推广汉语普通话、制订汉语拼音方案、简化汉字、调查少数民族语言、创制少数民族语言文字等等,对政府制定语言政策起了重要作用。

古代印度的波你尼在公元前4世纪就撰写出八卷本的梵语语法,准确、系统地描写梵语语音,把单词切分成词根和词缀,列出详尽的构词规则。在古代西方,希腊哲学家关注语言的起源问题,有的认为语言是自然产生的,有的认为是约定俗成的。亚里士多德派的"整齐论"认为词形和语法结构有规则,语法形式和语义平行;斯多葛派的"参差论"则认为词形的单复数与语义的单复数不对应,语法性别和自然性别也不一致。值得一提的是,公元8—12世纪的阿拉伯语言学家形成学派,编出阿拉伯语词典,为词根和词缀下定义,同时还研究土耳其语、蒙古语和波斯语。西方的近代语言学继承了古代语言学的传统,也继承了以公元17—18世纪法国《普遍唯理语法》为代表的传统,还研究了希伯来语和阿拉伯语,整体有了飞跃性的发展。以西方语言学为代表的近代语言学有狭义和广义之分。狭义语言学以研究语言现象本体为主;广义语言学则成为人类学和哲学的一部分,涉及社会、文化、历史和权力等狭义语言学所不大涉及的维度。

狭义语言学有两个部分:历史比较语言学和类型语言学。英国语言学家琼斯(William Jones)以他丰富的东方语言知识,对古梵语、古希腊语、拉丁语进行比较研究,提出印欧诸语言同源的理论。后来,有更多的著名学者加入这种历史比较研究,致力于构拟印欧语的谱系关系。与此同时,另有一些学者更注意语言和族群心智、民族心理的关系。德国哲学家赫尔德(Johann Gottfried Herder)一直强调民族语言和民族心理的一致性;洪堡特(Wihelm Von Humboldt)认为语音作为语言的外部形式不存在民族差别,而语义和语法作为语言的内部形式,则存在民族差别。洪堡特强调思想和语言的互相依存,他的语言观被美国语言人类学家萨丕尔和沃尔夫(Benjamin Lee Whorf)加以发挥,形成"语言相对论"。赫尔德、洪堡特、萨丕尔和沃尔夫等学者的研究,为语言的研究开辟了一个人文世界,让语言和社会、文化、认知、实践联系起来,是语言人类学的重要思想基础。狭义语言学一般不接受他们的思想,因为这些思想缺乏"科学性",也不容易做形式化的研究或者定量研究,换句话说,不容易做结构主义研究。不过,洪堡特不仅对语言的人文研究有贡献,他还是著名的类型语言学家。他和施莱格尔(Friedrich Schlegcl)都认为人类语言有三种类型:孤立语(如汉语)、黏着语(如土耳其语)和屈折语(如拉丁语)。语言学自进入20世纪以后,朝着两个方向发展,也可以算分道扬镳:一支朝着自然科学发展,形成数理语言学和计算语言学;一支朝着人文方向发展,出现了认知人类学、语言人类学(人类语言学)和社会语言学等。

狭义语言学把语言定义为音义结合的符号系统,这是典型的结构主义表述。瑞士学者索绪尔是欧洲结构主义的总代表,他的《普通语言学教程》至今仍对多种社会人文学科产生着重要影响。他把主要精力放在语言的共时研究上,对语言的历时(历史)研究比较淡漠。在索绪尔看来,语言系统以外的历史(历时)因素不决定某时某刻的"价值",决定"价值" 的是横向共时的各构成成分之间的关系。他打比方说,下棋最重要的是各个棋子在此时此刻的相互关系,不在于在先和在后的过程。同样,棋子是用象牙做的还是用塑料做的,不决定棋戏的"价值",重要的是棋子的数量和棋子之间的横向关系。就是说,跨越历史的横向结构关系最终决定价值或意义,而历史不过是许多横向结构关系的纵向堆积。结构主义认为,结构是一种关系的组合,整体决定部分,系统统辖成分,部分与部分、成分与成分之间对应存在,互相依赖。结构主义寻找不同"社会文本"中的深层结构,在不同的表现内容中,分析和发现共同的逻辑结构。社会和文化的现象是多样的,因而"十里不同俗";但隐藏其下的深层结构却是同一的,因而"放之四海而皆准"。索绪尔把语言学作为指号(符号)学的一个分支,区分语言和言语,认为前者是形式,后者是活动。此外,结构主义语言学还有法兰西学派、布拉格学派、伦敦学派和哥本哈根学派。其中布拉格学派的雅各布森对语言的人文研究有独到见解,他的诗学理论及其对皮尔士指号理论的进一步阐释,对社会文化人类学、民俗学产生了深远影响。

狭义语言学把语言分解成语音、语法、语义三个部分，把具体的语言分为语音、语法、词汇三个层次，后来的语言教学深受这种分类的影响。狭义语言学的理论基础来自音系学。音系学也叫音位学，它研究一种语言里有多少不同的音，这些音之间的关系是什么。

索绪尔把指号二分为“能指”（“心理印迹”或“声音图像”）和“所指”（概念），而皮尔士把指号分为三类：征象（sign）、对象（object）、释义（interpretant）；对象又分为三类：象似、符号、标指。象似是感知形式与其所指意义相似的指号。① 例如“嗡嗡”蜂鸣、“汪汪”狗吠、“喔喔”鸡鸣属于声音象似，国家地图和国家领土的关系、照片和被拍照者的关系属于图形象似。狭义语言学家一般忽略对指号的象似特点的研究，把它让给民间文学、诗学、语言人类学等学科。我们知道，狭义语言学把语言定义为约定俗成、音义结合的符号系统，其中约定俗成的提法至关重要，动摇了它，似乎就动摇了狭义语言学的基本理论。不过，象似指号的感知形式与其所指意义相似的特点虽然否定了狭义语言学的武断定义，但是并没有动摇整个狭义语言学的基础。这是由于狭义语言学坚持普遍性，而语言人类学等强调相对论，这种哲学导向上的根本差异，在造成它们之间对话困难的同时，也让它们各自找到了相对独立的学术空间。借用维特根斯坦的话说，它们遵循的是不同的游戏规则。

象似指号与其所指有某种自然联系，而非约定俗成，康德也提出过类似观点。他认为指号有任意指号和自然指号两种。②

符号是约定俗成的指号，它的意义不取决于与所指的物质相似性，也不取决于具体语境。这个意义上的符号和索绪尔所说的由能指和所指构成的符号类似，不过，皮尔士的符号和象似、标指共成一体，不能独立存在，当我们讨论符号的时候，象似、标指的背景依稀可见，同时在场。

标指是根据语境取得意义的指号，它处于象似和符号之间，兼有某种

---

① William Foley, *Anthropological Linguistics*, Massachusetts & Oxford: Blackwell, 1997, p. 25.

② Alessandro Duranti, *Linguistic Anthropology*, Cambridge: Cambridge University Press, 1997, p. 17.

象似类似性，也有某种约定俗成性，研究者们常常用“连续性”（contiguity）来描述它的性质。例如，在我们的日常生活中，烟与火有联系，看到烟就知道有火，烟是一种标指，指向火。以烟指火，并非约定俗成，而是它们之间有自然联系，我们在实践中也积累了这样的知识。同时，烟与火之间的关系也是连续性的，即从烟的指号到火的现象，存在一种过渡。烟与火之间的这种关联不同于用火来象征革命（“星星之火，可以燎原”），这是约定俗成；烟与火之间存在时空和现状上的联系，不属于约定俗成。在我们的语言中也存在类似于烟火的标指，例如指示代词“这个”“那个”“那些”，人称代词“我”“你”，时间副词“现在”“那时”“昨天”，以及空间副词“上”“下”“底下”“上面”。[①] 标指是象征之箭，它的尾部是说话时的“此在”的“中心”，箭头指向特定对象。日常语言的标指性随处可见，从发音、口音到手势姿态，从说话者的嗓音到使用的语言，都会给人某种提示。我们会遇到这样的情况：从偏远地区的人来到北京、上海这样的大城市工作，首先遇到的就是语言或者口音问题。如果你原来是说非汉语的少数民族，你要说汉语；不仅要说汉语，最好还要说普通话或者上海话。这不仅是为了交流方便，也是为了避免被歧视。在社会交往中，所有这些都是标指，都会让人联想或者猜测你的背景，影响对方对你的态度和交流方式。那些来到北京工作了几年的外地人，经过一段模仿和操练，逐渐学会了“京腔普通话”，虽然不那么到位，也已经和家乡的人有了距离。即使如此，他回老家时，还要努力说家乡“土话”，怕“脱离群众”。同样，那些后来到北京工作的少数民族，在和自己的老乡交流时，也尽量用本族语言，否则会引起各种“心理障碍”。你对语言的使用和选用，可以让人猜测你的态度乃至人格。在“老乡见老乡”的时候，他们会用本族语或家乡话聊个没完，把其他人抛在一边；有的时候，出于需要，还要换用语言，有意让第三者听不懂。所有这些都是社会标指。在全球化时代里，在“数字化生存”中，语言的作用更

---

① Alessandro Duranti, *Linguistic Anthropology*, Cambridge: Cambridge University Press, 1997, p. 18.

加突出，人们要学习应用范围广的外语和国内通用语，这对少数民族语言形成挑战。全球化和市场经济同行，市场经济有一种“优胜劣汰”的动物本能，讲效率，讲效益，把道德和正义放在第二位，“等而下之”。有一种流行的观点认为，少数民族地区贫穷落后，主要是由于不懂全国通用语，或者说，要脱贫，先学“主流语言”。然而，这种话语的标指直接或间接地指向说话者本人的语言态度、族群观、社会观和哲学观。其实，在市场经济中，物质收入和精神平衡同样重要，有时后者超过前者，前者甚至要为后者服务（例如沿海地区的人们花大钱修祖坟、买墓地）。越是物欲横流，越显精神可贵。简单地把少数民族语言和经济建设的效率挂钩，表面上是为绝大多数人谋利益，但实际上会伤害民族感情，忽视社会正义，放弃精神价值，产生消极后果。从长远发展着眼，妥善的办法应当是双语制，按照语言的分工合理配置语言资源，以民族语言沟通情感和本土知识，以国内通用语言或国际通用语言进行跨族、跨地区和跨国交流，获取政治和经济上的最大利益。此外，更重要的是尊重本族群的意愿，不伤害他们的感情，发挥他们的主体性和能动性。从语言政策的社会标指，我们可以看到社会现实的复杂性，可以认识到市场经济并非一蹴而就，也可以认识到语言使用和语言教学绝不仅仅是经济效益问题和物质利益问题。语言使用的背后是社会关系，尤其是族群关系。此外，围绕语言政策形成的话语，还指向历史，指向国家制定、实施和保障民族政策的历史，指向族群互动的历史，也指向族群分类的历史。

第二章　作为文化资源的语言：普遍性和相对性

人类学取向的语言研究以普遍性和相对性为对立轴心，形成广义的两大阵营："普遍派"和"相对派"。这里的"普遍"类似于"普世"或"同一"，"相对"类似于"特殊"或"个别"。普遍派强调理论模型的普遍意义，从个别中寻找共性；相对派强调理论意义的相对意义，根据上下文（脉络），在日常活动中，寻找价值，解释意义。其实，这两大阵营并非没有妥协的余地——只是关注的抽象层面有所不同，或者说是"兴奋点"不同。列维－斯特劳斯的结构主义代表了普世性观点，而认知人类学把普世性观点推向新高。萨丕尔－沃尔夫的语言相对论和以格尔茨、特纳为代表的指号－象征人类学，则代表了相对性观点。

第一节　萨丕尔－沃尔夫假说

一、语言与思维

语言人类学长期讨论的课题之一是语言相对论。从广义上说，语言相对论是文化相对论的一个组成部分，或者说是文化相对论的极端化。圣·

奥古斯丁(St. Augustine)认为语言不过是先有概念的名称;罗杰·培根(Roger Bacon)则坚持不同语言之间存在不同语义场,因此在不同语言之间不可能有准确翻译。[①] 17世纪的波特·罗雅尔语法学家们发现了语言差异背后的普遍逻辑,19世纪的德国学者洪堡特则强调每一种语言都有各自的"世界观"(world view)。[②] 但是,洪堡特的"语言相对论"和我们通常的理解有一定距离:他强调语言和思维(或精神)的不可分割,即语言和智力活动是一个不可分割的整体,不能把语言看成智力的产物,因为每一种具体精神也属于在先的语言,语言对精神有制约作用。[③] 这样,语言和思维就不是谁决定谁的问题,而是互相作用、互相制约的关系。西方"国民国家"的兴起促成了民族精神和语言的浪漫主义结合;西方人开始大规模殖民,与美洲和其他大陆上的土著相遇。这样一个"结合"和这样一个"相遇",让人类学对语言相对论发生了极大兴趣[④],不同的语言对事物的"切分"不同,影响语言使用者的认知和行为。当时,虽然有大量研究和描述土著语言的著述,但都因依赖西方语言的语法范畴而陷入困境,完全依靠西方语法范畴来翻译和分析土著语言,不仅难度大,而且会牺牲土著语言的美韵和鲜活性,即土著语言体现在多样性分类系统和"另类"认识基础之上的民间知识,尤其是会丢掉那些绿色生态知识,也失去丰富多彩的社会文化隐喻。

语言相对论的产生和发展几乎和美国语言人类学的诞生同步。按照克娄伯(A. L. Kroeber)的说法,鲍威尔(J. W. Powell)的《墨西哥以北美洲印第安诸语族》(*Indian Linguistic Families of America North of Mexico*)对于

---

① Louis Kelly, *The True Interpreter: A History of Translation Theory and Practice in the West*, Oxford: Basil Blackwell, 1979, p. 9.

② 转引自 John Gumperz and Stephen G. Levinson, *Rethinking Linguistic Relatility*, Cambridge: Cambridge University Press, 1996, pp. 1-2。

③ 威廉·冯·洪堡特:《洪堡特语言哲学文集》,姚小平编译,湖南教育出版社2001年版,第268—271页。

④ Alessandro Duranti, ed., *Linguistic Anthropology: A Reader*, Massachusetts & Oxford: Blackwell, 2009, p. 11.

美国人类学的发展起了决定作用①,鲍威尔是一位重要的组织者、管理者和践行者。建立于1846年的史密森中心(Smithsonian Institution)和建立于1979年的民族学局(Bureau of Ethnology,后改称美国民族学局Bureau of American Ethnology,简称BAE)对墨西哥以北美洲印第安诸语言的描写和研究,予以有力资助。美国民族学局的创始人鲍威尔发动语言学家和其他学科的专家调查美洲印第安诸语言,构拟这些语言的亲属关系。这种描述性研究为后来的语言人类学研究奠定了基础,可以用来分析和发现本土知识、分类系统和行动图式,用来捕捉研究对象的价值观和宇宙观。鲍威尔是一位地质学家,对土地和文化传统之间的关系有兴趣,认为语言是文化分类的最佳工具,要研究文化就要从语言入手。美国民族学局在首期年度(1879—1880)报告中使用了"语言人类学"一词。② 当然,当时学者们的主要兴趣是对美洲印第安诸语言进行分类。人类学家弗兰茨·博厄斯(Franz Boas)把这种单纯兴趣引向语言语法结构的系统研究。③

博厄斯自学语言分析技术,主编《美洲印第安语言手册》(*Handbook of American Indian Languages*),撰写序言,对印欧语系以外的语言发表了"反潮流"观点。他和他的学生萨丕尔认为在语言、种族和文化之间不存在并行线,例如美国黑人和美国白人一样说英语,澳大利亚白人和英国白人都说英语,但有不同的文化。他的这个观点在萨丕尔的《语言论》④中再次得到阐述。博厄斯重视对语法理论的研究,指出语言是人类精神生活的重要窗口,强调人类学者最好使用本地语言而不是借助翻译来做田野工作,这对后来的人类学教学产生了长远影响。他把语句而不是词汇作为分析单位,试图为世界上的各种语言找到共同的语法范畴。他反对把研究古代欧洲语言的分析范畴用到其他被研究的语言上来。他提醒研究者们不要轻

① Alfred Kroeber, "Systematic Nomenclature in Ethnology," in *American Anthroplolgist*, 7(4):579-593.

② Alessandro Duranti, ed., *Linguistic Anthropology: A Reader*, Massachusetts & Oxford: Blackwell, 2001, pp. 8-9.

③ Alessandro Duranti, ed., *Linguistic Anthropology: A Reader*, Massachusetts & Oxford: Blackwell, 2001, p. 9.

④ 爱德华·萨丕尔:《语言论——言语研究导论》,陆卓元译,商务印书馆1985年版。

易把缺乏某种语言形式的语言说成是缺乏抽象思维或缺乏概括力的语言。博厄斯研究美洲印第安诸语言的语法结构、词汇和诗歌,并不认为在不同语言之间存在什么发达与不发达、先进与落后的区别;同时他以自己的研究证明全人类的心智是同一的。萨丕尔在《语言论》中再次支持了自己的老师。[1]

人类学者们寻找适合印欧语系以外语言的语法分析范畴,在这个过程中注意到,各个语言对客观世界的分类截然不同,其中的编码也很不相同。他们由此得出三项推论:第一,语言是约定俗成的体系,它如何对世界分类是难以捉摸的;第二,语言为了适应环境,能够发展自己独特的区分范畴;第三,各语言中独特的范畴体系会把人们的注意力引向不同方面,因而语言可以制约思维。[2]

语言相对论的核心是意义问题[3],具体说就是哲学传统上讨论的词汇和语法的意义问题。最初的语言相对论认为,不同的语言有不同的语法和词汇,这些各不相同的语法和词汇对相同的现实进行特殊"编码",提供不同的"解说"(construal),嵌入不同的文化系统和认知范畴中。[4] 卢西(J. Lucy)指出,如何看待"无语言思维"(thougt without language)及其本质,是评价语言相对论的关键。如果思维和认知独立于语言,且先语言而存在,那么,语言相对论不攻自破。相反,如果我们认为语言是内在心理活动的转换表达,是人类特有的认知能力的前提条件,那么,语言相对论就能站得住脚。[5] 过去的语言人类学者没有把语言差别和认知差别联系起来,而心

---

① Alessandro Duranti, ed., *Linguistic Anthropology: A Reader*, Massachusetts & Oxford: Blackwell, 2001.

② Alessandro Duranti, ed., *Linguistic Anthropology: A Reader*, Massachusetts & Oxford: Blackwell, 2001, p. 11.

③ John Gumperz and Stephen Levinson, *Rethinking Linguistic Relativity*, Cambridge: Cambridge University Press, 1996, p. 7.

④ John Gumperz and Stephen Levinson, *Rethinking Linguistic Relativity*, Cambridge: Cambridge University Press, 1996, p. 7.

⑤ John Gumperz and Stephen Levinson, *Rethinking Linguistic Relativity*, Cambridge: Cambridge University Press, 1996. p. 28.

理学者也不关心语言差别;当下的普遍主义观点也不情愿触碰这类问题。[①]

一方面,学者们对萨丕尔－沃尔夫假说,尤其是沃尔夫的观点,理解不一;另一方面,有不少学者试图修正他们的语言相对论,折中而不走极端。贡佩茨(Gumperz)和莱文森(Levinson)分析说[②],语言相对论可以提这样三个命题:

(1)语言不同,语言范畴也不同;

(2)语言范畴决定个人思维特征;

(3)不同语言共同体的个人思维特征不同。

由此可以推论:如果某语言的语义结构有一些特殊性,而且这些特殊性足以影响认知并产生认知特性,那么,这些认知特性就和该语言之间形成系统对应,即不同的语言有不同的语义结构。贡佩茨和莱文森指出,持现代立场的学者认为:

(1a)各语言的语义结构固然不同,但这种不同仅在"分子"层面,在"原子"(如"男性""成人"等等)层面上没有什么不同;

(2a)语义范畴和观念范畴即便完全对应也没有多大意义,因为它们是一回事:词义由语言表达,这就是"思维语言"(language of thought)。不过,这里的中心点由强调认知的普遍性转移到强调语义的普遍性。

贡佩茨和莱文森进一步指出,上述观点(2a)虽然有相对论味道,但它实际上与(1a)相关,同样强调"思维语言"的普遍性。这样,命题(3)也就难以成立了。他们通过比较分析,认为沃尔夫的三段论与反沃尔夫的三段论并不矛盾——关键要分清"层面"("分子"层面还是"原子"层面)。

沃尔夫三段论:

(1)不同的语言使用不同的语义象征系统,这些象征系统互不相同;

(2)语义象征决定概念象征的特征;

(3)使用不同语言的人使用不同的概念象征。

---

① John Gumperz and Stephen Levinson, *Rethinking Linguistic Relativity*, Cambridge: Cambridge University Press, 1996, p. 29.

② John Gumperz and Stephen Levinson, Rethinking Linguistic Relativity, Cambridge: Cambridge University Press, 1996, pp. 24-28.

反沃尔夫的三段论：

(1b)不同的语言使用相同的语义象征系统(如果不在“分子”层面，至少在“原子”层面)；

(2b)普遍的概念象征决定语义系统，而语义象征系统其实等于命题概念系统；

(3b)使用不同语言的人使用相同的概念象征系统。

命题(1)显然为真，即语言当然要使用有特点的词汇意义。命题(1b)不能确定，但与(1)有默契。在分清“层面”之后，命题(2)与(2b)也兼容：思维语言的概念库决定着词汇概念的可能范围，而这样的词汇概念一旦选定，就会反过来决定非语言问题的概念。命题(3)是(1)和(2)的结论。①

二、霍皮人的宇宙观

原本学化学工程，后从事火灾保险工作的沃尔夫，有机会与著名语言人类学家萨丕尔接触，开始研究美洲印第安霍皮语。这为他的语言相对论奠定了理论基础。在《论语言、思维和现实》中收录 18 篇论文，绝大多数都涉及或者主要论述霍皮语，以及霍皮语反映的霍皮思维方式和霍皮宇宙观(世界观)。可以说，萨丕尔 - 沃尔夫理论的重要基础研究之一是关于霍皮语的研究。

沃尔夫在《美洲印第安人的宇宙模式》一文中指出，美洲霍皮印第安人的时空观不同于西方，霍皮语没有相应的词汇、语法形式、结构或话语表达西方语言中的“时间”；霍皮语不表达西方语言中的“过去”“现在”“未来”，不表达“持久”“永久”或时空意义上的“运动”。然而，霍皮语不是没有时空观，而是把时间观念和空间观念合一，就像列维 - 布留尔描述的“互渗”②。不过，有些族群(不一定是“原始的”)的确以“集体表象”解释

① John Gumperz and Stephen Levinson, *Rethinking Linguistic Relativity*, Cambridge: Cambridge University Press, 1996, pp. 25-26.

② 我们并不同意把互渗作为“原始思维”的主要特征，因为没有任何语言或思维是“原始的”；同时，人类思维普遍有“互渗”特征。参见列维 - 布留尔:《原始思维》，丁由译，商务印书馆 1985 年版。

世界，把感情、运动、理性、主观、客观融合在一起，形成“互渗”[①]。另一个有趣的例子是中国气功和天人合一的思想，在这里意念极其重要——心想事成。东方宗教还有一个信条：信则灵，不信则不灵。气功注意调息、调身、调心，即调整呼吸、调整身体活动、调整意识，追求强身、防病健身、开发潜能。天人合一观认为，宇宙自然是大天地，人是小天地，人和自然本质相通，人与事均应顺乎自然规律，达到和谐。老子说：“人法地，地法天，天法道，道法自然。”

上举霍皮人这种与英欧人不同的分类系统和认知方式，并不影响他们成功地“解释和描述宇宙中所有可观察到的现象”[②]；他们的世界观同样是抽象的，但不同于古典牛顿力学的“形而上学”。根据西方的时间和空间观念，空间是静止的、三维的、无限的，时间是运动的、一维的、永远流动的，时间和空间是互相独立的客观实在的两个方面，流动的时间可三分为过去、现在、未来。[③] 与此对照，霍皮人世界观有两大形式，一个可称为“已呈现的”（manifested），另一个可称为“呈现中的”（manifesting）或“未呈现的”（unmanifest），前者相当于“主观的”，后者相当于“客观的”。用西方的时间观分析，霍皮人的客观，即已呈现的宇宙形式，它不分过去和现在，包括所有感觉的东西，但不包括将来。将来属于主观的呈现中的宇宙形式，包括心理事物（人类之心、动植物之心、自然状态背后和内部之心）。[④] 霍皮人的“呈现中”是充满精神、思维、感情的“未来”，它注定要实现，它从霍皮人之心涌现，“已经以活生生的、心理的形式与我们同在”，“由主观变为某种程度上的客观结果”，“这些原因过程中的实体‘将要到来’，或者他们（霍皮人）‘将要来到’它们”。[⑤] 霍皮语 tunátya 表示宏观意义，可译为“希

① 列维－布留尔：《原始思维》，丁由译，商务印书馆 1985 年版，第 72—73 页。

② 本杰明·李·沃尔夫：《论语言、思维和现实——沃尔夫文集》，高一虹译，湖南教育出版社 2001 年版，第 26 页。

③ 本杰明·李·沃尔夫：《论语言、思维和现实——沃尔夫文集》，高一虹译，湖南教育出版社 2001 年版，第 27 页。

④ 本杰明·李·沃尔夫：《论语言、思维和现实——沃尔夫文集》，高一虹译，湖南教育出版社 2001 年版，第 27 页。

⑤ 本杰明·李·沃尔夫：《论语言、思维和现实——沃尔夫文集》，高一虹译，湖南教育出版社 2001 年版，第 28 页。

望”(“它正在希望的行动中”,“它希望”,“它被希望”,“它(被)满怀希望地憧憬”),反映了霍皮人主客观二元思想,是他们宇宙哲学的结晶。[①] 也许 tunátya 一词相当于我们熟知的“意念”,以心理的形式“逼迫或进入”已呈现领域,从植物生长、云集雨聚到农事庆典、建筑设计,这种意念由主观进入客观。

微观的霍皮世界由事件或“在事件中”构成,而事件又分为主观和客观两种,客观事件可以感知,表现为轮廓、颜色、运动等等,主观事件表达的是无形的强度因素的变化:“渐渐远去”,“渐渐成长”,“渐渐扩散”……每一个呈现物都有它的本性,有内存的持续力量,“即它的成长、衰落、稳定、循环或创造的力量”[②]。现在呈现的事件都有它们的先前准备,事件的发展取决于已有的准备和“正在进行的准备”。“霍皮人强调的是世界的这个准备中或正在被准备的方面,它构成了霍皮人眼中‘现实的性质’,正如在我们眼中,现实的性质是‘物质’或‘东西’。”[③]

霍皮人没有客观意义上的空间,只有主观空间,它象征性地维系于天地之间,如同纵向的“主观轴”。客观世界由每个主观轴伸向各个物理维度。霍皮人用客观世界的距离表示西方人说的“时间”,表示事件之间的时序,他们通过操作意义(过程)把握客观领域中的时间和运动,把握事件之间的关联程度。一句话,时间和空间在事件中统一起来。这样,当西方人说某事与另一事相隔久远时,相当于霍皮人说“许多周期性的物理运动发生于两件事之间,以至跨越了相当大的距离,或者以其他方式在两事之间积累了大量的物质”[④]。遥远的甲村和眼前的乙村会不会“同时”发生某事件? 霍皮人不会提这样的问题,因为提这种问题的前提是时间与空间分离,各处独立,而霍皮世界观的时间和空间是合一的。在霍皮人看来,距离

---

① 本杰明·李·沃尔夫:《论语言、思维和现实——沃尔夫文集》,高一虹译,湖南教育出版社 2001 年版,第 29—30 页。

② 本杰明·李·沃尔夫:《论语言、思维和现实——沃尔夫文集》,高一虹译,湖南教育出版社 2001 年版,第 135 页。

③ 本杰明·李·沃尔夫:《论语言、思维和现实——沃尔夫文集》,高一虹译,湖南教育出版社 2001 年版,第 135—136 页。

④ 本杰明·李·沃尔夫:《论语言、思维和现实——沃尔夫文集》,高一虹译,湖南教育出版社 2001 年版,第 31 页。

观察者越远的事件，它发生的时间也越远（如果一定要使用西方的时空概念来描述的话），距离越远就越“过去”（从主观角度需做更多努力才能达到它）。

“霍皮语偏爱动词”，喜欢把事物看成事件、过程，远处甲村客观上发生的事只有经过一段空间距离才能被“这里”感知，距离越远，感知就越靠后，（西方意义上的）时间也就越久。因此，两个有距离的村庄不可能同时发生事件，即“如果某个事件不是发生在‘此地’，就不可能发生在‘此时’；它只可能发生于‘彼’地‘彼’时”。[①]

三、特殊与普遍的相对性

世界统一于物质性，这是普遍性的基础；人类的心理一致性也建立在世界的物质性上。但是这种最高抽象并不能解决人类如何认识世界和解释世界的问题，即不能解决“中层”以下的问题。更何况人类还没有认清世界物质性的一面，科学也大多借助假说、理论、实验、证明的手段，不同流派有不同的结论，世界的本质仍有待于进一步揭示。人类认识世界只能通过各种途径的互动来实现，语言是互动的成果，是互动的手段，也在互动中存在，即在使用中存在。意义也不例外，它是人们社会关系的产物，正是在这一点上，语言和意义有一致性。如果有语言普遍性的话，那它只能建立在互动这样一个普遍性上，其余只能是相对，因为每个群体、每个个人时刻都在经历不同的心态，有不同的记忆，他们周围的环境也在发生变化，他们对这些环境的认识和解释也不尽相同。所谓的文化模型只能是“家族类似”，即一个文化模型和另一个文化模型的相邻部分重叠交叉，存在相似性，而不相邻部分差异逐渐增加，相似性减少。

汉克斯（Hanks）、哈维兰（Haviland）、奥克斯（Ochs）、贡佩斯和莱文森等学者认为，世界观不是语言所固有的，语言不能脱离语用[②]，即语言只有在使用中才能保持活力、得以存在。汉克斯指出，意义（包括字面意义）来

---

① 本杰明·李·沃尔夫：《论语言、思维和现实——沃尔夫文集》，高一虹译，湖南教育出版社 2001 年版，第 31—32 页。

② John Gumperz and Stephen Levinson, *Rethinking Linguistic Relativity*, *Cambridge*: Cambridge University Press, 1996, p. 230.

自语言形式和环境的融合。[①] 奥克斯指出,语言的习得和社会－文化能力的习得,不是各自独立的发展过程,也不以对方为发展的前提条件。这两个过程从我们呱呱坠地就交织在一起,互助互利。[②]

多数学者认为,萨丕尔－沃尔夫假说,尤其沃尔夫"语言习惯决定思维习惯"的观点,属于不可论证的命题。其实,沃尔夫本人也是在思维和语言互动的基点来讨论语言相对论的,而且他也强调语言的使用,认为说话本身意味着"使用一种复杂的文化结构"[③]。他说语言研究能够帮助我们理解神秘的思维,可以显示思维形式如何受到无意识的语言固定模式的制约,因为思维是用语言进行的。[④] 严格地说,语言相对论本应当研究语言如何显示思维、语言与社会－文化如何互动,而非直截了当地谁决定谁。耐人寻味的是,学界迄今不能就语言和思维的关系达成共识。此外,语言和范畴的关系是什么?范畴和思维的关系又是什么?语言、思维、范畴三者加到一起之后的关系又是什么?它们之间的发生学关系是什么?

最近学者对语言相对论的兴趣主要建立在重新解释和修正、补充的基点上。如果说萨丕尔尤其是沃尔夫把语言、范畴、思维、现实等看作互相依存、互相渗透的对立统一体的话,现代研究者则多把它们看作发展变化的过程,强调随机、变化和创造。同时,也有学者提出新的概念术语,从新的角度讨论相对论。

汉克斯认为问题的关键不在于语言形式和语言使用如何决定人们的思维和体验,而是它们在何种程度上影响这样的思维和体验。[⑤] 说玛雅语的人用绳子在井里"钓"桶,当绳子一端的铁钩碰到金属并且有沉重感的

---

① John Gumperz and Stephen Levinson, *Rethinking Linguistic Relativity*, Cambridge: Cambridge University Press, 1996, p. 232.

② John Gumperz and Stephen Levinson, *Rethinking Linguistic Relativity*, Cambridge: Cambridge University Press, 1996, p. 407.

③ 本杰明·李·沃尔夫:《论语言、思维和现实——沃尔夫文集》,高一虹译,湖南教育出版社 2001 年版,第 36 页。

④ 本杰明·李·沃尔夫:《论语言、思维和现实——沃尔夫文集》,高一虹译,湖南教育出版社 2001 年版,第 255—256 页。

⑤ John Gumperz and Stephen Levinson, *Rethinking Linguistic Relativity*, Cambridge: Cambridge University Press, 1996, p. 234.

时候，他就会说 hé eletibe，意为“有了（感官的感觉）”。同样的短语也用来说视线以外的烟火和从视线外开过来的汽车的声音。也就是说，原本指听觉和间接的触觉和实际的指示用法并不一一对应（例如视线外的烟火）。这样，我们通过玛雅语的例子看到，原本相对独立的语言和社会－文化场景在具体的操演当中结合在一起。[①] 菲里莫（Fillmore）更提出了“框架”（frame）的概念：“框架”是词汇集合（set），它的成分可以标指某类行动或概念的整体。[②] 所以框架是一种图式（schemata），它不是语言内部的东西，而是语用环境中社会、文化和自然要素的一种。[③] 由此推论，玛雅语的语法成分不取决于该语言的内部规律，而是取决于它的外部使用。

斯洛宾（Slobin）提出用“思维”代替“思想”，用“说话”代替“语言”，强调其中运动、变化、随机的因素。哈维兰（Harviland）对佐齐尔（Tzotzil）语指示词的“移位”（transposition）现象进行分析，也充分证明了外在的社会知识、文化习惯乃至手势对使用和理解这类指示词的重要性。[④]

其实，从总体上说，语言并不像我们通常认为的那样稳定。因为它首先要服务于社会交流，而社会交流一定会反映社会发展和变化；其次，语言本身也会因个人、群体和社会的创造性、随机性而有所创新；最后，语言与社会一样，处在不断的历史过程中，历史是“河流”，不是“湖泊”。正如洪堡特所说，思维的本质在于反思，是思维者对思维内容的反思。同时，语言与反思直接相关，与第一个反思同时发生。人之初，世道混沌，“客体为主体所吞噬”，但人终于觉醒，词与人的自我意识一道出现了——“词仿佛是人给予自身的第一个推动”[⑤]。语言要从属于人，人的能动性决定了语言的

---

① John Gumperz and Stephen Levinson, *Rethinking Linguistic Relativity*, Cambridge: Cambridge University Press, 1996, p. 243.

② John Gumperz and Stephen Levinson, *Rethinking Linguistic Relativity*, Cambridge: Cambridge University Press, 1996, p. 243.

③ John Gumperz and Stephen Levinson, *Rethinking Linguistic Relativity*, Cambridge: Cambridge University Press, 1996, p. 244.

④ John Gumperz and Stephen Levinson, *Rethinking Linguistic Relativity*, Cambridge: Cambridge University Press, 1996, pp. 271-323.

⑤ 威廉·冯·洪堡特：《洪堡特语言哲学文集》，姚小平编译，湖南教育出版社 2001 年版，第 268—271 页。

活跃,人的历史也必然包括语言的历史。

语言研究要讲“学科相对论”,即不同学科有不同学科的规则,它们的普遍性只存在于哲学层面,在中层以下只能相对而言,有明确的学科界限。尽管学界都鼓励跨学科研究,但真正做到的并不多。跨学科研究只能立足于方法论上的交流,哲学观上的互相交流。结构主义、普遍规律是狭义语言学的中层基础,互动主义、特殊规律是社会文化人类学和社会学的中层理念(结构主义人类学除外)。当然,在哲学层面上,所有学科都在追求普遍规律,否则就失去了学科发展和交流的理论平台,只是这种普遍规律一定要和特殊规律结合起来,在发展变化的过程中得以呈现。

第二节　结构与认知

结构主义是20世纪60年代以来重要的学术流派,它从语言即文化模型的观点出发,把音位分析用于文化分析,影响了整个人文社会科学。结构主义也强烈影响了认知人类学,但认知人类学后来又结合人工智能研究,形成了自己的独特风格。当然,认知人类学内部也有不同流派,有的重视普遍性研究,有的潜心特殊性研究。

一、结构

从一般意义上说,结构是一种关系的组合,整体决定部分,系统统辖成分,部分与部分、成分与成分之间对应存在,互相依赖。结构主义寻找不同“社会文本”中的深层结构,在不同的表现内容中,分析和发现共同的逻辑结构。社会文化现象、日常生活实践充满多样性,但潜藏其下的深层结构却存在同一性。

在整个社会文化人类学中,最有影响的结构主义学派出自列维-斯特劳斯。他在20世纪40年代以难民身份来到纽约,在自己已有的南美印第安人田野工作的基础上,着手分析大量北美印第安人的民族志材料。他和另一位俄国难民、语言学家雅各布森结识,从后者那里得到结构语言学的分析工具,成为他学术研究的理论武器。不过,要说清社会文化人类学的结构主义,还要提到其中的两大来源:索绪尔的欧洲来源和以雅各布森为代表的美国来源。索绪尔不讲“历时”讲“共时”,讲构成最小意义单位的

"音位"。雅各布森出生在俄罗斯，是莫斯科语言学会的创始人之一，也是布拉格语言学会的创始人之一。他和特鲁别茨科伊、哈勒（M. Halle）等人共同发展了音位理论，认为音位之间有对立关系，若干区别性特征构成一个音位。他把音位理论运用到语法和词汇研究，提出有关标记性的概念，如英语 dog 是无标记形式，可指公狗，也可指一切狗，而 bitch 是有标记形式，单指母狗。雅各布森和其他一些东欧学者独居美国，使美国成为结构主义语言学的大本营。雅各布森的突出贡献在于用音位理论来研究诗学、韵律学、符号学和信息论，他发展了皮尔士指号学，对于语言人类学意义重大。

列维－斯特劳斯于 1945 年发表了《语言学和人类学中的结构分析》一文，首次提出把音位学结构分析法运用于人类学的观点，得到人类学同行的普遍响应。他 1955 年出版了《神话的结构研究》，1958 年出版了《结构人类学》，标志着结构人类学的成熟。列维－斯特劳斯在研究和理解人类文化和人类思维的时候，像结构语言学家一样，把语言看作具有深层结构的符号系统，认为文化只不过是一种表面现象，它表现了人类要对自己的经验进行排列和分类的通性；文化现象可以是多元的，但其底层的排列原则却是同一的。结构人类学的具体方法是，先确定某制度的构成单位，相当于语言学的归纳音位，即在抽象层面上，这些制度单位等于语言学音位或音素。在确定了这些结构单位之后，就可以进一步确定它们之间的对立、相关、互换或转化的关系。先把文化的各个方面归纳为结构要素，然后来解释同一文化内部或不同文化之间的一致性。来自不同社会的关于制度的经验材料不会为研究者提供这样的一致性，只有通过基于不同层面对具体田野材料的抽象，才能找到普世的社会通则。① 列维－斯特劳斯反对建立在物质文化要素和精神文化要素分析之上的进化论，强调从这些要素之间的关系而非这些要素本身探求意义，认为语言是文化的最佳模型。不过，他也"告诫人们不要无根据地在深入分析过的语言学资料与经验行为

① Claude Lévi-Strauss, *Structural Anthropology*, Claire Jacobson and Brooke Schoepf, Trans, New York: Basic Books, 1963 p. x, Translator's Preface.

资料之间建立相关性联系”[①]。令人回味的是,列维-斯特劳斯所追求的制度一致性或普世的社会通则具有无意识的属性,而这种无意识属性却要借助有意识的研究者来揭示,这不仅给“科学”表述带来困难,也给结构主义的通俗化带来阻碍,因为人们毕竟要依赖意识来确定无意识,这个过程大多只能是定性而非定量的过程,更多地靠“悟性”而非经验来把握。结构主义成为人文社会科学的重要流派,带来类似于“乔姆斯基语言学革命”的“列维-斯特劳斯结构主义革命”。不过,同样是结构主义语境,盎格鲁撒克逊国家和欧洲大陆有不同的“操演”:英国学者多挑剔列维-斯特劳斯《神话学》的个别论点和细节,而忽视全书的整体论;法国学者多不研读局部,只关注结构主义大势,即要么是结构主义,要么不是。[②] 如果说结构主义语言学为多种社会人文学科提供了视野,那么人类学则为之提供了论据。[③]

雅各布森用“二元对立”和“三角模型”分析音位系统,提出“语音学普遍性”原则和“区别性特征”理论,认为可以从所有人类语言的音位系统归纳出聚集音(compact)和分散音(diffuse)、钝音(grave)和锐音(acute)两项对比,这项对比又构成“元音三角”和“辅音三角”,统称“三角模型”。

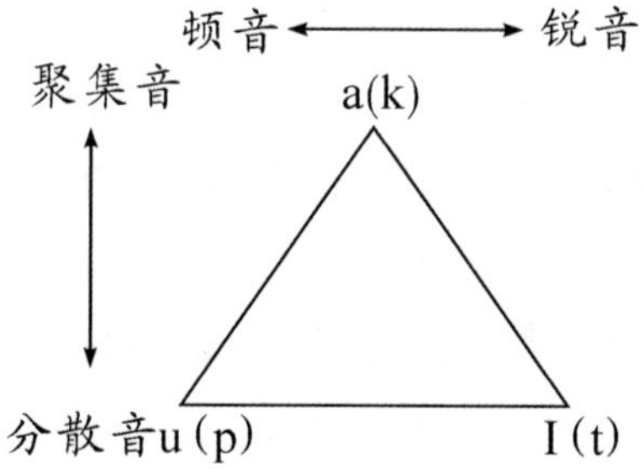

---

① Claude Lévi-Strauss, *Structural Anthropology*, Claire Jacobson and Brooke Schoepf, Trans, New York: Basic Books, 1963, Translator's Preface.

② J. M. 布洛克曼:《结构主义:莫斯科——布拉格——巴黎》,李幼蒸译,商务印书馆 1980 年版,第 7 页。

③ J. M. 布洛克曼:《结构主义:莫斯科——布拉格——巴黎》,李幼蒸译,商务印书馆 1980 年版,第 8 页。

区别性特征是将一个语言单位和另一个语言单位区别开来的特征，或“两个最小的语音单位仅有的一对区别”[1]。例如，英语的[d]和[t]都属于齿龈塞音，但[d]是浊音，[t]是清音，二者有清浊之分。根据雅各布森和哈勒的论述，确定区别性特征的标准是频谱图读出的声学标准，这样的区别性特征有三类：响音特征，包括元音性对非元音性，辅音性对非辅音性，鼻音对口音，聚集音对分散音，突发音对延续音，糙音对润音，受阻对不受阻，浊音对清音；紧张度特征，包括紧张对松弛；音调特征，包括钝音对锐音，降音对平音，升音对非升音。根据频谱分析，“聚集”指频谱上能量集中于较狭窄的中央区域，“分散”指频谱上能量集中于中央区域。在汉语普通话中，[a]、[o]、[k]、[s]等是聚集音，[u]、[i]、[t]、[p]等是散音。[2]后来乔姆斯基和哈勒对以上分类做了重要修正，把区别性特征扩充为三十多对，归入如下几个范畴：主类特征，包括响音对非响音，元音性等特征；声腔特征，涉及口腔形状和发音部位，如舌尖音对非舌尖音，前部音对非前部音；发音方法特征，如延续音对非延续音，紧张对松弛；声源特征，如浊音对清音，糙音对润音；韵律特征，如重音、音调等。[3]

结构主义为社会文化分析提供了重要的理论模式，尤其像“隐喻”“组合”之类的概念，为研究者开辟了新的分析视角，可谓别开生面。“隐喻”和“转喻”[4]的用法来自布拉格语言学派的雅各布森，而列维－斯特劳斯更

---

① 陈海洋主编：《中国语言学大辞典》，江西教育出版社 1991 年版，第 262 页。

② 陈海洋主编：《中国语言学大辞典》，江西教育出版社 1991 年版，第 265 页。

③ R. R. K. 哈特曼、F. C. 斯托克：《语言与语言学词典》，黄长著、林书武、卫志强等译，上海辞书出版社 1981 年版，第 106—107 页。

④ 转喻指“部分代表整体”，转喻的代号是它所代表事物的一部分或者与之关系密切的东西。例如“烟指示火”中的“烟”既包含代号，也包含转喻关系。与此相对应，隐喻指分属于不同文化脉络的两个事物之间的类似（类比）关系，例如用王冠作为啤酒的商标。“转喻表示邻近，而隐喻则取决于类似。”参见埃德蒙·利奇：《文化与交流》，郭凡、邹和译，上海人民出版社 2000 年版，第 13 页。

多地使用“纵聚合”和“横组合”[①]来表达同样的意思。结构人类学的典型做法是在文化材料中寻求结构性二元对立,推导转换生成的形式,而并不涉及本土人是如何看待自己文化的,因为文化材料的结构是无意识的产物。人类心灵的无意识结构通过各种文化形式表现出来,涉及神话、亲属制度、面具、丧葬活动等等。利奇(G. Leech)在解释以上概念的时候,使用了音乐的比喻:在乐谱上,一个个音符互相搭配,组成曲调,属于横组合;书写乐谱、手指弹奏的动作及其和音波的关系,属于纵聚合。其他需要了解的相关概念还有“符号”和“代号”:前者指甲因素和乙因素不存在内在关系,即不属于同一个文化脉络时的关系;后者正好相反,存在内在关系,属于同一个文化脉络。[②] 因此,

符号/代号 = 隐喻/转喻 = 纵聚合联系/横组合链 = 交响乐/主调[③]

---

① “组合”(syntagmatic relation) 在索绪尔的《普通语言学教程》中,指以语言的线性特征为基础的词的排列关系,又译为“横组合关系”。它总是由两个或两个以上的几个连续单位组成。“聚合”(paradigmatic relation),又称“纵聚合关系”。聚合是一种联想关系,它指在话语之外,某些有共同点的词会在人的记忆里集合起来,形成有各种关系的词汇群。组合关系是现场的,以连续单位的构成长度为特征;而聚合关系是不在场的,它把非实际出现的单位组成记忆系列。若从严格的语言学定义出发,则在一个句子里,一个词与其他词有组合关系,与可在本句中替换它的词有聚合关系。例如:

I ↔gave ↔Tracy ↔the ↔book(我给了特雷西那本书)
↕
passed(传给)
↕ ↔ = 横组合关系
handed(递给) ↕ = 纵聚关系
↕
threw(扔给)

参见杰克·理查兹、约翰·普兰特、赫迪·魏伯编著:《朗曼语言学词典》,刘润清等译,山西教育出版社 1993 年版,第 329 页;费尔迪南·德·索绪尔:《普通语言学教程》,高名凯译,商务印书馆 1980 年版,第 170—171 页。

② 埃德蒙·利奇:《文化与交流》,郭凡、邹和译,上海人民出版社 2000 年版,第 12—13 页。

③ 埃德蒙·利奇:《文化与交流》,郭凡、邹和译,上海人民出版社 2000 年版,第 14 页。

根据英国人类学者玛丽·道格拉斯(Mary Douglas)的诠释,每一种文化都有自己一套区分正常和反常的分类体系,这套体系体现在具体的社会脉络之中,成为清洁还是污秽的判断根据:鞋放在商店橱窗里展示的时候是干净的,放在餐桌上就脏了。[①] 这显然是一种二元对立式的结构主义解释。单个物体或者质料本身不具备文化意义,它们需要发生关联,对立对比,才有文化意义。比如一棵树,如果和萨满神灵发生关联,鄂温克族猎民就会把它看成神树;如果和桌椅板凳发生关联,城里人就会把它看成制作实木家具的原料。

1957 年出版的《句法结构》发起了"乔姆斯基语言学革命"。[②] 这本书的作者乔姆斯基证明,人类学习语言的过程并不是通过学习词与词之间的前后组合来完成的,而是通过学习少量的语法,然后用这些语法转换生成大量符合语法的句子,而这样的语法是刺激—反应理论所不能解释的。[③] 人们学习语言不是由外部不断输入,积少成多,而是内部的语言机能不断被激活激发而爆发的"语言革命"。所以学习语言的过程是由内而外的过程,不是由外而内的过程。需要指出的是,在人类学领域传统上并没有完

① Mary Douglas, *Purity and Danger*, London: Routledge & K. Paul, 1966.

② A. N. Chomsky, *Syntactic Structures*, Hague: Mouton, 1957.

③ 以上语言学观点主要来自成型于 20 世纪 50 年代的心理语言学(psycholinguistics),它与认知人类学有密切关系。自 20 世纪 60 年代以来,心理语言学形成了三个流派:联想派(associationist approach)、内容派(content approach)、程序派(process approach)。联想派的代表人物有奥斯古德(C. E. Osgood)、斯金纳(B. F. Skinner)、斯塔茨(A. W. Staats),他们认为人的语言行为是后天习得的,并非天生;语言行为也不是人类独有;只有能观察到的材料才能成为语言;语言是通过联想学会的,学习语言是一个"刺激—反应—强化"的过程。内容派的代表人物有乔姆斯基、卡兹(J. J. Katz)、米勒(G. A. Miller),他们认为,人的生理结构规定着语言内容,先天就具备"语言习得机制";语言有特殊性,只属于人类;语言能力不同于语言运用,语言能力是有关语言原则的知识;人靠天生就存在于语言习得机制中的语言知识来掌握语言。程序派的代表人物有斯罗宾(D. Slobin)、弗托(J. A. Fodor)、皮亚杰(J. Piaget),他们认为,人先天有可以输入语言材料的认知机制;语言行为有不同于其他行为的特殊性;语言能力和语言运用存在区别,但不应夸大语言能力的作用;儿童没有先天的语言知识,但可以通过启动加工语言材料的机制来获得。参见冯志伟编著:《现代语言学流派》,陕西人民出版社 1999 年版,第 313—318 页。

全排除心理和认知的研究，只是提法有一些不同。例如，埃文思-普里查德就认为，只有把人类社会作为符号系统来研究，才能彻底加以理解。[1]然而，在20世纪50年代的英国、法国和美国，研究人类群体的观念体系已成气候，像美国著名的人类学家克拉克洪，就从他过去对于那伐鹤人功能主义研究转向对他们的观念和价值的研究[2]，也就是说，人类学的主流从研究社会制度转向研究象征符号体系。与此同时，大约在20世纪50年代末出现了族群科学(ethnoscience)[3]和语言人类学的合流。耶鲁大学的语言人类学家弗洛伊德·劳恩斯伯里(Floyd Lounsbury)在很大程度上影响了这个趋势，他和沃德·古迪纳夫发表了一些分析亲属称谓和本土天文学的重要论文。[4] 特征分析(feature analysis)相当于语言学中的成分分析(componential analysis)[5]，认知人类学者利用这个方法比较成功地分析了许多"史前族群"的亲属称谓体系。下举英语亲属称谓词的特征分析为例。[6]

---

① J. H. Beattie, *Contemporary Trends in British Social Anthropology*, Sociologus, 1955.

② Roy D'Andrade, *The Development of Cognitive Anthropology*, Cambridge: Cambridge University Press, 1995, pp. 12-13.

③ 族群科学一直是民族志的一个分支，它主要研究有关生物、动物、天文和其他相关方面的民间知识。

④ Flayd Lounsbury, "A semantic Analysis of off the pawnee kinship Usage," in *Language* 32: 158-194; Goodenough, Ward, "Componential Anglysis and the study of Meaning," in *Language* 32: 195-216.

⑤ 语言学的布拉格学派把音位(区别意义的最小语音单位)进一步分析成"区别性特征"(distinctive feature)，例如，[d]的区别性特征包括口腔(相对于鼻腔而言)，浊音(相对于清音而言)，齿音(相对于唇音、软腭音等而言)。此外，在语音学中，像男人/女人/儿童: 公牛/母牛/牛犊所构成的对应关系，分别含有男的—雄性/女的—雌性: 成年的/未成年的:人的/牛的特征。参见R. R. K. 哈特曼、F. C. 斯托克:《语言与语言学词典》，黄长著、林书武、卫志强等译，上海辞书出版社1981年版，第68页。

⑥ Roy D'Andrade, *The Development of Cognitive Anthropology*, Cambridge: Cambridge University Press, 1995, p. 29.

	男	女	男	女
祖辈 +	grandfather	grandmother		
−	grandson	granddaughter		
父辈 +	father	mother	uncle	aunt
−	son	daughter	nephew	niece
同辈	brother	sister	cousin	

二、认知

在结构主义语言学的深刻影响下，人类学中产生了认知学派，即认知人类学。认知人类学的研究讲究形式和方法，后来又走向量化，所有这些都需要“结构”的支持。这种“结构”不一定完全反映事物本身的特性，而是建立在主客观互动之上的认知模式。认知人类学不满足于在社会里找文化，要到人的头脑里去找文化、找意义。结构主义的成分分析法使认知人类学在对亲属称谓及其他符号体系进行分析和研究时，获得了精确性和完整性。那些研究“大脑”的人类学者认为，在没有文字的社会里，亲属制是主要的社会制度，社会成员的地位取决于他在亲属制中的地位，也常常表现为亲属称谓的符号关系。他们研究人类社会、文化、实践与人类思想之间的互动和结构关系。早期的人类学者在自己的母语中寻找描述文化的类别(category)，而认知人类学者却是在研究对象的母语中寻找它们①，并且发展出自己的一套分类体系。人类总是要通过命名，对自己所感知的自然和社会现象加以概括，分析客观事物互相关联，按照一定的包容和隶属关系构成分类系统(taxonomy)。例如，我们日常生活中的家具包括桌子、椅子、柜子等等，这些概括词又可以各自划分为写字台、梳妆台、饭桌、电脑桌、躺椅、转椅、折叠椅、靠背椅、吊柜、立柜、卷柜、保险柜等等。它们可以组成一个纵向包容、横向对照的分类系统：

① Stephen Tyler, ed., *Cognitive Anthropology*, New York: Holt, Rinehart and Winston, 1969, p. 6.

家具				
	桌子	椅子	柜子	
↓包容	写字台、梳妆台、饭桌、电脑桌……	躺椅、转椅、折叠椅、靠背椅……	吊柜、立柜、卷柜、保险柜……	↔对照

以上分类系统中的各个成分共同构成一个“语义范畴”(semantic domain)。所谓“语义范畴”指一组互相之间至少有一项共同特征同时又区别于其他类似单位的客体。例如,在现代标准汉语里,椅子以两项特征区别于桌子:“有靠背”和“用来坐”。桌子也有两项区别于椅子的特征:“上有平面”和“在上面放东西或者做事情”。分类系统是一种语义配列(semantic arrangements),与此相关,还有一种语义配列需要介绍,这就是“范式”(paradigm)。分类系统中我们只考虑一个维度(即包容),而在“范式”中就要考虑两个以上的维度。当多项语义特征按照一定的维度排列并且互有交叉时,我们就得到了一个“范式”①。“范式”相当于语言学的聚合(或称“纵聚合”)②,用于排列语言项集合。

认知人类学从20世纪五六十年代进入了分析文化知识的阶段。除了劳恩斯伯里(F. Lounsbury)和古迪纳夫用语言学的成分分析法研究亲属称谓,康克林(Harold Conklin)和弗雷克(Charles Frake)还借用生物学的分类

① Stephen Tyler, ed., *Cognitive Anthropology*, New York: Holt, Rinehart and Winston, 1969, p. 10.

② “聚合”或者“纵聚合”,指在一个结构中具有相同位置关系的形式之间的垂直关系。例如:
他喝葡萄酒。
他喝白酒。
他喝饮料。
其中的“葡萄酒”“白酒”“饮料”互相存在聚合关系。参见R. R. D. 哈特曼、F. C. 斯托克:《语言与语言学词典》,黄长著、林书武、卫志强等译,上海辞书出版社1981年版,第246页。

学方法来研究文化分类体系，发展出“族群植物学”①。此外，像动物、性格、疾病、颜色等等领域，也得到广泛的研究。这一时期的人类学同整个社会科学一样，强烈地追求方法、形式和定量。美国的耶鲁、宾夕法尼亚、斯坦福、伯克利、欧文等五所大学成为认知人类学的中心，据统计，当时有三分之二的认知人类学者受到金博尔·罗姆尼(Kimball Romney)的指导或者影响。② 20世纪70年代中期，认知人类学出现了新转折。埃莉诺·罗施(Eleanor Rosch)引入心理学有关范畴的理论，一些语言范畴和原始型(prototype)发生了联系；原始型赋予基本范畴突出特点(salience)，使它们能够影响记忆和推理。到20世纪80年代初，图式理论(schema theory)代替了原始型理论，随后又出现了更为抽象的有关心理表象的性质的心理学理论。所谓的“连接式网络”(connectionist networks)把特征图式串(schematic clusters of features)聚成组合体，而不求助于任何语言基础。这样，思维对于语言的过分依赖就被打破。认知人类学最新发展的焦点在于研究文化图式如何与行动相联系。这个领域的研究涉及情感、动机、内化、社会化。认知人类学者普遍把文化看作社会分布的、“颗粒状的”、以不同形式内化的、以不同方式体现在外部形态中的东西。也就是说，文化不再被看作匀质的、具有稳定结构的存在形式，也不再被看作完全由外在社会决定的符号体系；人的心理因素也对文化产生着重要作用，与文化形成互动关系。认知人类学一直在探讨文化知识如何在人脑中协调运转。

认知人类学的图式理论的产生，是有关学者关注人与周围环境(文化环境)互动的结果。图式理论不同于原始型，它是一个由客体及其关系组成的框架，需要用具体的细节来填充；而原始型则是一组特定的预期特征。

① Harold Conklin, *The Relation of Hanunoo Culture to the Plant World*, Unpublished PhD dissertation in Anthropology, Yale University, 1954; Charles Frake, "The Ethnographic Study of Cognitive Systems," in *Anthropology and Human Behavior*, Washington, DC: Anthological Society of Washington, 1962, p. 72.

② 罗姆尼从哈佛大学的社会关系研究系毕业后去斯坦福大学，然后又转到欧文大学。参见 Roy D'Andrade, *The Development of Cognitive Anthropology*, Cambridge: Cambridge University Press, 1995, p. 245。

当人们用标准的默认值填充一个图式的时候，他们就得到了原始型。[①] 举英语的 write 和日语的 kaku 为例，虽然它们都有“写”的意思，而且也是这样互译的，但它们的图式毕竟有差别。这两种图式都有这样一个图景：有人手里拿着一个带尖、能留下痕迹的东西在一个表面划动。这个图景使人想到写者、写的工具、留下痕迹的表面和成果。不过，日语图式并不确定所留痕迹的性质。因为 kaku 既可以是写字，也可以是画草图，甚至可以是乱涂乱画。与此对照，write 只能和语言相联系，和图画无关。[②] 图式是由诸多空位组成的框架，各个空位之间保持着互动关系。例如，如果在 write 的图式框架的有关“留下痕迹的表面”的空位里填入“天空”，那么，“写者”就是飞机；如果，没有什么在场的信息，那么，人们就以平常的期待填入空位。说到“西餐”时，我们想到刀叉；说到“中餐”时，我们就想到碗筷。当然，由于区域甚至全球交流的剧增，各种文化和习俗之间的交流也相当频繁，其中也包括各种文化图式之间的互动。在中国的城市，人们对西餐开始熟悉起来，也出现了“中餐西吃”的过渡现象。图式是一种由不同层面的子图式构成的集合，它的好处是可以把不同范畴的词项联系在一起。例如，“写”的图式涉及铅笔、钢笔、粉笔、打字机、黑板、报纸、手稿、英语、法语、阿拉伯语、作者、记者等等。也有一些词项表示完整的图式没有实现或者只得到部分实现，例如“潦草”（scrawl）一词表示某人写的东西不易辨认，“文盲”表示某人没有有效地掌握读写知识，因而不能利用“写”的图式。[③] 图式具有文化“偏见”，美国人对婚姻图式的理解不同于中国人的理解，汉族农民的消费图式也不同于汉族市民的消费图式。图式不仅是头脑里的表象，它还是一个“处理器”（processor），可以从最小量的信息输入，生成复杂的解释。

---

① Roy D' Andrade, *The Development of Cognitive Anthropology*, Cambridge: Cambridge University Press, 1995, p. 124.

② Roy D' Andrade, *The Development of Cognitive Anthropology*, Cambridge: Cambridge University Press, 1995, p. 125.

③ Roy D' Andrade, *The Development of Cognitive Anthropology*, Cambridge: Cambridge University Press, 1995, p. 124.

尽管图式的解释力比较强，但是它还不能用计算机加以模拟。计算机使用的是“串行符号处理模型”（serial symbol processing model），读出/输入装置把有关外界的信息传进来，编码成为符号/二进制比特，这样就可以表示外部世界。大脑/计算机通过逻辑运算对这些符号/二进制比特进行线性处理，做出判定。20世纪40年代，人脑性能的模型“感知器”（perceptron）被研制出来，它包括一组输入或者传感装置，固定地连接在第二层输出或者判定装置上。每一种连接都有一定的权重（weight），权重决定着传向判定装置的激活力的大小。当所有输入装置导向输出装置的激活力的总和超过一定的阈值以后，输出装置就会“发作”。[①] 经过进一步改进，“感知器”被“并行分布式处理网络”（parallel distributed processing network）或者“连接式网络”（connectionist networks）取代。“连接式网络”的运作比较接近人脑的工作，具有灵活、应变力强和信息综合能力强等优点，基本上模拟了人脑的图式模型。“串行符号处理模型”和“连接式网络”对于人类学的文化与认知研究意义重大。可以把“串行符号处理模型”比作成文的语法，而把“连接式网络”看作不成文的习性。大多数中国人在学习和使用英语的时候，依靠成文的英语语法，先要思考，甚至要“打腹稿”；而对那些英语是母语的人来说，他们总是出口成章，不假思索，很少借助成文的语法。反过来，学习和使用汉语和其他语言的情况也是如此。客位观察和主位观察的也和它们存在可比关系，即我们在调查其他文化的时候容易依靠某种规则或者理论，先设计问卷、了解情况，到胸有成竹的时候才着手调查；而作为调查对象的本地人并没有那么多理论，他们的民间知识像涌泉一样，能随时喷洒出来。民间知识是典型的包容性图式结构，相对于各种事物和事件，本土人经过长期的实践已经培养出各种各样彼此关联但又自成体系的表象结构，他们根据具体的事物和事件，灵活地运用这些“默认”的结构，并且在必要的时候填充以“默认值”。这种运用是不假思索的，是随机应变的。从这个角度看，“连接式网络”——包容性图式结

---

① Roy D' Andrade, *The Development of Cognitive Anthropology*, Cambridge: Cambridge University Press, 1995, pp. 137-138.

构与法国人类学家布尔迪厄所提出的惯习和习见(doxa,即主客观互渗)类似。惯习指人们在特定文化中养成的习性或者行为举止,它是"肢体化"的历史遗产,个人没有能力完全摆脱或者完全认知,但在社会实践中却处处运用。习见指游离于正统与非正统对立之外的在人们心目中自然而然存在的,它不是对主观和客观的一种自觉,而是一种不自觉的、无意识的自然存在,人们对它的存在并不提出任何异议和问题——它是不言自明的和不证自明的。[①]

认知图式来自行动(实践),也付诸行动。认知人类学者通过自己的行动(田野工作),在与调查对象的互动中,描述和研究后者的认知图式。托马斯·格拉德温(Thomas Gladwin)、戴维·刘易斯(David Lewis)、本·芬尼(Ben Finney)、埃德温·哈钦斯(Edwin Hutchins)分别对密克罗尼西亚和波利尼西亚航海者的经验和认知图式进行了田野调查。[②] 格拉德温对密克罗尼西亚航海者的航海知识和认知图式进行了详细描述。这些航海者利用星辰辨别方向,拥有丰富的海流知识,借助岛屿的参照,在太平洋上定期航行150英里到450英里之遥。哈钦斯通过自己在一艘美国军舰上的亲身体验,对西方现代航海体系与密克罗尼西亚航海体系进行比较,揭示出这两种文化传统在表象层面和演算层面上都存在很大差别。

查尔斯·凯勒(Charles Keller)和珍妮特·凯勒(Janet Keller)通过跟随铁匠学徒,深入了解他们的知识结构和行为模式,研究人是怎样在思维中动脑筋,在自然环境中动肢体,从而为建立知识人类学(anthropology of knowledge)打下基础。他们提出,知识是有目的的,它来自实践,组织成为达到某种目的的原则和图式;在知识和实践之间存在辩证关系,知识被创造,也被应用,而实践既受到知识的制约,也创造知识;在推理中意象(im-

---

① Pierre Bourdieu,"Structures,Habitus,Power," in Nicholas Dirks, et al eds. , *Culture/Power/History*, Princeton, New Jersey: Princeton University Press,1994,pp. 155-199.

② Thomas Gladwin, *East is a Big Bird*, Cambridge: Harvard University Press, 1970; David Lewis, *We The Navigators*, Honolulu: University Press of Hawaii, 1972; Ben Finney, *Hokulea the Way to Tahiti*, New York: Dodd, Mead and Company,1979; Edwin Hutchins, *Cognition in the Wild*, Cambridge: MIT Press,1994.

agery)起着至关重要的作用,概念思维包括用视觉和身势表达的思想,它们补充了命题性知识,并且与之互动;通过理解具体操作中的思维过程,可以加深对物质文化的理解。[①]

每一种图式都可以看作简单的模型。认知人类学的模型是一组互相关联的因素,它们结合起来表示某种事物。[②] 当然,模型在一定程度上也是"惯习",是在长期实践中自然形成的对外界事物的反应、默认的行为方式。模型有大有小,有复杂,有简单。大而复杂者如航海、婚姻,小而简单者如读报、写字。[③] 文化模型是研究者对本土认知方式的推定,而文化理论(culture theories)则完全建立在本土人的说法之上;有关文化模型的知识在本质上是程序性的,而有关文化理论的知识是陈述性的;文化理论常常涉及普遍和抽象的话题,如生命的起源、神灵的性格等,有关命题之间的联系是松散的。[④]

20 世纪 90 年代以来,认知人类学有两大趋势:一是走向社会,走向实践;一是走向数理,跨越文化。不过,这两大趋势常常交织在一起,这是因为这个分支学科走向社会和实践不等于放弃了原来对于知识的习得及其组织结构的探讨,而是把"内部世界"和"外部世界"有机统一起来,进入新的理论空间。哈钦斯指出,自 20 世纪 50 年代认知人类学形成气候以来,它采取了两项重大步骤。首先,它放弃了社会,转向研究个人作为文化共同体成员所应具备的知识,也就是到人脑里找知识。问题变成:"一个人必须知道些什么?"其次,它脱离了实践,不知道人们怎样学习知识,环境

---

① Charles Keller and Janet Keller, *Cognition and Tool Use*, Cambridge: Cambridge University Press, 1996, pp. 14-15.

② 认知模型是肯尼斯·克雷克(Kenneth Craik)在 20 世纪 40 年代引进的概念,他在《解释的本质》一书中指出,生物具有关于外界现实和想象的行动的"小模型"。它能够试验各种选择,找出最佳者,利用过去的知识对现在和未来的境遇做出反应,在遇到紧急情况时尽量保证自身安全。参见 K. J. W. Craik, *The Nature of Explanation*, Cambridge: Cambridge University Press, 1943, p. 13。

③ 有关文化模型的论述,参见 Drorothy Holland and Quinn Naomi eds., *Cultural Models in Language and Thought*, New York: Cambridge Uniuersity Press, 1987。

④ Roy D'Andrade, *The Development of Cognitive Anthropology*, Cambridge: Cambridge University Press, 1995, pp. 172-173.

又怎样促成了知识的学习。然而,人类的认知总是处在复杂的社会文化环境中,不可能不受到它的影响。同时,群体(社会)的认知属性不能从个人的认知属性推知,也就是说群体认知和个人认知有很大差别。知识结构不应当从实验室里去找,而应当去“荒野”里找,到真实的文化实践里找。①

在1969年出版的《认知人类学》一书的导言中,主编斯蒂芬·泰勒认为,文化不是物质现象,它是通过认知物质现象的组织②,即通过对物质现象的分类而得到的认知模式。这是一种“由里向外”的研究方法,注重的是语义分析,间或有心理分析。但是,这种观点受到来自认知人类学内部和外部的质疑和挑战。知识涉及对生产和生活的有意识的组织,它的存在价值最终要落实到可知、可见的实践中去。同时,社会实践活动出自心理的、物质的和社会的结构,反过来又再生产或者再改造原有结构。③ 文化不仅是各种心理表象,还是物质层面和外部结构,包括后天学习到的行为,也包括具体环境。文化是一个群体的全部社会遗产。④

20世纪80年代以来,认知人类学有一个心理学的大转向,研究文化表象和心理过程,在一定的抽象层次上探讨人类认知的普遍特征。认知人类学者研究感知、记忆、推理、分布性认知(distributed cognition)、表象结构等等心理学范畴。所有这些都围绕这样一个主题:文化图式如何与行动发生联系。在这样的主题之下,情感、动机、内化、社会化等等社会心理现象或者过程,都得到了研究。经过近40年的发展,认知人类学取得了三项成就:一是对文化表象进行了详细而可靠的描述;二是在文化和心理功能之间搭了一座桥梁;三是人类把各种表象作为文化遗产来学习,他们的心理

---

① Drorothy Holland and Quinn Naomi eds., *Cultural Models in Language and Thought*, New York: Cambridge Uniuersity Press, Instroduction, 1987, pp. xi-xviii.

② Stephen Tyler ed., *Cognitive Anthropology*, New York: Holt, Rinehart and Winston, 1969, p. 3.

③ Pierre Bourdieu, *Outline of a Theory of Practice*, Cambridge: Cambridge University Press, 1977.

④ Roy D'Andrade, *The Development of Cognitive Anthropology*, Cambridge: Cambridge University Press, 1995, p. 212.

受到这些表象的影响，人类的认知过程也反作用于文化表象。[①]

认知人类学迄今没有形成统一的理论和统一的阵营，没有系统教材，也没有专业学生。但是它毕竟存在，而且不容忽视。认知人类学者就像一个个“区别性特征”或者“成分”，他们组合在一起形成认知人类学的“语义”。

三、颜色词

柏林（Brent Berlin）和凯（Paul Kay）在1969年出版了具有深远影响的著作《基本颜色词：其普世性与演化》（*Basic Color Terms: Their Universality and Evolution*）[②]。他们证明不同文化的颜色词的发展是有规律的，遵循的是一套完整的演化序列。文化差异并不影响人类对于基本颜色词[③]的共同划分，这在很大程度上动摇了萨丕尔－沃尔夫假说。[④] 颜色词研究提出的论点，继承了哲学史上共性论与个性论或普遍与特殊的长期争论，其用意在于通过人类视觉系统的普遍特征来证明各种语言中颜色词发展演化的普遍规律，进而批驳语言相对论，指出社会文化活动并不影响基于视觉生理过程的颜色词分类，语言与思维之间并不存在互相决定的关系。根据柏林和凯的研究，在颜色序列中，黑色和白色是最基本的，任何语言都有；如果某个语言有三种颜色词，那么接着出现的一定是红色；依次类推，随后出现的就应当是绿色和黄色（它们或者合在一起，或者各自分开），然后是蓝色和棕色，最后是粉红色、紫色、橙色、灰色。光谱是连续体，英语把它分成六段：purple（紫色）、blue（蓝色）、green（绿色）、yellow（黄色）、orange（橙色）、red（红色）；美国印第安人的一个部落祖尼人（Zuni）将橙色和黄色合

---

① Roy D' Andrade, *The Development of Cognitive Anthropology*, Cambridge: Cambridge University Press, 1995, pp. 251-252.

② Brent Berlin, Paul kay, *Basic Color Terms: Their Uniuersality and Evolution*, Berkeley and Los Angeles: University of California Press, 1969.

③ 柏林和凯提出区分基本颜色词的四条标准：①单词素，即不能从它的组成部分推衍词义；②词义不能被其他任何颜色词包括；③其使用不限于狭窄的对象类别；④它对于操母语者有心理上的“突显性”。参见 Brent Berlin, Paul Kay, *Basic Color Terms: Their Universality and Evolution*, Berlceley and Los Angeles: University of California Press, 1969。

④ 该假说认为，语言结构决定人的实践结构，不同的语言具有不同的分类体系（包括颜色分类），同时也决定各个使用不同语言的文化有不同的世界观。本杰明·李·沃尔夫：《论语言、思维和现实——沃尔夫文集》，高一虹译，湖南教育出版社2001年版。

成一种颜色(upz inna)。[1] 于是,

白		绿		紫
	<红<		<蓝<棕<	粉
黑		黄		橙
				灰

上图中 x<y 表示“y 蕴含 x”,或者说,在所有存在 y 的语言和某些不存在 y 的语言中存在 x。[2]

与认知人类学所研究的族群生物分类和亲属制相比较,颜色词更具备现代科学的实证基础,既可以利用色觉生理学实验成果,也可以利用语言学的研究方法,是理想的突破口。人类不分种族和族群,其视觉生理机能稳定而一致;我们看到的所有颜色都来自六个基本颜色的组合:红、黄、绿、蓝、白、黑。例如,橙色来自红黄相加。早在 19 世纪,T. 杨发现人的色觉包含红、绿、蓝三种成分,他假设人眼在分析出红、绿、蓝三种颜色后,信号沿三条不同的神经通路传往大脑:色光同时刺激红、蓝神经产生红色色觉;色光同时刺激红、绿神经产生黄色色觉。德国物理学家和生物学家 H. V. 赫尔姆霍茨又经过十年反复实验,提出了完整的三色理论,认为在人类视网膜内存在三种感受器,各含有对红、绿、蓝敏感的视色素。通常,光线同时作用于三种或两种感受器,产生不同的色觉。例如,黄光作用于视网膜时会让红色感受器和绿色感受器同时兴奋,由此产生黄色色觉;同样,如果光线让三种色光感受器的兴奋程度相同,那就会出现白色色觉。1870 年,德国生理学家 E. 海林提出四色说(亦称颉颃说),认为人类视网膜中有三对视素:白-黑视素、黄-绿视素和黄-蓝视素。海林认为,白-黑视素在光刺激作用下分解引起白色色觉,红-绿和黄-蓝各自在红光和黄光的作用

---

① Dwight Bolinger:《语言要略》,方立、李谷城、李燕姝等译,外语教学与研究出版社 1993 年版,第 376—377 页。

② Alessandro Duranti, *Linguistic Anthropology*, Cambridge: Cambridge University Press, 1997, p. 65.

下分解引起红色、黄色色觉，在绿光和蓝光的分别作用下合成引起绿色、蓝色色觉。20 世纪 50 年代末，C. 兰德通过实验指出，人的色觉是通过视路上从网膜到皮层的三个互相独立的分裂系统获得的。最新的研究认为，在视网膜的感受器层面上，光被三种视锥细胞接受，是三色机制。在这个层面上接受编码的视觉信息传向大脑皮层视区，并在此过程中变成四色机制，此时的视觉信息包含一个亮度信号和一个两色差异的信号。上举两色差异信号分两种，一是红 - 绿信号，它接受红、绿两种视锥的输入，然后在发出信号前，依据它们的相对强度做出估量；一是黄 - 蓝信号，它以相似方式活动，只是黄色信号是通过混合红、绿两种视锥的输入而得出。这样，三色说和四色说就合成了统一理论：色觉机制在视网膜感受器层面上是三色的，在视网膜以后的视神经传导通路层面上则是四色的，而最后阶段位于大脑皮层视区中枢，各种色觉在此产生。[①] 色觉由三个因素决定：色调、明度、饱和度。色调由波长决定。人眼看到的各种自然色光实际上是电磁波，其波段范围在 400—760 纳米之间，只占电磁振荡全部波长的一小部分。例如，紫色为 400 纳米，绿色为 500 纳米，黄色为 600 纳米，红色为 700 纳米。明度亦称为亮度或明亮度，取决于光能的经度。光的强度越大，颜色越亮，最强时接近白色；光的强度越小，颜色越暗，最弱时接近黑色。饱和度由物体反射光中物体色调的波长所占比例决定。同是红色物体，由于饱和度不同，一个色彩鲜艳，另一个色彩浅淡。“实验证明，色光的三个属性中任何一个发生变化，都会造成不同的颜色感觉。如果两个颜色的三个属性都相同，那么不论它们的色光组成如何，在视觉上都产生同样的颜色感觉”。[②]

柏林和凯通过实验研究了 20 种语言，并且参阅了大量讨论其他多种语言的文献，提出颜色词在两个方面受到普遍制约：一是语言如何对基本

① 《心理学百科全书》编辑委员会：《心理学百科全书》（上卷），浙江教育出版社 1995 年版，第 199—200 页。

② 《心理学百科全书》编辑委员会：《心理学百科全书》（上卷），浙江教育出版社 1995 年版，第 200 页。

颜色词进行编码和组织；二是语言如何增加新的基本颜色词发生历时变化[1]。柏林和凯的普遍颜色词理论直接影响了罗施（E. Rosch）的范畴原型（category prototype）。罗施发现，在所调查的达尼语中，基本颜色词只有两个，与柏林和凯的早期进化模型相符：一个代表明暖色，另一个代表暗冷色。结论是：达尼语的颜色分类符合“普遍焦点色”（universal focal colors）；“普遍焦点色”能独立地帮助记忆，不用借助具体的语言。也就是说，“普遍焦点”同时决定可编码性（codability）[2]和记忆；普遍知觉决定语言和思维，但语言不能决定思维，思维也不能决定语言。[3]

在柏林和凯的颜色词理论受到普遍承认的同时，有的学者也提出他们对沃尔夫理论有误读，而语言分类对于某些类型的心理实验来说确实起作用。卢西和施韦德尔指出，语言影响认知记忆；沃尔夫并未说人们以“万花筒般的印象之流”来感知世界，而是世界以此自我呈现，语言对这个印象之流起组织作用。沃尔夫的原意，并不是说语言是一个独立变量，分类是一个非独立变量，相反，他认为语言包括感知分类。[4] 卢西后来又指出，沃尔夫式的语言相对论并不排除发现普遍语义的可能。[5] 柏林和凯的颜色词研究建立在神经生理过程上，努力揭示各语言命名颜色的“自然”倾向，从而也就能够颠覆索绪尔语言指号的“约定俗成”论，即如果无发生学关系的语言能够有相同的分类体系，那就证明语言编码的规则独立于语言本身。[6] 此外，柏林和凯研究的颜色范畴彼此间不存在二元对立，而是在

---

① Alessandro Duranti, *Linguistic Anthropology*, Cambridge: Cambridge University Press, 1997, p. 65.

② “可编码性”为心理学术语，指表达的短时性与反应潜伏期的暂时性之间的一致性，以及操作中各个测试之间、各个受试之间的稳定性。

③ Robert E. Maclaury, *Color and Cognition in Mesoamerica*, Austin: University of Texas Press, 1997, pp. 4-5.

④ John A. Lucy and Richard, *Shweder, Whorf and His Critics: Linguistic and Nonlinguistic Influences on Color Memory*, American Anthropologist, 1979, p. 602.

⑤ John A. Lucy, *Language Diversity and Thought*, Cambridge: Cambridge University Press, 1992, p. 178.

⑥ Alessandro Duranti, *Linguistic Anthropology*, Cambridge: Cambridge University Press, 1997, p. 66.

功能上连续，是从一端到另一端的过渡，更适合作为原型理论的研究对象。

麦克劳里（R. E. Maclaury）提出“优视点”（vantages）理论，认为对颜色词范畴的认知，可以用物质的时间和空间来比拟。人们调整语义范畴类似于他们根据时间和空间来调整自己所处的有利地形。[①] 所谓“优视点”，指人们为了理解周围世界，选择某些参照点，以确定自己的相对位置。这是一个与时间和空间有关的过程，同时也涉及视觉。[②] 在日常语言中，“优视点”（有利地形，制高点）仅表示所处位置本身，而麦克劳里的用法则兼指“全景”或“视野”。[③] 如同空间－运动坐标的定位，任何颜色范畴都取决于具体视点，一个人可以强调坐标系中的不同坐标点，改变范畴的范围和形状。有些人通过对坐标进行重组，从两个视点来构建一个范畴：他们分别对各“优视点”进行命名、“聚焦”、“投射”（mapping），对基本相同的颜色加以同等扩展。强调不同重点会产生另一种配置，这种配置关注和预测材料构形中大小和形状的数量差别，由此产生“显—隐模式”（dominant-recessive pattern）[④]。麦克劳里认为，同扩（coextension）“显—隐模式”对范畴理论至关重要，因为一个始终用两个词命名的范畴会表现出不同的形状，即便同一个人在同等光线和同等环境下把它们用于同一个刺激源时，也是如此。这是因为，除了受试的思维，所有其他变量是恒定的，这样，不同范围之间出现模式化差别完全是由个人造成的。[⑤] 为了说明“优视点”理论，麦克劳里举了一个排除时间因素的关于空间位置的描述：“报纸在起居室里的桌子上”。我们为了找到报纸，就要：先根据房屋布局确定起

---

① Robert E. MacLaury, *Color and Cognition in Mesoamerica*, Austin: University of Texas Press, introduction, 1997, xviii.

② Robert E. MacLaury, *Color and Cognition in Mesoamerica*, Austin: University of Texas Press, 1997, pp. 138-139.

③ Robert E. MacLaury, *Color and Cognition in Mesoamerica*, Austin: University of Texas Press, 1997, p. 487.

④ Robert E. MacLaury, *Color and Cognition in Mesoamerica*, Austin: University of Texas Press, 1997, p. 109.

⑤ Robert E. MacLaury, *Color and Cognition in Mesoamerica*, Austin: University of Texas Press, 1997, p. 109.

居室的位置；再根据起居室确定桌子的位置；最后根据桌子确定报纸的位置。

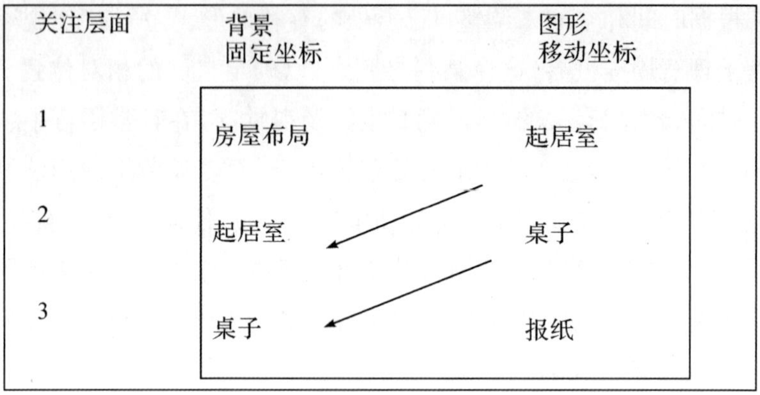

麦克劳里努力用“优视点”理论调和柏林与凯“颜色普遍论”和萨丕尔－沃尔夫“语言相对论”之间的对立。他一方面把基因作为个人对颜色认知的内存动因；另一方面结合时间和空间的隐喻，以变化和运动的观点解释固定坐标和移动坐标对于人类认知力的作用，从而解释了以前的颜色词－认知理论所不能解释的现象。

四、自然分类

换一个角度看，意义问题也是分类问题，范畴为核心问题。如沃尔夫指出，西方人对于时间和空间的划分不同于美洲霍皮印第安人的划分，前者“互分”，后者“互渗”；前者（现代科学除外）的时间可以不考虑空间而“独立核算”，后者的时间（如果有的话）取决于空间（距离）。其实，仅就这一点来说，沃尔夫的观点并非独家，除萨丕尔、洪堡特、列维－布留尔、弗雷泽外，涂尔干、莫斯也持类似的观点，但他们所追求的是人类心理和思维的普遍规律，认为发达西方社会分类与“落后”非西方社会的分类，除表面不同，内部规律是一致的。涂尔干和莫斯的这种观点，与前者的目的不同。

涂尔干和莫斯认为，人类并非一开始就具备分类能力，即便当今时代，“我们的神话以及我们的宗教中的相当一部分，仍然是建立在所有意象和观念基本上相互混同的基础上的"[①]。这种史前史时期的原始思维可以变精神为物质,变物质为精神,其思维模式成为"宗教思想和民间传说的要素"。他们不同意弗雷泽关于人的社会关系以事物的逻辑关系为基础、社会组织分类(氏族)系效仿事物分类而产生的观点,认为先有氏族划类,后有事物分类,人把对自身的分类投身到客观世界中,产生了自然的分类。[②]也就是说,人的社会分类是原生的,事物的分类是次生的。在他们看来,"最初的逻辑范畴就是社会范畴,最初的事物分类就是人的分类","人用群体的形式来思考自己,他们在观念中也要对其他事物进行分门别类的处理,这样最初这两种分类模式毫无差别地融合起来了"[③]。此外,他们强调这种分类的基础是具体的社会组织,不是一套在先的范畴体系。同时,他们并没有因此就认为这样的原始思维与现代西方思维格格不入,因为这只是整个人类思想史的旧残留。显然,他们的理论建立在进化论上。关于这种原始思维,他们举例说,马布亚哥(Mabuiag)岛的鳄鱼族人被认为有鳄鱼脾气;苏人(Sioux)的红部落分支由美洲狮、野牛和驼鹿三个氏族组成,这些氏族的成员天性暴烈,生来就是战士;博罗罗人自认为是鹦鹉,死后会现形。[④] 在托列斯海峡的岛民中,有这样一种意识:食火鸡族、鳄鱼族、蛇族、鲨鱼族、锤形鱼族等是好斗者;犁头鳐族、鹞鱼族、胭脂鱼族等是和平者。[⑤]"在齐佩瓦族中鱼族人以长寿著名,往往头发纤细而稀疏,而一切秃顶的人都被认为是来自这个氏族。相反,熊族人的特征是又长又粗又厚的黑发,年龄增长也永不花白,性情暴躁好斗。鹤族人有清脆响亮的声音,部落的演说家们都出自这一氏族"[⑥]。

祖尼人把本社会的分类范畴投射到世界观中,他们把空间划分成七个

---

① 爱弥尔·涂尔干、马塞尔·莫斯:《原始分类》,汲哲译,上海人民出版社 2000 年版,第 5 页。
② 爱弥尔·涂尔干、马塞尔·莫斯:《原始分类》,汲哲译,上海人民出版社 2000 年版,第 89 页。
③ 爱弥尔·涂尔干、马塞尔·莫斯:《原始分类》,汲哲译,上海人民出版社 2000 年版,第 89 页。
④ 爱弥尔·涂尔干、马塞尔·莫斯:《原始分类》,汲哲译,上海人民出版社 2000 年版,第 6 页。
⑤ James Frazer, *Totemism and Exogamy*, London: Macmillan, 1910, Vol. Ⅱ:3-9.
⑥ 列维-斯特劳斯:《野性的思维》,李幼蒸译,商务印书馆 1987 年版,第 132 页。

区域：北、南、西、东、上、下、中。自然万物，都被划入整合的体系，分别归属这七个区域。例如，风和冬季属于北，水和春季属于西，火和夏季属于南，土地和种子属于东；鹈鹕、鹳、松鸡、雄艾草榛鸡、常绿栎树属北方，熊、郊狼和春草属西方，鹿、羚羊、火鸡属东方；武力、破坏属北方，和平与狩猎属西方，温热、农耕和医疗属南方，太阳、巫术和宗教属东方。[①] 此外，颜色与方向也有固定搭配：北黄，西蓝，南红，上彩，下黑。[②]

普韦布洛印第安人也有类似分类[③]：

区域	氏族
北	鹳或鹈鹕，松鸡或雄艾草榛鸡，黄木或常绿栎树
西	熊，郊狼，春草
南	烟草，玉米，獾
东	鹿，羚羊，火鸡
上	太阳，鹰，天空
下	蛙或蟾蜍，响尾蛇，水
中	金刚鹦鹉

涂尔干和莫斯还引证了中国传统文化中的天干地支、五行四色、二十四节气、二十八星宿。确实，如我们所熟知，在中国及至“汉字文化圈”中，从诸如《三国演义》《水浒传》之类的小说，到类似占卜、算命这样的习俗，满是“天人合一”的“致中和”思想，充斥变数诡谲。汉族传统的“姓名五格”，充分体现了汉字笔画和中国民间占卜术在姓名上的结合：姓名分天

① 爱弥尔·涂尔干、马塞尔·莫斯：《原始分类》，汲哲译，上海人民出版社 2000 年版，第 46—47 页。

② 爱弥尔·涂尔干、马塞尔·莫斯：《原始分类》，汲哲译，上海人民出版社 2000 年版，第 47 页。

③ 爱弥尔·涂尔干、马塞尔·莫斯：《原始分类》，汲哲译，上海人民出版社 2000 年版，第 48—49 页。

格、人格、地格、外格、总格等五格。天格为姓的笔画数加1(单姓)或者姓的笔画之和(双姓),为祖上所传,永世不变;人格又称“主运”,乃姓名之灵,为单姓或者双姓第二字之笔画加单名或者双名第一字之笔画之和;地格为名字之笔画数总和,又称“前运”,左右吉凶福祸;外格为姓名剖象两端字笔画数之和(包括假成格),又称“副运”,辅援主运的重大部分及本人的社会交际关系;总格为所有笔画的总和,又称“后运”。各格的笔画数都有一定的规则,以避祸祈福,主晚年命运。[1] 按五格剖象法的理论,认为三才(即天格、地格、人格)配置得如何,即其相生相克的关系如何,影响着一个人干事业的成功率。

中国的风水之学也是一种复杂的分类体系,它同样要运用古代的阴阳五行、天干地支的操演,集德、行、智于“气”,迄今为大众所信仰。仅就“风水学”的称谓而言,天地之间的时空所在几乎一览无余。风水称谓构成一个语义场,推出一个象征宇宙:地理、阴阳、卜宅、相宅、图宅、形法、青囊、青乌、堪舆。

风水:郭璞《葬经》:“气乘风则散,界水则止。……故谓之风水。风水之法,得水为上,藏风次之。”按照今人理解,风水涉及考察山川地理环境,包括地质、水文、生态、小气候及环境景观等,然后择其吉,营筑城郭室舍及陵墓等,使其达到天地人合一的至善境界,实为古代的一门实用技术。

地理:指“人与地的关系”。古代泛指今之风水。

阴阳:出自“古代用木杆即圭表测日影‘景’,以定方向及时令”,俗称风水师为阴阳先生。刘熙《释名》:“阴者,荫也,气在内而奥阴也;阳者,扬也,气在外而发扬也。”

卜宅:指“择地而居”。

相宅:指建筑设计中的“相土尝水”“象法天地”。

图宅:原指按图谶相宅、相墓。

青囊:堪舆的一本秘籍,后世借指堪舆或风水。

---

① 朱胜华:《最新姓名学》,台湾大众书局1985年版,第65页。

青乌：亦称青鸟，古代记时的天文历法官。[1]

堪舆：指“天地运行之道，致月令有阴阳变化：有相冲克之时，也有和合之时，前者凶，后者吉”。堪舆实为“天地之道”。

中国“五行”之说认定世界由金、木、水、火、土五元构成，其中木性生发，火性炎热，土性长养，金性清净，水性寒冷，它们相生相克，与五脏、五窍、五体、五志、五音、五色、五味、五气、季节、方位沟通，水生木，木生火，火生土，土生金，反过来便是相克。

五行归类表[2]

五行	水	木	火	土	金
五脏	肾	肝	心	胃脾	肺
五窍	耳	目	舌	口	鼻
五体	骨	筋	脉	肌	皮
五志	恐	怒	喜	思	忧
五音	羽	角	徵	宫	商
五色	黑	青	赤	黄	白
五味	咸	酸	苦	甘	辛
五气	寒	风	暑	湿	燥
季节	冬	春	夏	长夏	秋
方位	北	东	南	中	西

涂尔干和莫斯研究道德（宗教）性符号分类，这种分类不同于技术分类（即“实用图式”）。技术分类是文化产物，是后来的衍生，“人类的心灵并不具备建构这种复杂分类的能力”。因此，最初人是万物的尺度，人先给自己分类，然后把这种分类扩展到事物上。从原初的人类社会看，部落包括胞族，胞族包括氏族，氏族包括族支，“所以事物的分类也就采取了同

---

① 亢亮、亢羽：《风水与建筑》，百花文艺出版社1999年，第17—27页。

② 亢亮、亢羽：《风水与建筑》，百花文艺出版社1999年，第37页。

样的秩序。”这就是“社会中心论”[①]。不仅如此，他们还强调自然分类的对象不可能是概念，也不会依据“知性法则”，因为这种分类是情感的产物，“尤其是宗教情感，不但会使事物染上一层独特的色彩，而且也赋予了事物构成其本质的最重要的属性”。“决定事物分类方式的差异性和相似性，在更大程度上取决于情感而不是理智”。[②] 这是“情感决定论”。“社会中心论”加“情感决定论”是“原始分类说”的核心。然而，《原始分类》的译者、社会人类学家尼达姆（R. Needham）在为该书写的英译本导言中指出，他们的论点“在逻辑上和方法论上”“面临着严峻的挑战”[③]。尼达姆指出，举“人”变“鹦鹉”为例，这种形变的前提是“人”和“鹦鹉”在概念上事先有区别，“这种区别足以使人们想到这两者可以相互转变”[④]。换句话说，“人”的概念和“鹦鹉”的概念并非从一开始就混言不分，也不是“人”在先、“鹦鹉”在后，而是并存。他进一步批评说，迪尔凯姆和莫斯所谓逻辑分类起源于社会分类的观点也是错误的。因为，“亲属关系”（kinship）、“族”（family）、“属”（genus）仅表现了一种分类风格，它并不意味着事先存在一种无逻辑规律的分类能力。涂尔干和莫斯以“猎兽”位在祖尼人和祖尼神之间而认定“依据氏族分类”先于“依据方位分类”，依据祖尼起源神话来证明事物最初按照氏族和图腾来划分，都是站不住脚的。前一个论点，即方位分类源于氏族分类的说法，缺乏逻辑性；后一个论点，即事物分类源于氏族分类的说法，同属无效，因为也可以反过来认为“这个神话表明了事物原本是根据南北来划分的”[⑤]。尼达姆还批评了“情感中心论”：

① 爱弥尔·涂尔干、马塞尔·莫斯：《原始分类》，汲哲译，上海人民出版社 2000 年版，第 90、93、99—100 页。

② 爱弥尔·涂尔干、马塞尔·莫斯：《原始分类》，汲哲译，上海人民出版社 2000 年版，第 92 页。

③ 爱弥尔·涂尔干、马塞尔·莫斯：《原始分类》，汲哲译，上海人民出版社 2000 年版，第 100 页。

④ 爱弥尔·涂尔干、马塞尔·莫斯：《原始分类》，汲哲译，上海人民出版社 2000 年版，第 100 页。

⑤ 爱弥尔·涂尔干、马塞尔·莫斯：《原始分类》，汲哲译，上海人民出版社 2000 年版，第 101 页。

首先,情感是社会凝聚的"果",不是"因";其次,结构相似的社会为何有如此不同的情感价值,"以致形成截然不同的分类";最后,情感也不能解释为何结构不同的社会可以认同完全相同的分类。[①] 显然在所谓的"原始分类"中,既有"实"(社会本体),也有"虚"(范畴),而非"有实无虚"。当然,虚和实可以相应,也可以不相应,无论相应与否,都不会动摇"虚"的范畴和"实"的社会本体的并存。例如,中国汉族的姓氏制度就经历过由指"实"到指"虚"的过程。据杨希枚先生考证,先秦赐姓制度与汉唐赐姓制度具有本质上的不同,分别代表了指实古姓和指虚今姓的不同和演变。先秦讲赐姓相当于"授民"(赐民、赐族属,赐的是"真人",指实),与当时的"胙土""命氏"同属封建制度三要素,其内容为分民、裂土和建国的"分封制",对王公同姓子弟及异姓功臣的"赐姓制",得姓者保留原姓族并具有实际内容(拥有被赐予的异姓人口,即受赐的"姓(人口)")的"双轨制"。及至汉唐,赐姓制度面对的是姓氏合流,对于王族的姓名赐予,仅限于异姓功臣,王公同姓子弟已经排除在外;受姓者改从王室族名,被赐予的仅仅是"符号",不是人口,因而属"虚"。[②] 简言之,先秦赐姓指赐人,属"实",且包括对同族的"赐姓"(即赐人口);汉唐赐姓指赐符号,限异姓,指"虚",赐姓与赐人口不挂钩。

五、亲属称谓

固然,从生物学意义上说,人类的生殖关系构成血缘纽带;但是,社会文化人类学研究的兴趣,主要在于作为文化创造的亲属关系。关于亲属制与生物性关系,英国的两位人类学大家——尼达姆和盖尔纳(E. Gellner)——曾有一段争论。盖尔纳认为亲属制兼有社会性和生物性,缺乏生物性的亲属制没有必要自成一体,因为其他社会性的制度可以取而代之;尼达姆则反驳说,继嗣和生物性是两回事,民族志材料已有佐证,如鬼婚和

---

① 爱弥尔·涂尔干、马塞尔·莫斯:《原始分类》,汲哲译,上海人民出版社 2000 年版,第110 页。

② 杨希枚:《先秦文化史论集》,中国社会科学出版社 1995 年版,第 106—154 页。

收继婚。[1] 不过,多数社会文化人类学者赞同尼达姆的意见。[2] 这样的亲属关系并不简单地兑换成遗传关系(生物学)或生殖关系。例如,汉语"亲属"既包括血缘关系、婚姻关系,也包括收养关系,分为血亲、姻亲和配偶。[3] 不过,看似真切的生物性也受到文化解释的限制:在马林诺夫斯基调查的特罗布里恩德岛,人们认为婴儿先由母亲头部进入子宫,性交的作用是扩展子宫,让婴儿有生长空间。虽然岛民对生殖过程并不陌生,但他们主观上却加以否认。[4] 在印度南部,人们普遍认为婴儿的躯体来自父亲的精液,"精神"(spirit)来自母亲的经血;另一种说法是婴儿的血液来自父母,"精神"来自"生命之风",与父母无关。[5] 由于文化模式的不同,同样的血缘关系往往对应不同的社会关系。在另一些族群中,配偶不算作亲属;在一些族群中,对母亲和母亲的姐妹使用同一个称谓,遵守同样的行为规范。与不同的文化模式相对应,婚姻形式可以是一夫一妻制,可以是一夫多妻制,也可以是一妻多夫制,采取什么样的婚姻制度,常常取决于社会经济。生活在新几内亚西部的卡包库(Kupauku)族人把多妻作为理想,妻子越多越好,卡包库族人的妻子还真的鼓励她们的丈夫多花钱、多娶妻。[6] 对于生活在肯尼亚北部的土尔卡纳(Turkana)牧民来说,牲畜的头数和照

① Rodney Needham, "Descent System and Ideal Language," in *Philosophy of Science*, 1960, pp. 96-101; Ernest Gellner, "On Concept of Kinship," in Ernest Gellner ed., *The Concept of Kinship and Other Essays*, Oxford & New York: Blackwell, 1987, pp. 163-182.

② Alan Barnard and Anthony Good, *Research Practices in the Study of Kinship*, London: Academic Press, 1984, pp. 182-184.

③ 庄孔韶主编:《人类学通论》,中国人民大学出版社 2016 年版,第 188 页。

④ Alan Barnard and Jonathan Spencer, eds., *Encyclopedia of Social and Cultural Anthropology*, London& New York: Routledge, 1996, pp. 170-171.

⑤ Alan Barnard and Anthony Good, *Research practices in the Study of Kinship*, London: Academic Press. 1984, p. 179.

⑥ William Haviland, *Cultural Anthropology*, Fort worth, Philadelphia, San Diego, New York, Austin, San Antonio, Toronto, Montreal, London, Sydney, Tokyo: Harcourt Brace College Publishers, 1999, p. 240.

管它们的成年女性的人数成正比。因此，男人娶的女人越多，牲畜就越多。[①] 此外，东部因纽特人、波利尼西亚的马尔克散（Marquesan）岛民和中国西藏的藏族人有一妻多夫的习俗。[②]

要通过亲属称谓比较亲属制度，就要有一种“通用语言”或分析工具，否则不仅会出现文化偏见，也会造成误会和混乱，因为不同语系表达亲属关系的词汇差别很大，称谓所指多有差异。为此，人类学界根据英语基本亲属称谓的缩写编了几套符号作为分析工具，如以下四种（其中第一种较通行）：

				英文原词	所指意义
F	Fa	F	FM	father	父
M	Mo	M	M	mother	母
B	Br	B	B	brother	兄/弟
Z	Si	S	S	sister	姐/妹
S	So	S	S	son	儿子
D	Da	D	D	daughter	女儿
H	Hu	H	H	husband	夫
W	Wi	W	W	wife	妻
P	Pa			parent	父母
G	Sb			sibling	兄弟姐妹
E	Sp			spouse	配偶
C	Ch			child	子女

① William Haviland, *Cultural Anthropology*, Fort worth, Philadelphia, San Diego, New York, Austin, San Antonio, Toronto, Montreal, London, Sydney, Tokyo: Harcourt Brace College Publishers, 1999, p. 240.

② William Haviland, *Cultural Anthropology*, Fort worth, Philadelphia, San Diego, New York, Austin, San Antonio, Toronto, Montreal, London, Sydney, Tokyo: Harcourt Brace College Publishers, 1999, p. 242.

由于英语无兄弟姐妹叔伯长幼之分,研究者们又用英文字母"e"("o")表示"长",用"y"表示"幼"。此外,还用"ms"表示"男呼","ws"或"fw"表示"女呼";用"os"表示"异性",用"ss"表示"同性"。当这些符号出现在亲属缩写词之前,如 MeBD 表示"母亲的哥哥的女儿"。但是,"e"和"y"也可以放在亲属缩写词之后,表示被修饰的主要缩写词的所指相对于说话者的长幼,如 MeBDy 表示"母亲的哥哥的比说话者年龄小的女儿",在这里被修饰的主要缩写词的所指是"女儿"。[①] 另外,"Cos"(Co)表示堂/表兄弟姐妹,"‖ Cos"表示平表兄弟姐妹,"× Cos"表示交表兄弟姐妹。[②] 人类学者们还用三角、圆圈、等号、连线之类的图解符号表示亲属称谓制度以及家庭、婚姻和继嗣。Ego 表示自身,一般不区分性别。

△/▲表示男性,●/○表示女性,□表示性别不确定者,=/ ⌴ 表示婚姻关系(=也可能表示两者称谓相等),≠表示离婚(或称谓有别),| 表示亲子关系,⌐¬表示兄弟姐妹关系。[③]

这样,一个核心家庭就可以用下图表示:

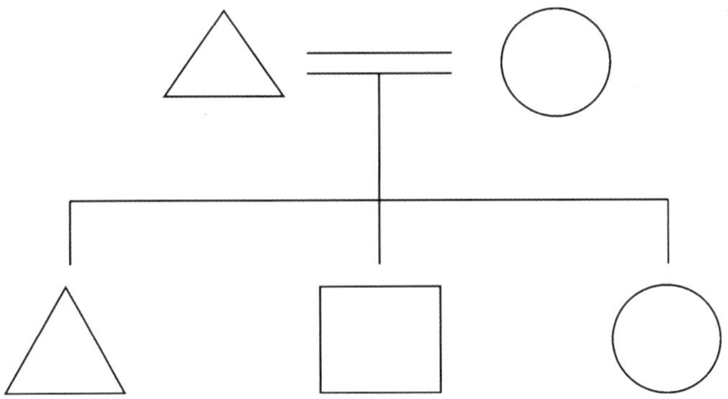

① Alan Barnard and Anthony Good, *Research Practices in the Study of Kinship*, London: Academic Press, 1984, pp. 3-4; Robert Parkin, *Kinship*, Oxford: Blackwell, 1997, p. 9.

② 庄孔韶主编:《人类学通论》,山西教育出版社 2002 年版,第 305 页。

③ 庄孔韶主编:《人类学通论》,山西教育出版社 2002 年版,第 305 页。

以下为中国广西蓝靛瑶的亲属称谓①：

01 fa^{35} kuŋ^{44}ʨie^{55}/ pau^{35} ku^{55}(FFF「+3」)(父之父之父，长三辈)

02 fa^{35} kuŋ^{44} kuʨie^{55}/ ku^{55}tai^{11}ʨi^{33}(FFM「+3」)(父之父之母，长三辈)

03 nʥi^{51} kuŋ^{44}ta^{51}/ŋuai^{22} ku^{55}(MFF「+3」)(父之母之母，长三辈)

04 kuŋ^{44} ta^{51}kuʨie^{55}/ ŋuai^{22} ku^{55}(MFM「+3」)(母之父之母，长三辈)

05 kuŋ^{44}/ bau^{35}(FF「+2」)(父之父，长二辈)

06 nʥii^{51} ku^{55}(FM「+2」)(父之母，长二辈)

07 kuŋ^{44}ta^{51}/ ŋuai^{22} pau^{35}(MF「+2」)(母之父，长二辈)

08 ku^{55} ti^{31}/ ŋuai^{22} ku^{55}(MM「+2」)(母之母，长二辈)

09 pɛ^{33} ku^{55}/ pau^{35}(FFoB「+2」)(父之父之兄，长二辈)

10 jiu^{51} ku^{55}/ pau^{35}(FFyB「+2」)(父之父之弟，长二辈)

11 ʨi^{33} ku^{55}(FFoZ「+2」)(父之父之姊，长二辈)

12 mu^{31} ku^{55}(FFyZ「+2」)(父之父之妹，长二辈)

13 pɛ^{33} kuŋ^{44}ta^{51}/ ŋuai^{22} pau^{35}(MFoB「+2」)(母之父之兄，长二辈)

14 jiu^{51} kuŋ^{44}ta^{51}/ ŋuai^{22} pau^{35}(MFyB「+2」)(母之父之弟，长二辈)

15 u^{55} kuŋ^{44}ta^{51}/ ŋuai^{22} ku^{55}(MFoZ「+2」)②(母之父之姊，长二辈)

16 mu:^{51} kuŋ^{44}ta^{51}/ ŋuai^{22} ku^{55}(MFyZ「+2」)(母之父之妹，长二辈)

17 fa^{35}(F「+1」)(父，长一辈)

18 nʥi^{51}(M「+1」)(母，长一辈)

19 fa^{33}pɛ^{35}(FoB「+1」)(父之兄，长一辈)

20 fa^{35}jiu^{51}(FyB「+1」)(父之弟，长一辈)

21 nʥi^{51}nau^{51}(MoB「+1」)(母之兄，长一辈)

22 nʥi^{51}nau^{51}(MyB「+1」)(母之弟，长一辈)

23 u^{55} nʥi^{51}(FoZ「+1」)(父之姊，长一辈)

① 以下括号中的符号和数字分别表示：F 父亲；M 母亲；B 兄弟；Z 姐妹；S 儿子；D 女儿；H 丈夫；W 妻子；P 父母；C 子女；G 兄弟姐妹；E 配偶；0 平辈；+1 长一辈；+2 长两辈；-1 晚一辈；-2 晚两辈；y 前置时表示“幼”，后置时表示比说话者自己年轻；o 前置时表示“长”，后置时表示比说话者自己年长。

② 凌云一带蓝靛瑶也泛称妻方亲属作 kraŋ^{513} ulu^{55}，意为“背后的人”。

24 mu^{51} ndʑi^{51}（FyZε「+1」）（父之妹，长一辈）

25 hεi^{51}（MuZ「+1」）（母之姊，长一辈）

26 θai^{55}（MyZ「+1」）（母之妹，长一辈）

27 dʑu^{22}（FoBW「+1」）（父之兄之妻，长一辈）

28 ndʑi^{51} θai^{55}（FyBW「+1」）（父之弟之妻，长一辈）

29 wei^{35} ku^{55}（FuZH「+1」）（父之姊之夫，长一辈）

30 tia^{35} ku^{55}（FyZH「+1」）（父之妹之夫，长一辈）

31 maŋ^{33} ku^{55}（MoBW「+1」）（母之兄之妻，长一辈）

32 maŋ^{33} ku^{55}（MyBW「+1」）（母之弟之妻，长一辈）

33 hei^{51} wei^{35}（MoZH「+1」）（母之姊之夫，长一辈）

34 jiu^{51} pγu^{35}（MyZH「+1」）①（母之妹之夫，长一辈）

35 laŋ^{31}（H「0」）（夫，平辈）

36 au^{35}（W「0」）（妻，平辈）

37 ta^{51}（oB「0」）（兄，平辈）

38 jiu^{51}（yB「0」）（弟，平辈）

39 u^{55}（oZ「0」）（姊，平辈）

40 mu^{51}（yZ「0」）（妹，平辈）

41 wei^{35}（eZH「0」）（姊之夫，平辈）

42 tia^{35}（yZH「0」）（妹之夫，平辈）

43 ŋam^{35}（oBW「0」）（兄之妻，平辈）

44 θai^{55}（yBW「0」）（弟之妻，平辈）

45 ta^{51}（FBSo「0」）（父之兄弟之子，长于我，平辈）

46 jiu^{51}（FBSy「0」）（父之兄弟之子，幼于我，平辈）

47 u^{55}（FBDo「0」）（父之兄弟之女，长于我，平辈）

48 mu^{51}（FBDy「0」）（父之兄弟之女，幼于我，平辈）

49 ŋam^{35}（FBSoW「0」）（父之兄弟之长于我之子之妻，平辈）

50 φai^{55}（FBSyW「0」）（父之兄弟之幼于我之子之妻，平辈）

51 wei^{35}（FBDoH「0」）（父之兄弟之长于我之女之夫，平辈）

---

① 此称谓专指上门女婿。非上门者统称 ai^{55}（比“我”年长）或者 tia^{35}（比“我”年轻者）。

52 dia^{51}(FBDyH「0」)①(父之兄弟之幼于我之女之夫,平辈)

53 tuan^{24}(S「-1」)(子,晚一辈)

54 ɕa^{31}(D「-1」)(女,晚一辈)

55 puŋ^{51}(SW「-1」)(子之妻,晚一辈)

56 ɕei^{15}laŋ^{33}(DH「-1」)(女之夫,晚一辈)

57 sun^{35}(BS「-1」)(兄弟之子,晚一辈)

58 sun^{35}ɕa^{31}(BD「-1」)(兄弟之女,晚一辈)

59 sun^{35}tuan^{55}(ZS「-1」)(姊妹之子,晚一辈)

60 sun^{35}(SS「-2」)(子之子,晚二辈)

61 sun^{35}ɕa^{31}(SD「-2」)(子之女,晚二辈)

62 sun^{35} puŋ^{51}(SSW「-2」)(子之子之妻,晚二辈)

63 laŋ^{31}(SDH「-2」)(子之女之夫,晚二辈)

64 ŋuai^{51} sun^{35}(DS「-2」)(女之子,晚二辈)

65 ŋuai^{51} sun^{35} ɕa^{31}(DD「-2」)(女之女,晚二辈)

66 sun^{35} lan^{31}(SSS「-3」)(子之子之子,晚三辈)

67 ɕa^{31} lan^{31}(SSSW「-3」)(子之子之子之妻,晚三辈)

68 fa^{35}(HF「+1」)(夫之父,长一辈)

69 ndʑi^{51}(HM「+1」)(夫之母,长一辈)

70 ta^{51}(WF「+1」)(妻之父,长一辈)

71 ti^{15}(WM「+1」)(妻之母,长一辈)

72 ta^{51}(WoB「0」)(妻之兄,平辈)

73 nau^{51}(WyB「0」)(妻之弟,平辈)

74 u^{55}(WoZ「0」)(妻之姊,平辈)

75 θai^{55}(WyZ「0」)(妻之妹,平辈)

76 maŋ^{33}(WBW「0」)(妻之兄弟之妻,平辈)

77 hei^{51} wei ^{35}(WZHo「0」)(妻之姊妹之夫,长于我)

---

① 表兄弟姐妹及其配偶和堂兄弟姐妹及其配偶的称谓相同。

78 jiu⁵¹ pɣu³⁵ (WZHy「0」) (妻之姊妹之夫,幼于我)

79 ŋam³⁵ (HoBW「0」) (夫之兄之妻,平辈)

80 θai⁵⁵ (HyBW「0」) (夫之弟之妻,平辈)

81 ɕin³³ ʥia²² pau³⁵ (SWF「0」) (子之妻之父,平辈)

82 ɕin³³ ʥia²² pu³⁵ (SWM「0」) (子之妻之母)

83 ɕin³³ ʥia²² (SWP「0」) (子之妻之父母)

亲属称谓是人类学的传统研究课题,美国人类学家、进化学派的代表人物亨利·摩尔根,把亲属称谓作为论证婚姻制度及社会制度演化序列的切入点,认为亲属称谓的变化滞后于婚姻制度的变化,因而现在的亲属称谓可以反映过去的婚姻制度。例如,一个舅舅和父亲不分的亲属称谓体系,可以反映现在或过去的兄妹相婚的婚姻制度。也就是说,亲属称谓是一种反映特定社会观念的范畴体系,这个范畴体系不会随具体语言的变化而变化,也不会随社会习俗的变化而变化。按照摩尔根的观点,“婚姻形态是家庭形态的基础,家庭形态又是亲属制度的基础”①。也就是说,亲属制度可以表达特定时代的实际亲属关系,反映当时的婚姻形态和家族形态;同时,当婚姻形态和家族形态发展变化之后,亲属制度却仍保持不变。摩尔根认为,人类社会有三种先后继承的亲属制度:马来亚式亲属制度和血缘家庭相对应,土兰尼亚式亲属制度和普那路亚(群婚家庭)相对应,雅利安式亲属制度和一夫一妻制度相对应。摩尔根对“古代社会”的研究对马克思主义有重要贡献。② 他把成文史和非成文史联系起来,使马克思和

① 黄淑娉、龚佩华:《文化人类学理论方法研究》,广东高等教育出版社 1996 年版,第 37 页。

② 马克思和恩格斯高度评价摩尔根,说他“重新发现了马克思在四十年以前所发现的唯物史观”,“发现和恢复了我们成文历史的这种史前的基础”。马克思很喜欢摩尔根的《古代社会》,研读并摘录了本书。马克思和恩格斯在《共产党宣言》中指出“到目前为止的一切社会的历史都是阶级斗争的历史”,并加注说明“确切地说,这是指有文字记载的历史”。人类学家卢伯克(Sir John Lubbock)高度评价摩尔根的《人类家族的血亲和姻亲制度》,认为该书属上乘,是多年来少见的关于人类进步的独创之作。参见 Thomas Trautmann, *Lewis Henry Morgan and the Invention of Kinship*, Berkeley, Los Angeles, London: University of California Press, 1987。

恩格斯的唯物史观从四段(奴隶主义、封建主义、资本主义、共产主义)成为五段(原始主义、奴隶主义、封建主义、资本主义、共产主义)。[①]

人类学的亲属制研究是摩尔根的"遗产",对人类学的语言－结构主义流派有重要影响。福蒂斯认为摩尔根的研究构成了社会人类学中结构主义理论的基础。[②] 确实,摩尔根的研究在开始时主要借助的是语文学,缪勒(Müller)对他的影响最大。例如,1865 年以前,摩尔根使用鞑靼指中亚,后来,他在 1862 年 12 月购买《缪勒语文科学讲座》并阅读之后,采用其中的"土兰"一词。"土兰"(Turan)为古波斯语,意为"化外荒服",与"伊兰"(Iran)对应,伊兰意为"雅利安之土"。[③] 按照缪勒的说法,Aryan("雅利安")的词根为 ar,意为"耕作"(如拉丁语 arare)。这样,农耕的雅利安人与游牧的土兰人相对[④],也就是"野蛮"和"文明"的相对。用语系来划分亲属称谓既符合他原来的思考,也容易利用现有的语文学(后来语言学从中发展出来)研究成果。其实,摩尔根的研究与语文学－语言学的语义研究联系密切,他的研究对相对较弱的语义研究是一个重要补充。罗伊(R. Lowie)和基希霍夫(P. Kirchhoff)各自独立地发明了一套亲属称谓分类体系,实际上是摩尔根图式的进一步划分,由二分(类分式/叙述式)变成四分(世辈型/二分合并型/二分旁系型/直系型)。默多克(Murdock)基于交表关系划分六类,其中夏威夷型、易洛魁型、苏丹型、爱斯基摩型与罗伊的四分型对立(见下图)[⑤],另分出克劳型和奥马哈型。

① 马克思、恩格斯:《马克思恩格斯选集》,人民出版社 1972 年版,第 251 页。

② Thomas Trautmann, *Lewis Henry Morgan and the Invention of Kinship*, Berkeley, Los Angeles, London: University of California Press, 1987.

③ Thomas Trautmann, *Lewis Henry Morgan and the Invention of Kinship*, Berkeley, Los Angeles, London: University of California Press, 1987, pp. 126-127.

④ Thomas Trautmann, *Lewis Henry Morgan and the Invention of Kinship*, Berkeley, Los Angeles, London: University of California Press, 1987, p. 125.

⑤ Thomas Trautmann, *Lewis Henry Morgan and the Invention of Kinship*, Berkeley, Los Angeles, London: University of California Press, 1987, pp. 161-162;庄孔韶主编:《人类学通论》,中国人民大学出版社 2016 年版,第 192 页。

	摩尔根	罗伊	默多克
[F FB MB]	类分式	世辈型	夏威夷型
[F FB] [MB]	类分式	二分合并型	易洛魁型 克劳型 奥马哈型
[F] [FB] [MB]	叙述式	二分旁系型	苏丹型
[F] [FB] [MB]	叙述式	直系型	爱斯基摩型

由上图看出,对于同一代人来说,世辈型只用一个称谓,二分合并型用两个,二分旁系型用三个,直系型用两个:

世辈型	$F = FB = MB$	(一个称谓)
二分合并型	$F = FB \neq MB$	(两个称谓)
二分旁系型	$F \neq FB \neq MB$	(三个称谓)
直系型	$F \neq FB = MB$	(两个称谓)[1]

结构主义人类学通过研究亲属称谓来证明其中的"深层结构",并不关心亲属称谓与社会制度之间的关系。同样,认知人类学也通过这种研究来证明人类文化的通则。当然,亲属称谓也为人类学的相对论提供了根据,利奇、尼达姆、施奈德(Schneider)都以自己的亲属称谓研究来和普遍论对阵。普遍论强调心理和生物性,不强调文化的作用;相对论则与此针锋相对。维尔茨比卡(Wierzbicka)认为父亲和母亲是所有亲属制度中最基本的单位,他们代表了生物性和普遍性,父亲和母亲是生殖者。[2] 但是,民族志反映的现实比这要复杂得多。以居住在印度南部的那亚尔人(Na-

---

① Robert Parkin, *Kinship*, Oxford: Blackwell,1997,p. 68.

② Wierzbicka, Anna Semantics, *Culture and Cognition*, New York: Oxford University Press, 1992.

yar)为例[①],女孩青春期一到,就要举行仪式,和一位小伙子定下终身。几天之后,小伙子便离开新娘,至于他们之间是否有性生活并不重要。他们分开后,新娘就可以和其他男子过性生活,为他们生儿育女。其他男子可以在馈赠礼品后,取得对孩子的父权。这样孩子就有两个"父亲",那位已经离开、与母亲定下终身的"父亲"仍然保持"丈夫"身份,称作 appan。那亚尔人的例子支持萨林斯(M. Sahlins)的观点[②],即亲属制度不能独立于文化制度而存在[③]。弗理认为维尔茨比卡的生物－普遍观可能适合于母子关系,因为生母比生父要容易辨认。[④] 古迪纳夫指出,真正能够定义核心家庭的是母子关系。[⑤]

美国人类学家克娄伯从一开始就反对摩尔根的"拟测历史"(conjectured history),认为亲属制主要由语言决定,反映的是心理,不是社会。[⑥] 师从博厄斯的克娄伯喜欢以语言比附文化,认为亲属称谓是语言的一部分,语言和社会组织的关系不能主观猜测,而是要具体情况具体分析。总之,亲属称谓自成语义系统,没有必要也不可能把它仅仅看作社会结构的反映。[⑦] 把亲属称谓和亲属制度看作语言现象的人类学家克娄伯、古迪纳夫、朗斯伯里(Lounsbury)、谢夫勒(Scheffler)等,组成了亲属制研究的语言

---

① Kathleen Gough, "The Nayars and the definition of marriage," in *Journal of the Royal Anthropological Institute*, 1959, 89: 23-34; Gough, Kathleen, "Variation in matrilineal systems," in Schneider, David and Kathleen Gough, eds, *Matrilineal Kinship*, Berkeley: University of California Press, 1961, pp. 445-654; William Foley, *Anthropological Linguistics*, Massachusetts & Oxford: Blackwell, 1997.

② Marshall Sahlins, *The Use and Abuse of Biology: An Anthropological Critique of Sociobiology*, London: Tavistock, 1977.

③ William Foley, *Anthropological Linguistics*, Massachusetts & Oxford: Blackwell, 1997.

④ William Foley, *Anthropological Linguistics*, Massachusetts & Oxford: Blackwell, 1997.

⑤ Ward Goodenough, *Description and Comparison in Cultural Anthropology*, Chicago: Aldine, 1970.

⑥ A. L. Kroeber, "Classificatory Systems of Relationship," in *Journal of the Royal Anthropological Institute*, 1909, 39: 77-84; Christopher Harris, *Kinship*, Milton Keynes: Open University Press, 1990.

⑦ Robert Parkin, *Kinship*, Oxford: Blackwell, 1997.

-认知派。这一派的分析手法有两类，一为“形式语义分析”（formal semantic analysis），一为“成分分析”（componential analysis）。形式语义分析尽可能简化亲属范畴，通过运用“重写规则”把它们归入一些“系谱程式”（genealogical formulas）。形式语义分析的理论基础是：核心家庭是人类社会的基本单位，与此相应，由核心家庭的称谓推衍出其他亲属称谓。[①] 成分分析不像形式语义分析那样仅仅注重亲属类型，它关心更广泛的社会特征，如社会性别、长幼、辈分、父系还是母系等。这种分析法同样要把亲属称谓化简为基本程式，同样不关心亲属制与社会的系统联系[②]，当然也不可能顾及“主体性”“能动性”“应对”等现实生活中的问题。

成分分析又称“义素分析”（seme analysis），是语义学的分析方法，它借助二元对立（又译“对分法”）来分析词项的分别性语义特征，提取最基本的语义成分，形成元语言（metalangauge），成为稳定的、跨文化的分析语言。试举对“人”的分析：我们通过“男人”（man）与“女人”（woman）、“男孩”（boy）与“女孩”（girl）的对比，可以得到男性—女性这一对语义成分；通过“男人”与“男孩”、“女人”与“女孩”的对比，得到成年—未成年这一对语义成分。我们可以把得到的成对的语义成分放到括号中，记作（+male）、（-male）、（+adult）、（-adult）等等。这样，我们就可以这样来描写以下词项：

man（+male，+adult，+human）

woman（-male，+adult，+human）

boy（+male，-adult，+human）

girl（-male，-adult，+human）

也可以画出如下图式[③]：

① Robert Parkin, *Kinship*, Oxford: Blackwell, 1997.

② Robert Parkin, *Kinship*, Oxford: Blackwell, 1997.

③ 参见王寅：《简明语义学辞典》，山东人民出版社1993年版，第57页。

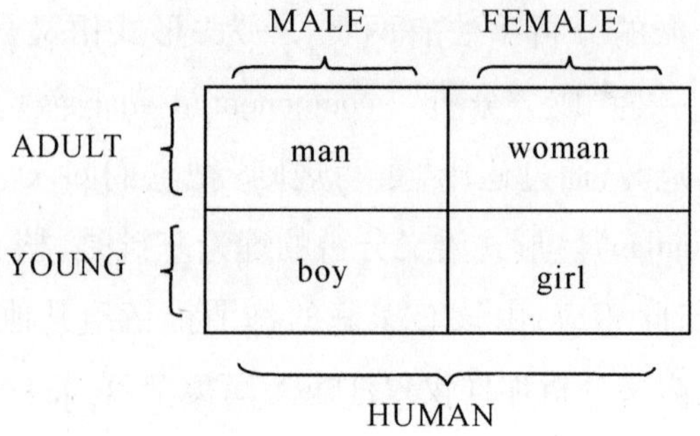

亲属称谓研究是人类学者面临的最大挑战,因为它几乎涉及人类学的方方面面,甚至人文社会科学的方方面面。长期以来学者争论最多、最激烈的,并不是什么"事实"问题,而是如何解释的问题,是如何定义和运用概念的问题。我们平常所说的"主位"和"客位"在亲属称谓研究中显得过于相对,给后现代理论制造了不少口实:我们试图用客位、客观、科学的眼光去观察、分析、解释和解决问题,但结果常常相反,用"第三只眼睛""第三者观点"看问题,本身也不能避免"主位"偏见,只是换了个位置罢了。对于那些本土人也就是"被观察者"来说,我们这些观察者也是"被观察者"。这是个未解的哲学问题:我们想找到一种类似于数学符号那样的人文社会科学的理想语言或元语言,但几个世纪以来却并没有找到。既然没有举世公认的理想语言,我们的分析工具自然就带有文化偏见。不过,没有找到不等于没有,我们当然要对这种普遍分析工具充满信仰,否则我们就没有必要再做下去。此外,我们还面临"二重客观"的困境:我们所"客观"描述的对象通常分两类,一类是描写亲眼所见所闻,另一类是描写内心感受或转述他人所言。这两种颇有差别的描述或转述对象,却因为我们的"客观描述或转述"而成为"客观"本身。我们说看见了什么不同于转述某人说了什么。我们说看见了什么,别人也看见了,事情便有客观性;我们说张三说了什么,例如他说"我昨天亲眼看见青面獠牙的阎王",而且他也确实这样说了,别人也听见了,但他所说的内容却无法证实。前者与后者是不同的,但我们会把它们当成一回事处理,都用"客观描述"的过程本身取代了两种不同层面上的"事实",把它们变成同一个层面上的"事实"。

这有些像“白马非马”之争。[1]

第三节　语言的文化隐喻

当我们说“语言是交流工具”的时候，我们是在使用隐喻，把语言默认为类似于刀斧之类的工具，相当于身体器官的辅助或延长。这种隐喻有文化特点，反映我们认知、适应和改造世界的范畴模式。隐喻是一种文化模式，既反映我们和现实世界的关系，也能动地影响这种关系，同时能在社会实践中得到调整和再生产。隐喻和现实的关系最终取决于人们的社会实践和历史记忆。

一、已知与未知

人类通过已知世界来认知未知世界，以此推彼，倚重隐喻。我们熟知的莫过于用自己的身体器官或者直观图像来比喻抽象，方便理解。根据弗理引 D. 根特纳和 D. R. 根特纳的经典研究[2]，以英语为母语的青少年通过两种模式理解电流：一个叫“流水模型”（the flowing water model），一个叫“人流模型”（the moving crowd modle）。电流量和电压的变化可以想象成水压系统中水流量和水压的变化：

水压系统	电路
管道	电线
泵	电池
细管	电阻器
水压	电压

① 中国古代战国时期的公孙龙在《白马论》中提出“白马非马”的观点：“马者，所命名形也；白者，所以命色也；命色者非命形也，故曰：白马非马”，即“马”表形，“白”表色，“白马”为二者结合，因而“白马非马”。他显然否定了通名与类名、一般和个别的关系，混淆了概念的不同层次。

② William Foley, *Anthropological Linguistics*, Massachusetts & Oxford: Blackwell, 1997, pp. 179-182.

管道的狭小　　　　电阻
水流量　　　　　　电流

另外,也可以把电流量和电压的变化想象成密集的人群出门时的流量和拥挤的程度:

人流　　　　　　　电路
通道　　　　　　　电线
人群　　　　　　　电池

人　　　　　　　　电子
拥挤　　　　　　　电压
门　　　　　　　　电阻
人流量　　　　　　电流

居住在内蒙古的敖鲁古雅鄂温克人,传统上养驯鹿,信萨满,青年中流行这样的形象说法:

大脑——党中央
心脏——国务院
肠胃——物资局
眼睛——红外线
手脚——工人、农民

汉字的偏旁也是最好的说明:“提手旁”“足字旁”“目字旁”“肉(月)字旁”“口字旁”“言字旁”“耳字旁”,几千年的文明都是靠人体“写”出来的。东汉许慎在《说文解字·序》中说:“仓颉之初作书,盖依类象形,故谓之文。其后形声相益,即谓之字。文者,物象之本也;字者,言孳乳而寖多也。……独体为文,合体为字。”就是说,“文”是直观的象形书写符号,是独体的;“字”由独体的“文”组合而成,一般是合体结构。[①] 因此,“文”属于物感物觉,“字”属于物物相指,合起来的“文字”可以表达更加广泛的象征意义。

人类对上帝、魔鬼、外星人的想象,对各种超自然物的想象,无不充满“人性”和“人形”,由已知推未知。尤其古今中外的神话传说,其中的各种角色都是活生生的当代人,有喜怒哀乐,有七情六欲,也有夸张了的“三头六臂”和“火眼金睛”。根据罗常培《语言与文化》一书,云南福贡的傈僳族把虹叫作“黄马吃水”(ɑ˥mo ˩ jiʎ ʂʅ˥),路南撒尼人把日食叫作“太阳被虎吃”(l̥o˩ts z̥˧mɑ˧lɑ˥lI˧dzɑ˨),把月食叫作“月亮被狗吃”(ɬo˧bɑ˧mɑ˧ts‘z̥˩lI˧dzɑ˨)。[②]

二、人体与认知

拉科夫(Lakoff)和约翰逊(Johnson)认为,人类的基本认知域来自“体化经验”(embodied experience),即他们最初建构对象域的时候,首先参照自己的身体,在物质世界的日常实践中加以实现,这是隐喻范畴的基本来源,也是人类认知活动的本质特征。人体构造的特点和人体相对于自然世界的位置和方向,为隐喻提供了参照源,拉科夫和约翰逊称之为“动觉图像图式”(kinaesthetic image schemas)。人的直立姿势,为认识客观世界提供了头—足轴线,这条轴线规定了上下位置,向着头部方向的是“上”或“高”,向着足部方向的是“下”或“低”。由此,人体可以隐喻社会和自然。温度:高—低;价格:高—低;情绪:高—低;干部:能上能下;戏院:台上—台下;政府:上台—下台……由人体原生隐喻产生了次生隐喻:上、高即“多”,下、低即“少”;上、高即“好”[③],下、低即“坏”(高风亮节;高不成,低不就;低三下四;上扬,低迷)。类似的还有“瞧不起”/“瞧得起”,“尊贵”/“卑贱”,“昂首阔步”/“俯首称臣”[④],等等。身势与权力的结合是人类不平等的最好隐喻,人体之间的位置和姿势表达身体所有者之间的权力关

---

① 国家图书馆中国记忆项目中心:《我们的文字》,清华大学出版社 2015 年版,“前言”第 v 页。

② 罗常培:《语言与文化》(注释本),胡双宝注,北京大学出版社 2009 年版,第 15 页。

③ 汉语里“高”和“上”等词有时用于讽刺,如“高高在上”“趾高气扬”。

④ 汉语里“低”和“俯”有时表示谦虚或类似心态,如“低姿态”“俯首甘为孺子牛”。

系：当权者的位置总是居高临下，他会坐在人群中间；他进屋时其他人都要从座位上站起来，封建时代的卑贱者甚至要匍匐在地上。在所有文化中，身体的操演礼仪表达阶序化的权威。

“容器图式”（container schema）是体化认知的另一个重要表现。① 我们的身体首先是个“进进出出的容器”：吃喝拉撒、得病去病、表里如一、外强中干、胸有成竹、身外之物等等日常语言，都指向这个“容器”。人体“容器”有内外，也有内外之间的“边界”，如内脏属“内”，皮肤属“界”，“出界”为“外”。② 这种“人体容器”投射到客观世界之后，便有广泛应用（实际上是互为隐喻）：跳进水里——浮出水面；挤出牙膏——打入气体。我们的身体运动好像在不断打破空间（容器）的限制，不是“进”，就是“出”，而且这种“进进出出”还不限于身体，人的心理活动也是如此；这种“进进出出”也不限于具体，还扩展到抽象，如：进城开会、出门做客、吐故纳新、敞开心扉、自我封闭、心胸开阔、心胸狭窄、宰相肚里好撑船、没有肚量、心里做事、心里憋气、满腔热情、钻研、揭示、洞查、管见、宽容……

我们说到容器，里面总得装东西，类似于水杯要装水，米袋要装米。汉语在这方面的例子有：

出乎意料（“意料”如杯中水）

心中无数（就像“袋中无米”）

说出心里话/把心里话都倒出来（“话”如“水”或“米”，“心”如“杯”或“袋”；比较：“倒苦水”）

根据约翰逊的研究，与上举诸例类似的隐喻主要有如下内容：

（1）观念或思想是物体；

（2）词句是这些物体的容器；

---

① Mark Johnson, *The Body in the Mind: The Bodily Basis of Meaning, Imagination and Reason*, Chicago: University of Chicago Press, 1987, pp. 30- 40; William Foley, *Anthropological Linguistics*, Massachusetts & Oxford: Blackwell, 1997, pp. 184-185.

② William Foley, *Anthropological Linguistics*, Massachusetts & Oxford: Blackwell, 1997, p. 184.

(3)交流在于找到合适的词语,即为观念或“物体”找“容器”,顺着导管(写),或通过空间(说),把这个盛满的容器送给听者,听者要把这个“物体”(观念)从这个“容器”(词语)里拿出来。①

三、情感和隐喻

拉科夫等对英语中关于“生气”的隐喻进行了研究②,涉及的仍然是“容器”:身体是情绪的容器(The body is a container for the emotions);情绪是容器里的液体(Emotions are contained liquids);情绪是热的(Emotion is heat)。加热到沸点的水会变蒸汽,英语的蒸汽(steam)也表示“生气”;当容器里的压力增加到一定程度时,它就要爆炸,blow(爆炸)在英语里也表示“发脾气”。在英语里还有 piss off(恼火)这样一个短语,原意为“解小便”,膀胱里憋的液体聚多了,压力大了,就放出去。

在汉语和其他语言里这样的例子也很多,同样也隐喻“容器”“能量”(尤其是“气”“火”)或能量的误用:暴跳如雷、怒气冲天、妒火中烧、吃错药、义愤填膺。

在蒙古语里,uur(气)和 gal(火)也都和“火气”有关:uurlah 表生气,galjurah 表发狂。

不仅“生气”会“热暴”,“爱情”也会“热暴”,而且有自己的“容器”:热恋、燃烧的爱情、爱得发疯、吐露爱情、深爱、心爱。

四、语法范畴和隐喻

弗理通过分析和比较诸语言中身体部位的隐喻用法,指出隐喻对语言本身的语法组成也很重要。③ 在科帕拉·特里克语(Copala Trique,一种墨西哥语言)中,对物体的描述也借用人体器官,这和英语一样:

(1)$takun^{5}$ $kuchri^{3?}$ $tako^{5}$ ki^{32h}

① William Foley, *Anthropological Linguistics*, Massachusetts & Oxford: Blackwell, 1997, p. 185.

② William Foley, *Anthropological Linguistics*, Massachusetts & Oxford: Blackwell, 1997, pp. 187-188.

③ 黄应贵:《时间、历史与记忆》,载《广西民族学院学报》(哲学社会科学版)2002 年第 3 期。

鼻子　车(的)　脚　山(的)

“飞机头”　“山脚”

(2) takun^{5}　mi^{3}shte$^{4!}$　shra^{5}　we^{3ʔ}

鼻子　砍刀(的)　背　房子(的)

“砍刀把”　“房顶”

(3) tako^{5}　yo^{3ʔ}　ra$^{3!}$　yawi^{32}

脚　年(的)　头　月(的)

“年初”　“月末”

(4) katu^{5h}　gwa^{4}　rike$^{3!}$　muwi^{4}　a^{32}

进入　约翰　胃　教堂(的)　(变格)

“约翰进到教堂里面”

(5) nikun$^{1!}$　gwa^{4}　rian^{32}　sh3na$^{1!}$　a^{32}

站　约翰　脸　女人(的)　(变格)

“约翰站在女人面前”

(6) kaʔan^{2h}　zo^{3ʔ}　rike$^{3!}$　waʔnu^{1h}　gwi^{3}　a^{32}

要　去　他　胃　三天(的)　(变格)

“他要在三天内动身”

(7) ka/an^{2h}　zo^{3ʔ}　shra^{5}　ko^{3ʔ}　ngo$^{2!}$　a^{32}

要　走　他　背　周一(的)　(变格)

“他要在周一之后动身”

(8) kawi^{3h}　zo^{3ʔ}　sheʔe$^{4!}$　shiʔi$^{3!}$　za$^{1!}$　a^{32}

死　他　脚　病(的)　好　(变格)

“他死于一场重病”

(9) sheʔe$^{4!}$　dan^{32}　nano$^{4!}$　ra$^{4!}$　zo^{3ʔ}　a^{32}

脚(的)　那个　说明　里面　他　(变格)

“所以,他伤心”

(10) go^{3ʔ}　gwa^{4}　saʔan^{32h}　man$^{3!}$　pe^{3}dro$^{4!}$　a^{32}

给　约翰　钱　身体　彼得(的)　(变格)

“约翰把给了彼得”

(11) kene$^{?}$ e$^{3!}$ gwa^{4} man$^{3!}$ pe^{3} dro$^{4!}$ a^{32}

见 约翰 身体 彼得(的) (变格)

“约翰见到彼得”

(2)中英语说“刀把”,科帕拉·特里克语说“刀鼻”,这是观察角度的不同。(3)中英语说“年初”, 科帕拉·特里克语说“年脚(底)”,英语说“月底”, 科帕拉·特里克语说“月头(初)”,正好相反。按照科帕拉·特里克语的逻辑,把东西摞起来以后,从底部计算,“脚”就是开头,“头”就是结尾。

(4)(5)中,“人体部位”起着英语介词的作用,属于“语法扩展”(grammatical extension):“胃” = 里面;“脸” = 前面;“肋” = 挨着下一个;“(动物)的背”或“(人的)头” = 上面;“脚” = 底。

(6)(7)(8)属于人体部位的抽象用法,用于时间和空间范畴。

(9)“脚(的)”是人体与地面接触的部位,是“基础”,进一步延伸为“理由”(所以)。

(10)(11)的“身体”的用法,可以解释为把东西给某人的时候,那东西就进入他身体周围的空间,和他的身体直接相关,给他东西就是和他的身体打交道。①

第四节 时间和空间

时间和空间是语言人类学的重要课题。不同文化的时空观会有不同表达,有时会截然对立,例如沃尔夫提到的霍皮的时空合一的观念。② 当然,随着全球化和信息数字化的发展,各个语言之间的交流已经变成“常规”,语词、概念乃至语法借入也不例外。

---

① 可参考汉语中的“亲身”“亲眼”“亲自”之类的说法。

② 不过也有人对沃尔夫的霍皮语例证表示怀疑,参见 *Setting the Record Straight About Native Languages*: *Language Complexity*, http://www.native-languages.org/iaq7.htm#J12, accessed December 13, 2009。

一、时间

来自西方的“现代化”首先是“时间现代化”，工资要计时，人寿保险要计时，就是坐牢也要计时。然而，这种计时并非唯一，世界上还有大量其他方式的计时，中国的农历就是一种广为人知的非西方历。不同的时间观是否代表了不同的思维？如果让沃尔夫说，时间观离不开语言观（离开语言的思维是不可思议的），时间观不同就是语言观不同，语言观不同就是世界观不同。不过这类大而化之的说法不容易求证，比较稳妥的观点应当是：人类语言、思维方式、世界观在一定层面上有共性，人类的认知潜能也有共性。在中级层面上各个人类群体（不一定是民族或族群）的语言观、思维方式和世界观肯定有不同，但这种不同不纯粹是语言决定思维还是思维决定语言的问题，而是语言、思维方式、世界观和客观外界及历史记忆互动的结果，并且处在不断调整、变化之中。只有这样理解，我们才能解释跨语言、跨文化的翻译和理解的可能性。不同民族、不同族群、不同群体的人，只要有机会互动交流，应能克服原有的障碍，彼此理解，新建一个交流的平台，这是由人类认知和生理潜能的一致性决定的。当学者们讨论原始思维、前逻辑思维的时候，必然要先按照现代思维的逻辑对解释对象进行同构，即进入对方的思维模式中，然后加以解释和讨论。既然按照“现代思维”的逻辑能够完成这样的同构，既然这样做的结果是比较成功地理解了原始思维和前逻辑思维，那么，所谓前逻辑思维也就不成立了，至多为临时的说法，因为人类的思维都有共同的逻辑，有了共同逻辑才能互相理解，只是表达风格或象征方式不同而已。

但是，人类学最关心的是“时间如何被社会文化所建构的问题”①。时间不仅建立在自然韵律上，也建立在现象学经验上，前者在自然生态和生产劳动中产生，后者是对过去、现在、未来时间的体验。② 如台湾布农人以实践时间维系自然时间和时间经验，由实践达到对主体的肯定、升入不灭之境的个案，以及景颇、载瓦、侗人由做活、做人、社会繁衍连接自然时间和

① 黄应贵：《时间、历史与记忆》，载《广西民族学院学报》（哲学社会科学版）2002 年第 3 期。
② 黄应贵：《时间、历史与记忆》，载《广西民族学院学报》（哲学社会科学版）2002 年第 3 期。

现象时间的个案，终于超越盖尔（Alfred Gell）之现象学时间、自然时间的二分法，从而直接讨论现象学时间的本质。[①] 这种现象学时间、社会实践、自然时间的三分法，有利于把历史（记忆）、权力、嬗变、认同（身份）等具有能动作用的内容纳入进来，为时间研究注入活力。

中国古代的计时方法不仅反映当时的人们对自然尤其是天象的观察，反映直观的“体查”，而且反映了内容丰富的社会实践、历史记忆、日常信仰、人生价值和道德规范，因而是上述现象学时间、社会实践、自然时间的“三分归一”。中国农历以干支生肖为基础，记录岁月，辅助农时，记忆历史。“戊戌变法”“辛亥革命”等著名历史事件，迄今以农历的称法流传于世。

中国古人用十位天干（甲、乙、丙、丁、戊、己、庚、辛、壬、癸）与十二位地支（子、丑、寅、卯、辰、巳、午、未、申、酉、戌、亥）相配，形成“六十甲子”，记录年月日。由三个六十甲子可推得一百八十年，称为“三元”。在这三个六十甲子年中，第一个是“上元”，第二个是“中元”，第三个是“下元”，“风水学”由此推出“三元运气说”。[②]

古人用天干记日，用地支记月、时，用天干与地支配合记年。

地支与月份、钟点对照表[③]

地支	子	丑	寅	卯	辰	巳	午	未	申	酉	戌	亥
月份	十一月	十二月	正月	二月	三月	四月	五月	六月	七月	八月	九月	十月
小时	23—1	1—3	3—5	5—7	7—9	9—11	11—13	13—15	15—17	17—19	19—21	21—23

① 黄应贵：《时间、历史与记忆》，载《广西民族学院学报》（哲学社会科学版）2002 年第 3 期。
② 亢亮、亢羽：《风水与建筑》，百花文艺出版社 1999 年版，第 40 页。
③ 亢亮、亢羽：《风水与建筑》，百花文艺出版社 1999 年版，第 39 页。

六十甲子干支纪年表①

	1	2	3	4	5	6	7	8	9	10
1	甲子	乙丑	丙寅	丁卯	戊辰	己巳	庚午	辛未	壬申	癸酉
2	甲戌	乙亥	丙子	丁丑	戊寅	己卯	庚辰	辛巳	壬午	癸未
3	甲申	乙酉	丙戌	丁亥	戊子	己丑	庚寅	辛卯	壬辰	癸巳
4	甲午	乙未	丙申	丁酉	戊戌	己亥	庚子	辛丑	壬寅	癸卯
5	甲辰	乙巳	丙午	丁未	戊申	己酉	庚戌	辛亥	壬子	癸丑
6	甲寅	乙卯	丙辰	丁巳	戊午	己未	庚申	辛酉	壬戌	癸亥

古代中国的理想能人，上观天象，下通地理，如《三国演义》中诸葛亮是“时间专家”，通晓战争的节律和进攻的良机。有趣的是，诸葛亮字孔明，表日月之光，与汉字“朝”“暮”“昏”“晨”等“计时字”同构一个语义场。在《三国演义》第五十回“诸葛亮智算华容　关云长义释曹操”中有诗曰：“曹瞒兵败走华容，正与关公狭路逢。只为当初恩义重，放开金锁走蛟龙。”关羽这种义气之举早为孔明算定：“亮夜观乾象，操贼未合身亡。留这人情，教云长做了，亦是美事。”（《三国演义》第四十九回“七星坛诸葛祭风　三江口周瑜纵火”）这样，天象与为人、事件、命运、时机联成一体，成为中国传统人观和世界观的一个组成部分。诸葛亮去世也有天象表现：“即说司马懿夜观天文，见一大星，赤色，光芒有角，自东北方流于西南方，坠于蜀营内，三投再起，隐隐有声。懿惊喜曰：‘孔明死矣？’”（《三国演义》第一百四回“陨大星汉丞相归天　见木像魏都督丧胆”）从生辰八字到自然风水，都表现了以实践和操演来赋予意义的中国古代时间系统。

中国侗族社会生活有多重时间组成的节律，各有分工。有根据糯稻、鲤鱼的成长计算的生产循环时间，有通过婴儿命名再现的人生时间（生物时间），有在各种仪式中用物物交换表现的交换时间。生产时间把社会文化融于生产实践中，生物时间追求家庭和社会的繁衍，交换时间则力图超

---

① 亢亮、亢羽：《风水与建筑》，百花文艺出版社 1999 年版，第 39 页。

越死亡、摆脱生物时间的限制，让个人、家庭、社会绵延不朽。[①] 居住在中缅边境中国一侧的景颇人和载瓦人，分别以象征不朽时间的“竹”（景颇）和象征自足家屋、实现不朽时间的“榕”（载瓦），来促进社会繁衍，克服人总有一死的宿命。[②] 景颇人和载瓦人按照气候变化将一年分干季［10 月到第二年 4 月，景颇语称 ginhtawng（ta），载瓦语称 cung / cung nam］和雨季［5 月到 9 月，景颇语称 lŭnam（ta）/yinam ta，载瓦语称 zan/zan nam/mau wo yam］，干季“做人”，雨季“做活”。人们在雨天犁田、播种、除草，在非雨天结婚、盖房、送葬。干季“做人”贯穿于物品交换、仪式、庆祝活动，为展演重要的生命仪礼服务。“通过这些生命仪礼的形塑，景颇与载瓦期待完成其‘人’的理想。这个做人的完成，在景颇与载瓦共有最重要的一环是能够通过婚姻将从外而来的‘女性的事（生产力）’——以种子及裙子为表征——包藏入‘男性的事（生产力）’——以男性所编的篮子与所盖的家屋为表征——之内，并把女性的‘做活的事（生产力）’转移为男家所支配。”[③]命名制与时间观的结合，表现了一个族群特有的社会记忆。例如藏族实行生辰命名，以纪念婴儿的出生日期：“次松”（藏历初三出生），“次杰”（藏历初八出生），“觉阿”（藏历十五出生），“巴桑”（周五出生），“拉巴”（周三出生），“南冈”（藏历月末出生）。[④] 贵州巫脚交苗族，实行季节命名制：春夏两季出生的男性取名田、塘、桥、菌、金、银、铜等，女性取名花、田、开、果、菌、菜、谷子等；秋冬两季出生的男性取名橙子、岩石、房子、宝物、鼓、冷等，女性取名为水、竹、贵重、宝物、泉水、年、滑等。[⑤]

随着人类接触范围的扩大和接触频率的提高，许多非西方地方的群体使用一种以上的历法纪年。中国的汉族和其他汉字文化圈族群在使用公

---

① 林淑蓉：《生产、节日与礼物的交换：侗族的时间概念》，见黄应贵主编：《时间、历史与记忆》，台北“中央研究院”民族学研究所 1999 年版，第 229—281 页。

② 何翠萍：《生命、季节和不朽社会的建立》，见黄应贵主编：《时间、历史与记忆》，台北“中央研究院”民族学研究所 1999 年版，第 157—228 页。

③ 何翠萍：《生命、季节和不朽社会的建立》，见黄应贵主编：《时间、历史与记忆》，台北“中央研究院”民族学研究所 1999 年版，第 157—228 页。

④ 王贵：《藏族人名研究》，民族出版社 1991 年版，第 43—44 页。

⑤ 徐一青、张鹤仙：《姓名趣谈》，上海文艺出版社 1987 年版，第 80 页。

历(阳历)的同时,也使用农历(阴历),伊斯兰族群也同时使用公历(阳历)和伊斯兰历。此外,在广大农村,以直观的生产活动、日常生活计时,也很常见。单就汉语来说,就有“抽一袋烟的工夫”“烧一炷香的工夫”“鸡叫的时候”“一顿饭的工夫”“太阳升起三竿高”“(月)盈”“香客”“打更”之类的与计时或计时工具有关的说法。多重历的使用有其重要的社会意义,表现了历史记忆和权力阶序。国家大典要用公历,农家耕种用农历或地方说法,少数民族还有民族说法。

由于生活环境和社会体验的不同,人们在表现和解释时间的时候,有不同的侧重点。台湾阿美人以仪式再现时间,日本人则用日历标出的活动再现时间,汉人依靠阴历来择日,欧美人通过教会做礼拜。① 台湾阿美人原来社会生活的最大单位是村落,有年龄组织,有村落首长制度。村落是集体防卫、集体农耕渔猎、集体举行仪式、共担罪责等功能的单位。但是,随着国家行政、资本主义经济等外在力量的侵入,村落原来的自主性逐步衰退,并渐渐纳入而成为大社会的一环。② 现在的阿美人已经接受外来的时间观,有月历、日历和时钟,上学、去卫生所、举行祭祀等,都要考虑标准时间。事实上,在当前的村落生活中,掺杂了不同的时间观,而这样的时间观与阿美人的文化认同及异族观皆有密切的联系。③ 阿美人的传统时间靠观察日月、潮汐、鸡鸣、农事、祭典等来计算。在日本人占领时期,冬季村落年中行事也增加了日本人提倡的阳历元旦活动。日本人重视对阿美人进行“时间教育”,让他们认识钟点,告诉他们一年有 12 个月,一个月有 30 天,一个星期有 7 天,一天分 24 个小时,1 小时有 60 分钟,1 分钟有 60 秒,阿美老人称此为 toki no dipog(日本时间)。Toki 是日本语“时间”的意思,在阿美语中这个词分别表示钟表和时间。日本时间只用于学校,日常生活中用阿美人自己的时间:小学生放学时间正好是主妇们做晚饭时间,她们

① 黄应贵:《时间、历史与记忆》,载《广西民族学院学报》(哲学社会科学版)2002 年第 3 期。

② 黄宣卫:《一个海岸阿美族村落的时间、历史与记忆》,见黄应贵主编:《时间、历史与记忆》,台北“中央研究院”民族学研究所 1999 年版,第 484—542 页。

③ 黄宣卫:《一个海岸阿美族村落的时间、历史与记忆》,见黄应贵主编:《时间、历史与记忆》,台北“中央研究院”民族学研究所 1999 年版,第 484—542 页。

就把这个时间叫作 pinokayan no mitiliday(学生放学回来的时刻),星期天学生不上课,阿美人称为 paaliwasan no mitiliday(学生休息日)。抗战期间,日本人强化时间教育,在会所安置大钟,强行给各家推销挂钟,这种强权推行的"日本人的时间"在意义上与"汉人的时间""欧美人的时间"不同。台湾光复后,"民国时间"(汉人的时间)在各种会议上成为标准,欧美基督教、天主教代表的"欧美人的时间"也在教堂礼拜中成为标准。同时,传统时间在日常生活中仍然有用。这样的多重时间制事实上隐含着村民对不同时期与不同民族接触的历史经验。①

在许多社会中,时间的流动与循环可以共存,是同一个时间观的两方面。在亚马逊河流域西北部的巴拉萨纳(Barasana)社会,男性按父系认同世代相传,祖先的过去和后世的现在组成连续体,沿着这条父系纽带,生者越来越远离祖源的创造力;女性是父系外婚群之间的交换对象,她们有经血周期,象征循环与交替的时间。② 在巴布亚新几内亚的乌梅达(Umeda)社会,每年都举行伊达(ida)再生仪式,标志九个月周期的结束。仪式上的角色要事先由村民们安排,长幼有序,个人在其中体验到的是线性经历,不可逆转。因此,尽管伊达(ida)仪式是年度循环的一个环节,但对于个人来说,它也标志了不可重复的自我成熟阶段。③

二、空间

关于空间,学者有不同的看法。有的认为"空间"是非独立的,是"行动的媒介与结果",是社会活动和思维的工具,也是思维的模式。有的认为,"空间"是独立的,因为"人类的空间组织有其普遍的结构存在",有其

---

① 黄宣卫:《一个海岸阿美族村落的时间、历史与记忆》,见黄应贵主编:《时间、历史与记忆》,台北"中央研究院"民族学研究所 1999 年版,第 484—542 页。

② Christine Hugh-Jones, *From the Milk River: Spatial and Temporal Processes on Northwest Amazonia*, Cambridge: Cambridge University Press, 1979; Alan Barnard and Jonathan Spencer, eds., *Encyclopedia of Social and Cultural Anthropology*, London & New York: Routledge, 1996, p. 548.

③ Alfred Gell, *The Anthropology of Time*, Oxford: Berg, 1992; Alan Barnard and Jonathan Spencer, eds., *Encyclopedia of Social and Cultural Anthropology*, London & New York: Routledge, 1996, p. 549.

确定的内存逻辑,是可知的。也有的试图综合以上两种观点,一方面同意“空间”是独立的和有自身逻辑的;另一方面也强调它“与其他社会文化现象或要素必须共同一起动作而不可分,尤其是与人的活动不可分”①。

结构主义主要考虑空间,不大关注时间。但是,如布尔迪厄所批评的,结构主义在分析礼物交换的时候,认为送礼和还礼的背后是抽象、共时的“交互律”(law of reciprocity)在起作用,这是错误的;相反,起作用的应当是当事人的政治判断和操作,什么时候送,什么时候还,是有讲究的。当事人只有做好判断,才能掌握时机。②

沃尔夫已经指出,霍皮人的时间观和空间观融合在一起,在他们看来,距离观察者越远的事件,它发生的时间也越远,距离越远就越“过去”。在霍皮语中事物是过程,远处经过一段空间距离才能被“这里”感知,距离越远,感知就越靠后。某事发生在“此地”本身已经蕴含发生在“此时”;同样如果它发生于“彼地”,那也就蕴含了“彼时”。③ 同时,他又指出,霍皮语和西方主要语言在空间概念上没有很大区别,因为人类对空间体验的形式基本相同,与语言无关,“格式塔心理学家的视觉实验好像证明了这一事实”④。也就是说,人类对空间的认知有生理和心理共同的物质基础。许多学者都认为,人体的生理结构(解剖)对空间认知有非常重要的作用。人类以自己的身体为中心,以三维认知空间;这三维中有两维是横向的,一维是纵向的。我们以自己受地球引力作用而直立的姿态认识了上下关系,

---

① 黄应贵主编:《空间、力与社会》,台北“中央研究院”民族学研究所 1995 年版。

② Alan Barnard and Jonathan Spencer, eds., *Encyclopedia of Social and Cultural Anthropology*. London & New York: Routledge, 1996, p. 549.

③ 本杰明·李·沃尔夫:《论语言、思维和现实——沃尔夫文集》,高一虹译,湖南教育出版社 2001 年版,第 31—32 页。

④ 请注意,此处沃尔夫持普遍主义观点,这一点对我们全面而真实地了解他的理论很重要,即他不是无条件的、彻头彻尾的相对论者。这里也表现了他的自我矛盾:既然空间概念与语言无关,那么,语言就不能决定空间。但空间是人类思维不可缺少的重要内容和形式,如果我们拿沃尔夫之“矛”攻他自己的“盾”,那就可以说“语言不能决定全部思维”,或者,“语言至多决定‘空间’以外的思维”。参见本杰明·李·沃尔夫:《论语言、思维和现实——沃尔夫文集》,高一虹译,湖南教育出版社 2001 年版,第 147 页。

根据我们自己身体解剖的前后两半和左右两半,认识了不对称的前后关系和对称的左右关系。[1]

不过,一些在荷兰做研究的学者还是坚持语言决定空间认知。他们的语言材料来自澳大利亚、南亚、大洋洲和中美洲。这些语言,尤其是澳大利亚东北部的古古·伊米迪尔语(Guugu-Yimidhirr),不用相对空间位置如"前后""左右"表示方位,而是用绝对方位词"东(naga)""南(dyibaarr)""西(guwa)""北(gunggaarr)"。古古·伊米迪尔语的使用者事无巨细,全都用"东南西北"表示它们的位置,并不注意他们前后左右的相对位置。[2]或者说,以古古·伊米迪尔语为代表的认知文化使用"大参照系",其他文化用"小参照系"。假如我们带古古·伊米迪尔朋友上中央广播电视塔的旋转餐厅吃饭,先找到一张餐桌面朝南坐下,筷子放在我们右侧,按照古古·伊米迪尔朋友的说法是放在了西面,不是右侧;然后餐厅旋转了一百八十度,我们和古古·伊米迪尔朋友都已经面向北,对我们来说筷子还在我们的右侧,但对古古·伊米迪尔朋友来说,筷子已经转到了东面。如果有位实验心理学家走上来让我们复原筷子的位置时,我们会感到莫明其妙——它们不还在原来位置上(右侧)吗?于是我们最多摸摸各自的筷子,并不改动它们的位置;可是,我们的古古·伊米迪尔朋友二话不说,把筷子从他的右侧放到左侧,也就是放回它们原来的位置——西面。从语言-文化习惯上说,这两种做法都没错,古古·伊米迪尔朋友用的是"大参照系"(方位"东南西北"),我们用的是"小参照系"(我们的身体、餐厅、桌子、筷子等)。哈维兰、莱文森、布朗等学者都做过这类实验。[3]

各语言对空间细部的处理不同,表现为各语言所代表的文化对空间特点的侧重不同。汉语说"穿衣戴帽",英语只用 put on。汉语的"挪""拖"

---

① William Foley, *Anthropological Linguistics*, Massachusetts & Oxford: Blackwell, 1997, p. 215.

② John Haviland, "Anchoring, iconicity, and Orientation in Guugu-Yimidhirr," in *Journal of Linguistic Anthropology*, 1993, 3(1): 3-45; William Foley, *Anthropological Linguistics*, Massachusetts & Oxford: Blackwell, 1997, pp. 216-217.

③ William Foley, *Anthropological Linguistics*, Massachusetts & Oxford: Blackwell, 1997, pp. 215-229.

“抻”“拉”“拽”“拎”“提”“搬”“抬”“扛”“背”等动词，生动地表达了身体部位和被移动物之间的受力关系（接触面）的细微差别。这些词汇除了表示物体位移的主要意思以外，还传递关于“重量”“速度”“节奏”“身体部位”等弦外之音（标指 index）。例如，“挪”表示“有重量”“非连续的移动”，“拖”表示“有重量”“有摩擦的连续移动”，“拉”常表示“用手”，“背”表示“用背”，“扛”表示“用肩”，等等。

既然人类的身体对认识空间至关重要，表示“本我”“他我”及其相对位置的代词概念与空间概念就有密切联系。“我”和“你”的关系对立，统一在一个抽象的空间领域。有两个例子可以说明：一是方位概念总是与三个代词同时出现，方位概念可以代替代词概念，但二者在语法上仍然有明显的区别；二是方位概念变成了真正的代词，是方位概念和代词概念混合的结果。[①] 洪堡特列举汤加语、日语和亚美尼亚语的例子来说明代词概念和空间概念的密切关系。[②] 在汤加语中有三个表示位置移动的副词，分别与第一、第二、第三人称对应：mei 与第一人称相配，“表示朝说话者的运动”；atū 与第二人称相配，“表示从说话者到听话者的运动”；angī 与第三人称相配，“表示从说话者到某个第三者的运动”。即便没有代词，这些副词也明确地起到代词的作用，告诉听者是我（们），是你（们），还是他（们）。日语用 ko、so、a 三个词表示说话者、听话者和缺席第三者的方位关系，且以复合形式（后加词缀音节-no 和-re）出现：ko-no，so-no，a-no；ko-re，so-re，a-re。日语的第二人称代词是 sonata，由 sono 与 ata-ri（接近）缩合而成，字面意思是“在场的那个人”，后面又加介词，即 sonata atari（在你、你们这里）。“也就是说，在此我们看到的是一个真正的第二人称代词‘你’，其基础是一个方位概念。”[③]日语 konata 的意思是“在场的这个人”

---

① 威廉·冯·洪堡特：《洪堡特语言哲学文集》，姚小平译，湖南教育出版社 2001 年版，第 283 页。

② 威廉·冯·洪堡特：《洪堡特语言哲学文集》，姚小平译，湖南教育出版社 2001 年版，第 283—291 页。

③ 威廉·冯·洪堡特：《洪堡特语言哲学文集》，姚小平译，湖南教育出版社 2001 年版，第 287 页。

（第一人称代词），但它也作为第二人称代词出现，指比说话者地位高的人。sonata 和 konata 都表示“阁下”。“相比，它们显得是第三人称代词，但却被当作第二人称使用。[①] 亚美尼亚语也有三个人称指示代词：ssa 表示“在我这里的人”；ta 表示“在你那里的人，在听话者那里的人”；na 表示“在他那里的人，在第三者那里的人”。在各语言中，一些辅音既表达人称，也表达空间关系。[②] 其实在蒙古语中也有类似的例证：辅音 t 同时表示第三人称（ter）和方位（ter）；第二人称单数是 chi，尊称是 ta，复数是 ta（den）。蒙古语表示距离说话者较远时，把音节加长：ter—teer。

中国古代夏商时期的人多行“干支名”，用方位词取名，是“天人合一”思想的曲折表现：孔甲、武丁、盘庚、王亥、太丁、祖乙、外壬、小辛……汉代时的人名也多用元、长、次、幼、稚、少等次序字，象征社会空间的阶序化。[③]

其实，如我们一再强调，许多语言-文化中的时间概念和空间概念不仅“互渗”，而且还融入哲学、伦理、审美、情感、阶序、规范等庞杂内容，在社会实践和历史记忆中不断复制、变化和发展。古代中国的干支五行观比较典型地表现了这样的互渗，具有深入研究的价值。按照杜正胜的观点，中国传统家屋塑造了中国人的伦理，而中国古代宇宙观培养了他们的行为规范和“吉凶休咎的信仰”；中国人的家屋和他们的行为规范及“吉凶休咎的信仰”息息相关；“内外”与“八方”是表现伦理观和宇宙观的传统居室空间的核心范畴。[④] 汉字书写讲章法，讲布白，讲险峻与平衡、阴与阳的对立统一；从字体上有平稳的颜体，有俊秀的柳体，有变化多端、法度无限的王（羲之）体，尤其是外圆内方的隶书和外方内圆的魏碑，是“方圆”思想的体现。方块汉字与方形城池绝非巧合，它们是同一种世界观的体现。

---

① 威廉·冯·洪堡特：《洪堡特语言哲学文集》，姚小平译，湖南教育出版社 2001 年版，第 288 页。

② 威廉·冯·洪堡特：《洪堡特语言哲学文集》，姚小平译，湖南教育出版社 2001 年版，第 289 页。

③ 纳日碧力戈：《姓名论》，社会科学文献出版社 1997 年版，第 62 页。

④ 杜正胜：《内外与八方——中国传统居室空间的伦理观和宇宙观》，见黄应贵主编：《空间、力与社会》，台北“中央研究院”民族学研究所 1995 年版，第 213—268 页。

当然，文字书法毕竟属“纸上谈兵”，真正而全面体现“方圆”的，当然是中国建筑，它包容和概括了做人、做事、做文章诸要素。中国传统的院落布局或家屋方位体现儒家“内外”伦常规范，反映道家“八方”吉凶信仰。[①] 按照封建规范，男子居外，女子居内，女子满八岁不出中门。根据风水“地理”之学，宅居地形有如下特点：

南北长，东西狭，富贵子孙。

左长右短，居之，少子孙。

东西长，南北狭，居之，初凶，后吉，不益子孙。

前阔后狭，居之贫乏。

右长左短，居之富贵。

前狭后阔，居之富贵。[②]

中国自古传说共工与颛顼争帝，怒触不周山，使天柱折，地维绝。又有说法是天靠绳索维系，“二绳四维”使天悬而不坠。“绳”者，经纬各一，相交过中央之天极；“维”者，系四角之绳索。“绳”“维”各缚于八柱上，称“八极之维”[③]。这种古代八方观从未独立存在，而是结合干支分类，与计时法相通。这种不会晚于春秋后期的绳维观，把天体看作大圆弧，按“二绳四钩”把天体划成十二地支等分，其中子午、卯酉为二绳，丑寅、辰巳、未申、戌亥为四钩，“也就是北与南、东与西、东北、东南、西南、西北四个方位”。[④] “八方”与二十八宿相配，二十八宿又分青龙、朱雀、白虎、玄武四

---

① 杜正胜：《内外与八方——中国传统居室空间的伦理观和宇宙观》，见黄应贵主编：《空间、力与社会》，台北“中央研究院”民族学研究所 1995 年版，第 214 页。

② 《重校正地理新书·宅居地形》，转引自杜正胜：《内外与八方——中国传统居室空间的伦理观和宇宙观》，见黄应贵主编：《空间、力与社会》，台北“中央研究院”民族学研究所 1995 年版，第 237 页。

③ 杜正胜：《内外与八方——中国传统居室空间的伦理观和宇宙观》，见黄应贵主编：《空间、力与社会》，台北“中央研究院”民族学研究所 1995 年版，第 255 页。

④ 杜正胜：《内外与八方——中国传统居室空间的伦理观和宇宙观》，见黄应贵主编：《空间、力与社会》，台北“中央研究院”民族学研究所 1995 年版，第 255 页。

象。天体的季节变化使之和季节沟通，由“八方”生“八风”，即“八节之气”应“八方之风”，古人把想象的天体空间和实际的季节时间结合起来：“八风”与星宿配合生成立冬、冬至、立春、春分、立夏、夏至、立秋、秋分等节气，正应了中国古代思维原有“时间空间化”的传统。不仅如此，这种时空观还与道德观结合，生成“天道”“天德”“月德”，这些“时空之德”直接决定院落布局或家屋方位：按“德”方造房可获福，按“刑”方建屋则得灾。德阳而刑阴。每月的生气、死气所在依二十四路之位对应循环，如下表[①]：

月份	正一	二	三	四	五	六	七	八	九	十	十一	十二
生气位	子癸	丑艮	寅甲	卯乙	辰巽	巳丙	午丁	未坤	申庚	酉辛	戌乾	亥壬
死气位	午丁	未坤	申庚	酉辛	戌乾	亥壬	子癸	丑艮	寅甲	卯乙	辰巽	巳丙

隋代式盘对此维系时空的“天人合一”做了上乘诠释：地盘有三圈，外圈有三十六兽，中圈有二十八宿，内圈有二十四位；天盘有三圈，外圈有二十八宿，中圈有二十四位，内圈有十二月将。天盘配合时间而循环，地盘配合方位而固定，而整个式盘的运作，亦可意会出循环性与固定性互相为用的机制……循环性使这些项目在此框架中，周期性地轮流迁移。[②]

然而，沧海桑田，但凡文化有继承，也有发展和变化，有时甚至是面目全非的断裂式发展和变化。[③]

举例说，台湾玉山山脉北端的东埔社布农人原来过着自给自足的生

---

① 杜正胜：《内外与八方——中国传统居室空间的伦理观和宇宙观》，见黄应贵主编：《空间、力与社会》，台北“中央研究院”民族学研究所 1995 年版，第 261—262 页。

② 邱博舜：《从“天圆地方”的观点看“八宅”的操作架构》，见黄应贵主编：《空间、力与社会》，台北“中央研究院”民族学研究所 1995 年版，第 285—286 页。

③ 这种断裂式发展和变化并不妨碍恢复、再生、再造和创造。

活，有自己的一套认知－生计空间，“没有固定的公共空间，也没有中心与边陲的区辨”。但是，从被日本人占领后，政治和经济体制发生变迁，他们的这套认知－生计空间也发生变迁。据黄应贵调查研究，传统的布农人过着自给自足的生活，“农耕、狩猎、居住，都可以发生在同一块土地上”。[①]他们的土地有三类：旱地（kaihoman），猎场（hanubag），宅地（建地，kat-asagan）。这三类地可以重叠，视需要调整，猎场上建房就成宅地，旱地有猎物也可以变成猎场。旱地属于首次举行“开垦播种祭”的那家人，即便他人无偿使用这块耕地，也须经这家人同意。猎场属父系氏族，外族人经允许可来打猎，但留下猎物的后腿。宅地属聚落，聚落成员有权在本聚落所属成员的旱地或猎场上建房，前提条件是“该地段以前没人盖房子并在屋内埋过人”。布农人建房有规定的程序，其中包括卜地的内容；家屋的结构富有象征意义，谷仓（patzilasan）是主要象征物，有它才算家。家屋的中柱（hau patzilasan）是主柱，内部空间分左（dannabili）、右（dannasgau），象征个人/集体、失序/秩序、身体/精灵、女性/男性的二元对照。住房的屋顶（dadavin）和墓场（bazavugan）也有类似的象征意义，尤其是屋顶，它象征人与天、与各种自然力和灾疫进行调解的中介。客厅、饭厅和坟场可以占有同一空间，但它们在象征体系中有明确区分。

1943年，日本人占领期间的政府开始强迫东埔社布农人种植水稻，开垦水田的过程中“自然没有经过任何梦占之类具有转换作用的‘仪式性’活动”，共同开发的水田“按人口分给管中各家固定使用”。为了开发水田，“不但沙里仙社的居民被迁至东埔社而得另建家屋，原住东埔社斜坡（即今教会上方的斜坡）上的居民也被迫移至靠近水田的平坦地区重建家屋”。这种开发和人口迁移造成当地象征－生计空间的变化：谷仓消失，增加了厕所、浴室，外人也可以随便进入厨房饭厅，固定的水田打破了原三类土地重叠的格局，象征体系内各对立因素之间的转换关系消失，出现中心与边缘象征关系。“土地、家与聚落三个层面之间的内在一致、连接性

---

① 黄应贵：《土地、家与聚落——东埔社布农人的空间现象》，见黄应贵主编：《空间、力与社会》，台北“中央研究院”民族学研究所1995年版，第73—131页。

已被破坏”，原有的性别象征系统也不复存在。

20 世纪 50 年代初期，东埔社有了经济作物，由汉人移民传入；1966 年，布农人开始种番茄；到 1969 年，“资本主义市场经济的机制已经在东埔社有效地动作”。东埔社还通过基督长老会解决劳力、资金和营销问题。土地成为可买卖的商品，完全打破原有土地价值观，布农人之间、布农人和汉人之间都发生了土地买卖关系，汉人工匠被请来盖钢筋水泥房：没有了谷仓，厨房、饭厅、浴室等又重新纳入原家屋主体内部，纵深加大，在格局上有了分家准备；家屋的社会性别意义有了变化（女性在家内活动，男性在聚落、教堂活动），“具有阶序性不平等关系的男/女象征符号则被发展延伸”；家已经附属聚落，不复独立。1980 年以后，汉人开始进来开店，观光旅游业出现；个人能力的意义超过家系繁衍的意义；教堂成为新的公共空间和象征，基督教成为支配性信仰，传统信仰被视为迷信；基督教的阶序观与布农人的平等观发生冲突。

1985 年，玉山公园成立，东埔社归其管辖，狩猎和砍伐受到限制。此间又有汉人引入茶叶种植，茶厂出现。布农人开始种茶，收入增加，新房增多。这里，纯粹布农人社会开始消失，家又开始自主独立。汉人的风水观也出现了。有布农人家全在平地工作，为了平衡精神需要，在东埔社建房，节假日返回时居住，主要是情感象征和认同。1991 年新中横公路通车，使东埔社与台湾大社会得以更加紧密衔接。这个时期，二层楼是新建家屋的主要形式，原有“前后”的重要性正在让位于“上下”的重要性，原有“房顶”的象征意义得到加强，家屋男女共建的观念又得到强调，国家调控力增加，人口流动的范围增大，原有土地、家、聚落的互换衔接几乎完全断裂。总之，“外在大社会的制度”，运用政治、经济手段，以及当地人象征空间的符号转换和他们对新物质空间及其知识的接受，“来逐步建立它的优越性与宰制”。

在数字化生存的今天，发达国度的人们开始步入虚拟空间，电脑购物、无纸交易、网络黑客等都让人们放眼世界，面向未来，有的还在月球上购买土地。可以想象在月球上看风水、盖房子是什么光景、什么感觉！不过，人类的时空观一定要随着社会实践和社会事件而发展变化；同时，也不可低估时空观的反作用。

第五节　社会分类

法国社会人类学家爱弥尔·涂尔干和马塞尔·莫斯合著《原始分类》认为,“人类心灵是从不加分别的状态中发展而来的”,分类观念是一部历史和史前史。[①] 他们举出澳洲、祖尼人、苏人和中国人的例证,强调事物的分类“再现了人的分类”[②]。也就是说,人类最初是根据自己的社会分类尤其是亲属分类,来对自然万物进行分类;分类也不是人类心智所固有和内生的能力,而是基于最熟悉的亲属关系的后天习得。

> 我们把同一属的各个种说成是由亲属关系联系起来的;我们把某种类别称之为“族”(family);另外,属(genre)这个词本身原本指的不就是一个亲属(γευοζ)群体吗? 这些事实使我们得出这样的推断:分类图式不是抽象理解的自发产物,而是某一过程的结果,而这个过程是由各种各样的外来因素组成的。[③]

“如果从一个侧面来说,图腾制度是依据自然事物(相关的图腾物种)把人们分成氏族群体,那么,反过来讲,图腾制度也是按照社会群体对自然事物的分类。”[④]弗雷泽认为人类依据事先已存在的食物分类来划分出氏族,涂尔干和莫斯反驳说,人类根据氏族分类来给自然界分类。[⑤] 此外,涂尔干和莫斯还把观念和分类的起源归因于情感,“纯粹知性的法则”不会给分类提供依据,分类的对象也不是概念;事实上,对于那些所谓的原始人来说,一种食物并不是单纯的知识客体,而首先对应的是一种特定的情感态度。[⑥]

---

① 爱弥尔·涂尔干、马塞尔·莫斯:《原始分类》,汲喆译,上海人民出版社 2000 年版,第 5 页。
② 爱弥尔·涂尔干、马塞尔·莫斯:《原始分类》,汲喆译,上海人民出版社 2000 年版,第 12 页。
③ 爱弥尔·涂尔干、马塞尔·莫斯:《原始分类》,汲喆译,上海人民出版社 2000 年版,第 8 页。
④ 爱弥尔·涂尔干、马塞尔·莫斯:《原始分类》,汲喆译,上海人民出版社 2000 年版,第 16 页。
⑤ 爱弥尔·涂尔干、马塞尔·莫斯:《原始分类》,汲喆译,上海人民出版社 2000 年版,第 89 页。
⑥ 爱弥尔·涂尔干、马塞尔·莫斯:《原始分类》,汲喆译,上海人民出版社 2000 年版,第 92 页。

尼达姆在肯定涂尔干和莫斯在历史、方法和理论上的重大贡献的同时,也尖锐地批评他们关于社会分类决定符号分类的观点,也批评了他们关于分类的演化序列(如二分先于四分,四分先于八分,等等)。[①] 尼达姆在为《原始分类》写的导言中指出:首先,各地的民族志材料并不能支持符号分类源于社会分类的观点;恰恰相反,这些民族志材料都能证明这两种分类往往是不一致的。其次,尼达姆指出,涂尔干和莫斯把符号分类看作概念的堆砌,属于认知的内容,不涉及认知的能力,换一句话说,符号分类是后天习得的,不是内在的先天能力。但是,如果没有人类先天具有的对于空间和时间的认知能力,那么符号分类是不可想象的。尼达姆还认为,人类各种符号分类系统最终符合二元图式。[②]

《原始分类》中有专章提到中国古代文化中的分类体系,如东青龙、南朱雀、西白虎、北玄武,罗盘八分,金木水火土五行,天干地支,二十四节气,等等,时空万物、脾性色味共同构成"混杂"符号系统。[③] 尼达姆用中国古代的这种"混杂"符号分类系统,以其矛攻其盾,反驳符号体系"循序渐进"的演化观,认为:

> 一个社会并不一定非得使用单一的分类模式;而且,在采用两种或更多种分类模式的社会中,即使它们是可以相互还原的,这也并不意味着每一种分类就一定代表着社会范畴的发展过程中的一个历史阶段。[④]

尼达姆和涂尔干、莫斯之间的分歧也反映了人文社会科学中长期存在

---

① 爱弥尔·涂尔干、马塞尔·莫斯:《原始分类》,汲喆译,上海人民出版社 2000 年版,第 96—141 页。

② 爱弥尔·涂尔干、马塞尔·莫斯:《原始分类》,汲喆译,上海人民出版社 2000 年版,第 121—122 页。

③ 爱弥尔·涂尔干、马塞尔·莫斯:《原始分类》,汲喆译,上海人民出版社 2000 年版,第 73—78 页。

④ 爱弥尔·涂尔干、马塞尔·莫斯:《原始分类》,汲喆译,上海人民出版社 2000 年版,第 106 页。

的“内”“外”之争，即人类的认知从何而来，是先天的，还是后天的，是内在的，还是社会的。尽管尼达姆在《原始分类》导言中指出列维－斯特劳斯受到涂尔干和莫斯的影响，但列维－斯特劳斯的结构主义思想却和他们的核心观点即“人对自然的分类起源于对社会的分类”有所不同，认为人类的认知能力来自无意识的“深层结构”或“心智语法”，它潜在于心灵而非社会，与生俱来。涂尔干和莫斯认为社会认知先于个体认知，而列维－斯特劳斯认为个体认知先于集体认知。持心智论观点的古迪纳夫和施奈德都认为意义来自人类心智而非外部世界，内在于人类心智；持社会论观点的格尔茨则认为意义来自公共领域，外在于人类心智。

从皮尔士指号三元论分析，这些争论可以得到合理解释。任何指号都有“质”的要素，即自然现实的特征，自然现实面前人人平等。人类的物觉和物感具有普适性、原生性和唯一性，拟声词和图像是贴切的例子。任何标指都有“指”的要素，即指号从“自指”变成“他指”，即“一物指另一物”的特质，但这种指向关系是自然关联的或者是逻辑的，子弹和弹洞、兽迹和野兽是通常用的例子。任何指号也都具有“约”的要素，即基于任意性的象征性约定俗成，人类语言中充满了这样的例子，如汉语的“水”在英语里是 water，在蒙古语里是 os，等等。不过，“约定俗成”并非完全脱离物觉物感和指向关系，如亚里士多德所说，外界对于心灵的触动是同一普世的，而用来表达这一触动的声音却多种多样。皮尔士始终强调“质”“指”“约”之间关联一体、不可分割的性质，当我们认知到“质”的一刹那它已经指向“他”，与此同时，“质”和“指”又变成“约”，它们互相关联，在抽象度和具体性上有差别。例如，我们会看到红色的“质”，几乎同时我们知道它是“红旗”之“指”，也几乎同时我们知道它象征革命，与共产主义信仰有关，等等。我们在现实生活当中，很难将这个环环相扣的“红色现象”中的“质”“指”“约”一一明确区分开来，它们总是一拥而上，占据了我们的感官和认知，无意识和有意识交织在一起，难分主次。因此，把内在和外在截然区别开来，争论哪一个更加重要恐怕是徒劳的，它们属于不同的抽象层面，具有互补共生的性质，没有必要“关羽战秦琼”。

人对于客观外界的分类既依据人类自身的社会分类，也以诸如“空间”“时间”之类的先天认知为基础;既依据群体的分类,也有以个人身体的认知为基础。社会、文化、自然、概念的分类是一个互动的综合过程,从普遍意义上说,很难有哪一个分类系统会占优势。不过,从相对意义上说,在具体文化中确实存在基于某种特质或者物象的分类优势。谢莉·奥尔特纳(Sherry Ortner)引戈弗雷·林哈特(Godfrey Lienhardt)在《神性与经验》(1961)中对于苏丹南部丁卡人以牛分类的讨论,指出牛为丁卡人基于自己经验的认知和分类提供了细致入微的概念范畴,牛的颜色分类被投射到周围世界,从亮度到浓淡都和“牛色”难以分割,离开“牛色”词汇,他们就无法描述自己的色觉经验。①

① Sherry B. Ortner, “*On Key Symbols*,” in *American Anthropologist*, 1973, 75(5): 1338-1346.

第三章　语言的由来

语言的由来和人类的由来分不开,要讨论语言的由来先要讨论人类的由来。英国生物学家和进化论的主要奠基人达尔文(Charles Robert Darwin)在 1859 年 11 月 24 日出版了《物种起源》,以他在二十多年中收集到的证据,论证生物的进化规律,提出自然选择的学说,引起社会极大反响,成为人类学术史和思想史上的一个里程碑。进化论对诸多物种做出统一解释:共同的祖源使生物有一致性,进化适应的过程让生物产生了多样性。达尔文的进化论对当时占支配社会地位的神学是个巨大冲击。自中世纪以来,西方《圣经》的上帝造物说与君权神授说相结合,有广泛的政治和思想市场。

对于语言的起源问题,也同样存在神学和进化论的争论。

第一节　达尔文的进化论

达尔文 1809 年出生在英国,1931 年毕业于剑桥大学,后参加英国海军贝格尔舰环球考察,发表生物学和地质学的考察报告,例如《贝格尔舰所经各国的地质及博物调查日记》(1839)、《贝格尔舰航行动物志》

(1840—1843)等。通过博物调查和研究,他认为各个物种均由共同祖先进化而来,进化的原因是大自然对生物的去劣存优,“物竞天择,适者生存”。生物界从开始就存在个体差异,适应生存竞争物种保留了有利性状,世代传递,经过筛选形成新的物种。1859 年,达尔文发表了轰动国际学术界的《物种起源》,提出了自然选择进化学说,认为物种可变,生物也有适应性。这对宗教神创论是一次沉重打击。恩格斯认为进化论、能量守恒和转换定律、细胞学说是 19 世纪自然科学的三大发现。

达尔文的进化理论主要建立在生物与环境相互作用的事实之上,认为生物的变异、遗传和自然选择作用能够导致生物适应性的改变。在达尔文发表他的进化论之后,奥地利植物学家 G. J. 孟德尔通过豌豆杂交实验,证明遗传物质不像达尔文说的那样能够互相融合,遗传物质是不融合的。在 20 世纪,T. H. 摩尔根等建立了染色体遗传学说,全面揭示遗传基本规律,对达尔文进化论的某些方面进行纠正。后人在原来进化理论的基础上,通过大量科学实验,又提出了新的进化学说,如“基因漂移”“大进化”“分子进化”“染色体进化”“生态系统进化”“综合进化论”等。

达尔文的进化论主要说的是个体进化,并不讨论群体 - 社会的进化。但是,他的进化学说很容易被社会思想界吸收,成为政治利器,既可造福人类,也能贻害后世。达尔文的进化论对于政治文化来说,可谓真正的“双刃剑”。斯宾塞(H. Spencer)在 19 世纪末首次提出“社会达尔文主义”(Social Darwinism),运用达尔文的自然选择理论解释人类社会的进化,以“物竞天择,适者生存”的观点来解释历史、社会和文化现象。达尔文的理论有五个要点:世界不断进化,难以永恒不变;所有生物体由同一祖先进化而来,亲种(parental species)在进化中不断分化成子种(daughter species);进化是渐进的;基因变异在随机过程中足可形成新种,称为“基因漂移”(genetic drift);进化通过自然选择实现。例如,在某个环境中不利于生物体生存的特征将逐渐消失。[①] 达尔文的理论主要解决的是生物界的自然

① Ernst Mayr, *The Growth of Biological Thought: Diversity, Evolution, and Inheritance*, Cambridge, Massachusetts: Harvard University Press,1982,pp. 68-69。

进化问题，涉及的是人类体质特征的自然基础，与人类社会的历史、社会和文化及其差异无关。

第二节　从猿到人

从总体上说，“猴子变人”是科学的主流话语。先是法国学者布丰（G. L. Buffon）提出“人猿同祖”论，后来英国学者达尔文提出物种由简单到复杂的进化序列，成为进化论的奠基人。达尔文强调生物体和种群进化中自然选择的突出地位，选择的含义“就是保留有利，淘汰有害性状的过程”，即“物竞天择，适者生存”的观点。后来的新达尔文主义对达尔文主义进行修正，把研究单位定为基因，而非生物体和种群，强调适应就是以基因变异和基因重组实现种的繁衍。新达尔文主义认为，进化的过程是基因突变的过程，随机产生的基因有利或不利于生存发展。因为突变会破坏基因型，所以多数突变变得有害，表现为遗传性疾病。但是，杜布赞斯基（T. Dobzhansky）认为：“在进化过程中，随机的基因突变一旦发生后，就受到选择的作用，通过自然选择作用，使有害的基因突变消失，而保存有利的基因突变，结果造成基因频率的定向改变，使新的生物类型得以形成。基因频率的定向改变，归根结底是生殖作用的选择性……所以生存斗争实际上是繁殖斗争……”[①]近年来又出现了“基因漂移”理论，它强调进化不是被动地去适应自然，而是在适应的同时能动地改造自然，生物在与环境的互动中得到进化。因此，生物既是进化的主体，也是进化的对象。此外，“基因漂移”理论批评“新达尔文主义”对适应性强的“优势基因”的偏爱，认为单个基因可能没有强势，但其与环境互动的合力却会推动进化，因此进化单位是一个较大的基因、生物和环境组成的网络；生物体和环境互动（结构耦合，structural coupling）的历史决定后来的发展趋向。[②]

① 林耀华主编：《民族学通论》，中央民族大学出版社 1997 年版，第 24 页。

② William Foley, *Anthropological Linguistics*, Massachusetts & Oxford: Blackwell, 1997, pp. 43-48.

现代科学对细胞核 DNA－线粒体 DNA 的研究，证明非洲猿在亲缘关系上距亚洲猿远而与人类近，属人科。人类与非洲猿的细胞核 DNA 碱基顺序相似，与亚洲猿的有较大差异。线粒体 DNA 和免疫学的研究也得出人与非洲猿相近的结论。①

“人猿揖别”已有400 万至500 万年②或500 万至700 万年③，最早的人科成员是南方古猿纤细种（“露西”）。大约在 300 万至 150 万年前，由南方古猿纤细种发展出了直立人，然后在距今 30 万至 20 万年，发生了直立人向智人的转化。④ 早期智人以 1956 年在德国迪塞尔多夫（Düsseldorf）城附近尼安德特河谷发现的“尼人”（尼安德特人）为著名代表。早期智人有修理石核技术，能狩猎巨兽，缝制简单的衣服，会取火。中国的早期智人有大荔人、许家窑人、马坝人、长阳人和丁村人。⑤ 在距今 3 万至 4 万年的旧石器中期与晚期之间，早期智人进入晚期智人阶段，在五大洲均有分布。晚期智人的代表在法国有克罗马农人，在中国有柳江人和山顶洞人。智人阶段标志着直立人向现代人的过渡，其化石表现为头骨高度增加，额部倾斜度减小，额部向前、向上发展，眉脊后缩。同时，整个头骨变轻、变薄，脑容量增加。在这个时期，石器造得更加精致，钻、磨技术出现，祭祀雕像和绘画也大量出现。

现代人类的祖先是多源还是单源？现代基因学研究，尤其线粒体 DNA 的研究，得出有利于单源论的结论。有些中国科学家认为东亚直立人独立地进化成为地方变种（local varant），与非洲发生在同一时期的人类进化无关，即亚洲智人有独立于非洲智人的起源。但是，现代基因研究的结论否定现代人类多源论。一项对东亚 12 000 个个体的线粒体 DNA 的研究证明，每个人的祖先都可以追溯到 50 000 年前的非洲，因为我们的身

① 林耀华主编：《民族学通论》，中央民族大学出版社 1997 年版，第 26 页。

② 林耀华主编：《民族学通论》，中央民族大学出版社 1997 年版，第 28 页。

③ William Foley, *Anthropological Linguistics*, Massachusetts & Oxford: Blackwell, 1997, p. 50.

④ 林耀华主编：《民族学通论》，中央民族大学出版社 1997 年版，第 33—36 页。

⑤ 林耀华主编：《民族学通论》，中央民族大学出版社 1997 年版，第 38 页。

上都携带线粒体 M168。[①] 研究表明，最初起源于非洲的人类祖先分南北两支移居东亚，北路以欧亚人为代表，约在 35 000 年以前经南西伯利亚迁入；南路以沿海人口为主，约在 50 000 年前迁入。目前东亚的人口构成仍保留这种古老的南北差别。卢卡·卡夫里·斯福尔萨(Luca Cavlli-Sforza)与中国科学家的共同研究也证明，即便同是汉族，南北之间存在明显差别：他们和比邻而居的少数民族近，和分居南北的同族远。[②] 这说明同文不一定同“种”。[③]

第三节 人脑和语言

几百万年的进化，使现代人的体型和脑量都达到最大，脑量和身体的比例也达到最大。人脑中异常丰富的神经传导系统和信息传递活动，为其他物种所不能比拟。这样的生理优势使得人类的神经系统有开放的功能、调节的弹性和随机的创造性，最终强化了他们的习得能力——这也是人与其他动物的最大区别。[④] 中国周口店北京人的平均脑量已经达到 1059 cm^3，是现代大猿类平均脑量的 1.5 倍；“他们的大脑左边大于右边”，证实人类大脑左半球是语言控制区。[⑤] 人与其“近亲”黑猩猩的差别之一表现在大脑皮层上，它使人脑和猿脑有根本区别：黑猩猩没有人类颞叶所具有的语言中枢。发达的人脑有利于语言发展，语言的发展有利于语言器官的发展，语言器官的发展又反过来促进了人脑和语言的发展。人的口腔构造明显不同于黑猩猩，黑猩猩的吻部长而大，同时担负进食、进攻、自卫甚至移动物体的功能；比较起来，人的口腔缩小，吻部小而短，口腔肌肉和舌头

---

① Spencer Wells, *The Journey of Man: A Genetic Odyssey*, Princeton and Oxford: Princeton University Press, 2002, pp. 119-120.

② Spencer Wells, *The Journey of Man: A Genetic Odyssey*, Princeton and Oxford: Princeton University Press, 2002, pp. 120-121.

③ 这里的“种”不是科学用法，只是借用原有“同文同种”的“种见”。

④ William Foley, *Anthropological Linguistics*, Massachusetts & Oxford: Blackwell, 1997, p. 59.

⑤ 林耀华主编：《民族学通论》，中央民族大学出版社 1997 年版，第 61 页。

都灵巧。[①] 从喉门构造看,黑猩猩的声带位置比人类的高 1—2 节颈椎骨,会厌软骨和软腭之间的距离很近,角度小,会厌由于和软腭接触而形成阻碍,气流只通过鼻腔,这样,鼻腔是黑猩猩的主要发音共鸣器,发声种类有限。人的声带部位低,会厌与软腭之间有较大距离,互相形成的角度也大,会厌下垂,气流自由通过口腔,使发音清晰而变化丰富。[②]

人类大脑中与语言直接相关的是大脑皮质。大脑皮质是脑半球表面有多层细胞排列的脑组织,脑沟和脑回把皮质分割成额叶、顶叶、颞叶和枕叶,其中枕叶和颞叶后部皮质有视觉功能,颞叶上部皮质有听觉功能。语言中枢在脑的左侧。顶叶皮质对语言、视觉空间和身体感觉功能至关重要;额叶皮质有多种感觉功能,其中左侧的额叶皮质对语言表达很重要。大脑半球皮质由大量神经元分层排列组成,神经元之间有密集的联系。灵长类和两栖动物一样都有三种皮质区,它们是古皮质、旧皮质和新皮质,其中新皮质分化程度高,有分子层、外颗粒层等六层结构。低等动物的大脑以旧皮质为主(与嗅觉有关),人类大脑以新皮质为主。[③]

布罗卡氏区(Broca's Area)位于人类主侧大脑半球额下回后部的皮质区,为运动性言语中枢。布罗卡氏区受损会造成失语,患者并未丧失言语理解能力,言语肌肉也完好,但言语表达有障碍。由于布罗卡氏区和口语表达有关,所以布罗卡失语患者说不出想要说的话,也不能重复言语。此外,布罗卡失语患者也会伴有字母失读现象,他能读单词,但不能读单个字母。[④]

语言中枢是人类特有的功能,有特殊的认知和运用功能;听、说、读、写在大脑皮质上都有相应的中枢存在。运动性中枢在布罗卡氏区,能分析和综合语言刺激。但是,它要和与口唇、舌和喉肌运动有关的中枢配合,才能

---

① 林耀华主编:《民族学通论》,中央民族大学出版社 1997 年版,第 66 页。

② 林耀华主编:《民族学通论》,中央民族大学出版社 1997 年版,第 66 页。

③ 心理学百科全书编辑委员会:《心理学百科全书》,浙江教育出版社 1995 年版,第 1263—1265 页。

④ 心理学百科全书编辑委员会:《心理学百科全书》,浙江教育出版社 1995 年版,第 1269—1270 页。

实现功能。位于颞上回后部的听(感觉)性中枢,能调整说话者自己的语言并理解别人的语言;位于额中回后部的视运动性语言中枢,亦称书写中枢,是控制上肢(特别是手)的肌肉运动区,简单说就是“管写字”;位于顶下小叶角回、靠近视中枢的视(感觉)性语言中枢,亦称阅读中枢,此中枢受损的患者,视觉无障碍,但失去识字能力,医学上称“失读症”。[①]

人类大脑左侧半球是语言优势半球,尽管右手的运动涉及大脑左半球,左手涉及大脑右半球,但多数人,不管是否“左撇子”,都以大脑左半球为语言优势半球。[②] 但是,医学已经证明,大脑左半球被切除的患者可以培养和使用右半球,使之具有语言功能。

第四节　人类语言和动物语言

20 世纪 30 年代,法国的一家马戏团有匹马叫“汉斯”,能通过踏蹄表达意思,回答问题,还能做数字计算。后来发现,汉斯并无答题能力,只是按照驯马人的暗示完成任务。[③] 所以,“汉斯”的“语言”是人类借给它的,不是它自己的。在动物世界里,动物以特有方式进行内部交际,例如狼以脸部表情、尾巴动作、嗥声表示威吓、焦急、沮丧、屈从;蜜蜂发现蜜源,飞回蜂巢,在那里以特殊方式舞蹈,表达关于蜜源方位、距离、质量等方面的信息,其他蜜蜂根据这些信息就能找到蜜源。在意大利,有一种蜜蜂以舞蹈方式走出圆形、“8”字形,以摆尾方式走出两个半圆形,“分别表示蜜源的距离为 20 英尺左右,20—60 英尺和 60 英尺以远”;所走出花样的遍数和舞蹈的活跃程度能表示出花蜜的质量,“8”字形的“细腰”和垂直线的交角表示蜜源和太阳所成的交角。[④] 不过,蜜蜂的这种舞蹈“语言”也不能和人类语言比拟,因为这类动物“语言”缺乏单位的明晰性、任意性、结构的二

---

① 心理学百科全书编辑委员会:《心理学百科全书》,浙江教育出版社 1995 年版,第 1269 页。
② 心理学百科全书编辑委员会:《心理学百科全书》,浙江教育出版社 1995 年版,第 1270 页。
③ 叶蜚声、徐通锵:《语言学纲要》,北京大学出版社 1981 年版,第 42 页。
④ 叶蜚声、徐通锵:《语言学纲要》,北京大学出版社 1981 年版,第 44 页。

层性、开放性、传授性、时空超越性。[1] 动物“语言”不像人类语言这样有界限清晰的单位，而是用整个叫喊或者动作来表示固定意思；动物“语言”主要是“拟像语言”，类似于人类的惊呼、呻吟，主要是对“质感”的模仿。人类语言有单位层和指号层，指号本身又可分级，直至最小的音素，向上可组成词、句子、篇章、文本等，这对于动物来说太复杂了。人类可以用有限的语言手段替换和组合出无限的句子；而动物的“语言”是封闭系统，只能传递固定信息，也受到刺激的限定。人类的语言可以后天传习，动物的“语言”与生俱来。人类语言可以“缺席”表达非亲历、非亲见的经验和事物，克服时空或场景的限制；而动物的“语言”则必须是“在场”的，受到时空的环境的严格限制。

长期以来，人们认为只有人类具有大脑左右半球的分工。但事实证明，这种看法是错误的，因为其他灵长类也有这样的大脑分工。差别不在于质，而在于量，人类大脑的分工比其他灵长类动物的要复杂得多。[2] 人类以外的其他灵长类动物倾向于使用左肢配合视觉指导下的觅食活动，而把右肢用于技巧性动作。中国周口店北京人大腿骨与现代人相似，肱骨短于股骨，为直立屈膝行走的证明，与之相应，北京人的颅内模型结构也表明他们已经有语言。[3] 直立行走在解放双手的同时，也让身体其他部位发生变化，例如吻部变短，口腔与喉部的通道接近直角，有利于灵活多样地控制气流，发出各种各样的声音。与人类比较，非灵长类动物的口腔与喉部的通道是一条直线，没有角度；现代大猿的这种通道为 142°，尼安德特人为 139°，克罗马农人为 109°。[4] 直立行走不仅改变了人类远祖的发音器官，也开阔了他们的视野，提高了大脑的“地位”，让它占据了身体的“制高点”。

人类大脑左右半球的分工，在灵长类那里已有“先兆”。猴子的有声交流的功能集中在大脑左半球。例如，日本猕猴在辨认同类呼唤的时候偏

---

① 叶蜚声、徐通锵：《语言学纲要》，北京大学出版社 1981 年版，第 45—46 页。

② William Foley, *Anthropological Linguistics*, Massachusetts & Oxford: Blackwell, 1997, p. 63.

③ 林耀华主编：《民族学通论》，中央民族大学出版社 1997 年版，第 34 页。

④ 林耀华主编：《民族学通论》，中央民族大学出版社 1997 年版，第 64 页。

爱用右耳，右耳与大脑左半球相关，也就是说，大脑左半球是处理声音信息的优势半球，黑猩猩也有类似的倾向。[1] 对猴子的解剖显示，其发声功能位于中脑深处，这和人类是一样的；同时，它们也有像人类那样的左额叶新皮质（语言区），也有一些类似的神经联络模式，但灵长类发声的时候并不涉及这个部位。由此可以判断，灵长类大脑和人类大脑是有联系的，即人类语言器官及其功能直接继承了灵长类祖先，并在此项基础上有进一步发展，但绝非新增。[2]

珍妮·古多尔（Jane Goodall）注意到，黑猩猩的发声与表达感情有密切联系。它们在发现食物的时候会发出兴奋的声音，结果招来竞争者，把到手的食物丢了。下次它们会吸取教训，努力不出声，但难度很大。这与人类的发声自如形成鲜明对照。不过，有学者已经用实验表明，猴子能够学会在适当的时候不出声。另外一些学者发现，黑长尾猴在单独遇到猛兽的时候不会发出警告的声音，因为它知道没有同伴会听到。[3]

尽管如此，动物语言和人类语言还是有巨大差别的，即动物的“语言”缺乏人类语言所具备的单位的明晰性、任意性、结构的二层性、开放性、传授性、时空超越性。

---

① 林耀华主编：《民族学通论》，中央民族大学出版社 1997 年版。

② William Foley, *Anthropological Linguistics*, Massachusetts & Oxford: Blackwell, 1997, pp. 64-65.

③ William Foley, *Anthropological Linguistics*, Massachusetts & Oxford: Blackwell, 1997, pp. 65-66.

第四章　语言和实践

语言即社会行动，是社会实践的一部分，它的内部和外部具有多重结构，保持多层互动，产生意义，实现交流，表达存在。互动交流是人类社会乃至整个生物界的存在方式，生命运动也是以信息传递为中心的符号传递过程。

第一节　结构耦合

按照传统，哲学要定位一个"世界"，它或许是外在的（唯物主义），或许是内在的（唯心主义）；知识中包含大量的"世界表象"。然而，这种"表象论"并不能真实地反映客观和主观。我们的认知及其积累是一种"知识的知识"，也是永无止境的"结构耦合（structural coupling）"过程。①

一、来自生物体的启示

生物有机分子如核苷酸基、氨基酸和蛋白链的起源，最初并非以外形差异出现，背后也没有"指导性的力量"。事实上，这些分子的起源是在此

① Humberto Maturana and Francisco Varela, *The Tree of Knowledge*, Boston & London: Shambhala, 1998.

之前耦合作用的必然结果。即便在今天,只要提取原始大气圈,注入适度的能量,就能复制出与现今生物有机分子类似的有机分子。此外,如果我们为氢气团加足够压力,就会出现热核反应,就会造出前所未有的原子元素(atomic elements)。[①] 生命的产生过程包括从简单的无机化合物形成原始有机物(碳氢化合物),原始有机物发展为复杂的有机化合物(糖、核苷酸、氨基酸等),然后随着自然条件的演变,这些物质进行互动,产生具有代谢、繁殖、遗传、变异的原始的有生命物质。[②]

自主(autonomy)和自生(autopoiesis)是生命现象给我们的最大启示。细胞自生单位(cellular autopoietic unity)的分子成分要在互动网络中保持联系,实现细胞的代谢。这种细胞能量的特点在于,细胞代谢所制造的成分恰恰构成了生产这些成分本身的转换网络,即"自生";其中一些成分构成这个转换网络的界限,也就是"膜"。这种膜的产生不像织布机生产布匹,它不是由一个东西生成另一个东西,它不仅对生产自身成分的转换网络的扩张加以限制,同时也加入这个网络,即它也是这个网络的一部分。[③]

弗理引莱文廷(R. Lewontin)说,生物体和环境互动、互生,对于生物体来说,环境不是外部结构,而是生物体的"产品",反映了生物体的生物特征。没有生物体就没有环境,没有环境就没有生物体。换句话说,生物体既是进化的对象,也是进化的主体。[④] 这就是"自组织"(self-organization)现象。以单细胞生物为例,它的代谢制造着各种成分,这些成分又构成变化系统,而这个变化系统也制造了这些成分。细胞和细胞器有一种特殊结构,将其内涵物与环境分隔开来,这个结构就是生物膜。生物膜不仅分隔内外,还使细胞和细胞器与周围环境共成一体。重要的是,"膜上的脂质是兼有疏水和亲水基团的两性分子",形成双层结构。在这个双层结构

---

① Humberto Maturana and Francisco Varela, *The Tree of Knowledge*, Boston & London: Shambhala, 1998, p. 44.

② 冯德培、谈家桢、王鸣岐:《简明生物学词典》,上海辞书出版社 1983 年版,第 361 页。

③ Humberto Maturana and Francisco Varela, *The Tree of Knowledge*, Boston & London: Shambhala, 1998, pp. 45-46.

④ William Foley, *Anthropological Linguistics*, Massachusetts & Oxford: Blackwell, 1997, p. 44.

中,“疏水头聚集在内部,亲水头在膜两侧”。[①]

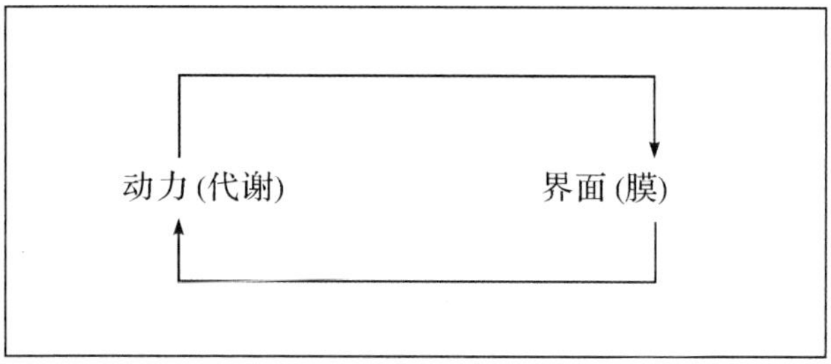

上图中“动力”和“界面”不是两个有先有后的可分离过程,而是同一整体现象的两个不同方面。如果在某一点上阻隔这个代谢网络,这个单位也就不成一体,不再是单位。这个图示的意义在于,生物体以自身之力而区分于周边环境,同时,对这个持续不断的过程来说,环境和动力都是不可缺少的。[②] 以单细胞的阿米巴虫为例,当一个原虫出现时(相当于生存环境里出现的食物),环境会受到化学干扰,阿米巴虫的细胞膜对此有感应,其原生质也跟着调整密度,然后原生质的一部分向食物方向伸展,形成伪肢(pseudopods)。阿米巴虫顺势移动,最终包围了原虫。在阿米巴虫的体内,化学物质释放、刺激细胞膜和原生质的部分流动,形成与伪肢之间的相关性。也就是说,在生物体内,感觉面(例如上述细胞膜)和运动面(例如上述伪肢)之间存在稳定的相关性。[③] 这是典型的“结构耦合”过程。

二、语言耦合

人类语言不是语法、语义和词汇的简单组合,不是抽象的概念丛,不是具体的声音和手势,而是涉及历史、文化、社会、生理、物理和心理的行为和行为方式。人类语言是多种结构和结构现象的“耦合”。

从大处着眼,语言耦合有三个层面:一是语言内部各种结构之间的“耦

① 冯德培、谈家桢、王鸣岐:《简明生物学词典》,上海辞书出版社 1983 年版,第 1578—1579 页。

② Humberto Maturana and Francisco Varela, *The Tree of Knowledge*, Boston & London: Shambhala, 1998, p. 46.

③ William Foley, *Anthropological Linguistics*, Massachusetts & Oxford: Blackwell, 1997, pp. 8-9.

合”；二是语言使用者之间的“惯习耦合”；三是语言和语言以外各种结构之间包括语言和思维、语言和社会、语言和情感等之间的“结构耦合”。

语言的“内外之分”只是“权宜之计”，因为语言的社会性质很难让这样的区分成立。但是，限于我们的认知能力，需要借助大量的分析工具来弥补局限，以利于抽象。语言“内外之分”正是为了满足这样的分析之便。有了这样的认识，我们就可以提语言内部的各种结构。语言内部诸结构（语法结构、语音结构和语义结构）互生、互动，彼此制约而不能独立存在。语法变化主要通过语音变化实现，语义也常常担负一部分语法功能，语音和语义也有许多有趣的联系。

阿尔泰语系有元音和谐特点，词里各音节的元音在发音部位或发音方法上保持一致或相近：或者都是前元音，或者都是后元音；或者都是圆唇元音，或者都是展唇元音；或者都是紧元音，或者都是松元音。例如，柯尔克孜语 øgyz（牦牛）属圆唇前元音和谐，azər（现在）为展唇前元音和谐；ot‘uz（三十）为圆唇后元音和谐，alt‘u（六）为展唇后元音和谐。蒙古语的元音和谐以性属（阳性元音发音时喉头紧张，阴性元音发音时不紧张）为主。如果词的第一音节是阳性，其后续音节通常也是阳性；如果第一音节是阴性，其后续元音也是阴性；个别兼容阳性元音和阴性元音的元音为中性元音。[①] 这些语言的格附加成分也按照阳性和阴性与主干保持一致，即元音和谐有辅助性的语法作用。在一些汉藏语系的语言中，作为附加成分的元音与词根的元音在属性上有一致关系。例如，在羌语北部方言中，元音做过去时附加成分，要与词根相同或相似：

t’i	喝	det’i	已喝	其中 e，i 相似；
kara	询问	dakara	已询问	其中 a，a 相同；
na	好	dana	已好	其中 a，a 相同；
qu	害怕	doqu	已害怕	其中 o，u 相同；
ts’y	倒	døts’y	已倒	其中 ø，y 相似。[②]

① 马学良主编：《语言学概论》，华中工学院出版社 1981 年版，第 82—83 页。
② 马学良主编：《语言学概论》，华中工学院出版社 1981 年版，第 83 页。

在一些语言里，声调和语法有密切关系：在藏语拉萨话中，一部分动词以不同声调表示“自动”和“使动”的语法意义，如 laŋ^{13}（起来——自动）、laŋ^{55}（使起来——被动）；在苗语石门坎话中，声调和词类有关，如“低平调和低降调浊声母的单音节词几乎都是动词和形容词”（d‘o^{11}等待，da^{31}死，d‘o^{31}咬，b‘a^{11}坏），而“高降调和中平调浊声母的单节词几乎都是名词和量词”（dau^{53}豆子，la^{53}朋友，bau^{53}镯子，dey^{33}柴）”。① 从语音内部的情况看，结构耦合除了有些必然的“产品”之外，也有一些不易预料的“另类”。例如，哈萨克语的［ʤuməsʃə］（工人）读作［ʤuməʃʃə］，第二音节的舌尖前音 s 被后面的舌叶音同化，这是完全同化；鄂伦春语的［tʃəp］（吃）+ mi（附加成分）读作［tʃəmmi］（吃）（联合副动词），前面音节的塞音 p 被后面音节的鼻音 m 同化②，这是部分同化，因为这两个元音原来的发音部位相同而发音方法不同，仅在发音方法上同化。这些发音同化现象是不可避免的，人的语音生理结构决定了这点。但是，发音上的结构耦合也会出现多种可能，不会是唯一结果。例如，达斡尔语的 pol（成）+ səŋ（附加成分）读作［polləŋ］，后一音节的舌尖前清擦音 s 被前面音节的浊舌边音 l 同化③；但是，在蒙古语里，并没有发生这样的情况，仍然读［polsən］。

在有声调语言或方言中，音节连读能够改变原有调值，甚至改变词性和词义。这种音节连读造成的调值改变比较复杂，变调可以发生在前一个音节，也可以发生在后一个音节，还可以前后都变。例如：

［tʂɯ^{33}］（土）+［phər^{31}］读作［tʂɯ^{55} phər^{31}］（纳西语“白土”，前音节变调）

［pu^{31}］（上衣）+［loʔ^{31}］（手）读作［pu^{31}loʔ^{55}］（载瓦语“衣袖”，后音节变调）

［sɯ^{31}］（三）+［phe^{55}］读作［sɯ^{55} phe^{33}］（纳西语“三片”，前后音节都变调）④

---

① 马学良主编：《语言学概论》，华中工学院出版社 1981 年版，第 52—53 页。

② 马学良主编：《语言学概论》，华中工学院出版社 1981 年版，第 81 页。

③ 马学良主编：《语言学概论》，华中工学院出版社 1981 年版，第 81 页。

④ 陈其光：《语言调查》，中央民族大学出版社 1998 年版，第 89 页。

北京话的连读变调有时会产生新的调值,这种调值不能从一个原有调值单独产生,只能在放到一起连读时才能出现,有典型的"耦合"①意义。例如:

[iou^{214}](友)[i^{51}](谊)读作[jou^{21}ji^{51}](友谊)

[tɕian^{51}](建)[tʂɤ^{51}](设)读作[tɕiφn^{53} tʂɤ^{51}](建设)

"21"和"53"是单读时没有的调值,"所以,北京话有55、35、214、51四个本调,21、53两个变调,共有六个调值"②。

在有的方言中,连读会同时带来调值、声母、韵母的变化。例如

[khei^{213}](气)+[a^{ʔ23}](压)读作[khi^{52}a^{ʔ23}](气压)(汉语福州话,变调同时变韵母,前字213调变成52调,同时复元音ei变成单元音i)

[pau^{42}](手)+[dɔ^{53}](指)读作[phau^{53}dɔ^{53}](手指)(勉语双龙话,变调同时变声母,前字调值由42变53,声母也由不送气变送气)

[ʑən^{32}](烟)+[mplaŋ^{53}](叶)读作[ʑən^{32}mp^{l}ɦəŋ^{13}](叶子烟)(苗语宗地话,变调同时变声母和韵母,后字调值由53变13,声母也增加浊送气,韵母由[aŋ]变[əŋ])。③

一般来说,连读变调涉及语素间的结构关系,修饰短语、支配短语等结合紧密,容易变调;而主谓短语、联合短语等结合松散,不大变调。

中国宋代的王子诏提出"右文"之说,认为形声字的声符同则意义同,意义来自声符,义符指向类别,即汉字左偏旁表音义,右偏旁表类。④ 这个观点表明,汉字既受汉语的制约,又受汉字系统的制约;词义源流可以在字

---

① 陈其光先生认为北京话的连读变调与结构关系无关。参见陈其光:《语言调查》,中央民族大学出版社1998年版,第91页。

② 陈其光:《语言调查》,中央民族大学出版社1998年版,第89页。

③ 陈其光:《语言调查》,中央民族大学出版社1998年版,第91页。

④ 马学良、瞿霭堂主编:《普通语言学》,中央民族大学出版社1997年版,第160页。

形上得到某种反映，但把这种局部规律普遍化是错误的。[①] 清代黄承吉的“右声说”认为，形声字的右偏旁声同则义同，“而义皆起于声”，“凡字之以某为声音，皆原起于右旁之声义以制字”；左偏旁根据右偏旁的声义划分某事某物之目，“纲同而目异”。黄承吉补充王子诏的观点说，形声字不仅因声符同而同义，而且声符虽形异而声同或相近，则由此声符衍生的字在意义上相同。[②] 虽然，声音和语义的关系大多以“约定俗成”解释，但仍有一部分词汇，尤其是拟音词，有自然音义联系。

象声词（拟声词、摹声词，onomatopoeia）模仿自然的声音，如“扑通”“叭叭”“汪汪”等。象声词属于语音象征的一种。按照语言学的一般原则，单独的音没有意义，但一些单独的音因模仿自然而有实在的意义。如英语以 sl-开头的词表示“不愉快的联想”：slime（黏泥），slither（不稳定地滑动），slug（鼻滴虫），slopyy（满是污水）等。[③] 英语以尾辅音象声的例子有：

-p　lap［（波浪）拍打］　clip（猛击）　rip（劈）

-k　crack（噼啪响）　creak（吱吱嘎嘎响）　click（咔嗒一声）　cluck（咯咯叫）　flick（轻击声）　whack（重击声）

-b　blob［（半流质物品）一团］　glob［（浓流体或半固体的）团块］　jab（戳）　rub（摩擦）

-l　bubble（冒泡）　tricke（滴）　rustle（沙沙响）

-z　ooze（渗出）　wheeze（呼哧呼哧响）

-ʃ smash（撞碎）　crash（撞击）　crush（压碎）　splash（泼）　slash（乱砍）　slash（抽打）

-f　puff（噗噗声）　gruff（粗哑的）　biff（击）　cough（咳嗽）　woof（狗发出的声音）[④]

---

① 马学良、瞿霭堂主编：《普通语言学》，中央民族大学出版社 1997 年版，第 161 页。

② 马学良、瞿霭堂主编：《普通语言学》，中央民族大学出版社 1997 年版，第 160—161 页。

③ 戴维·克里斯特尔：《剑桥语言百科全书》，任明译，中国社会科学出版社 1995 年版，第 277 页。

④ 戴维·克里斯特尔：《剑桥语言百科全书》，任明译，中国社会科学出版社 1995 年版，第 277—278 页。

日语的象声词：

gacha-gacha	咯咯声
chirin-chirin	叮叮声
kasa-kasa	沙沙声
tobo-tobo	沉重缓慢地走
fura-fura	漫步
kira-kira	闪烁
beta-beta	粘住①

美国语言学家莫里斯·斯沃德什注意到许多语言用[i]表示“近”，用[a]或[u]表示“远”（见下表）。②

	“这”([i])	“那/你”([a]/[u])
英语	-i-	-a-
奇努克语	-i-	-u-
克拉马特语	ke-	ho,ha
钦西安语	gwee-	gwa
瓜拉尼语	tyé	tuvicha
玛雅语	li’	al’,lo’
宾加语	Ti	ta

① 戴维·克里斯特尔：《剑桥语言百科全书》，任明译，中国社会科学出版社 1995 年版，第 278 页。

② 戴维·克里斯特尔：《剑桥语言百科全书》，任明译，中国社会科学出版社 1995 年版，第 279 页。

	“这”([i])	“那/你”([a]/[u])
富尔语	In	illa
迪丁加语	Ici	ica
泰米尔语	Idi	adi
泰语	Nii	nan
缅甸语	Dii	thoo

许多语言有鼻辅音表示“母亲”，用口腔前辅音表示“父亲”(见下表)。[①]

	母亲	父亲
达科他语	Ena	ate
纳瓦特尔语	Naan	ta’
蒂夫语	Ng	ter
卢奥语	Mama	baba
希伯来语	ima,em	aba,av
法语	mere,mama	père,papa
泰米尔语	Ammaa	appa
尤卡特克语	Nan	tat
格陵兰	anaana(q)	ataataq

比起其他词类，象声词的意义较少依赖语言系统，较多依赖它们所指的自然现象，仍然是一种“耦合”，是象征符号和自然现象之间的“耦合”。这种“耦合”的结果不一定能够从参加“耦合”的某一方因素单独推知，二

---

① 戴维·克里斯特尔:《剑桥语言百科全书》，任明译，中国社会科学出版社1995年版，第279页。

者互动产生事先不易确定的"第二代产品"或"第三类产品"。尽管如此，语言之间仍然偶尔有一些类同，例如在某些语言中与视觉（光明、光线）有关的词中包含 g(k、h)，l(r)：

英语：glare（耀眼的光） gleam（闪光） glimmer（发微光） glitter（闪光） gloom（昏暗） gloss（光泽） glow（发出光热）

日语：kira-kira（闪烁） kurai（暗）

蒙古语：gerel（光） gialbah（发耀眼的光） harah（看） harangui（黑暗）

三、社会耦合

维果茨基批评传统语言学把语音和语义割裂开的做法，也批评传统心理学把情感和心智分割开的做法，认为只有把它们结合起来才能实现学科价值。[①] 同样，布尔迪厄等也努力跨越主观和客观的对立，在文化行为中加入"社会生物性"，提出"惯习"这个概念。所谓"惯习"就是人们行为模式体现的社会习性。[②] 社会习性是有历史的社会习性，如康纳顿所说，社会记忆的历史阻隔使不同代的人不能有共同的社会记忆，不同辈分的人虽然共处于某一个特定场合，但他们可能会在精神和感情上保持绝缘，可以说，一代人的记忆不可挽回地锁闭在他们这一代人的身心之中。[③] 从学习走路、游泳、骑马到学习滑冰、唱歌、打字，人的身体经过训练提高了肌肉活动的协调性，动作变得自然，直到无意识，成为流畅的习惯。可以说，这是"惯习"，也可以说这是"结构耦合"。意义不能脱离身体的活动，不能脱离身体的记忆。"习惯是一种知识，是手和身体的记忆；在培养习惯的时候，恰恰是我们的身体在'理解'。"[④]

语言的价值在于运用，它的意义在于运用，其研究也要从运用入手。

---

① Lev Vygotsky, *Thought and Language*, Cambridge, Massachusetts & London, England: The MIT Press, 1986, pp. 9-10.

② Pierre Bourdieu, *Outline of a Theory of Practice*, Cambridge: Cambridge University Press, 1977; Pierre Bourdieu, *The Logic of Practice*, Stanford: Stanford University Press, 1990.

③ 保罗·康纳顿：《社会如何记忆》，纳日碧力戈译，上海人民出版社 2000 年版，"前言"第 3 页。

④ 保罗·康纳顿：《社会如何记忆》，纳日碧力戈译，上海人民出版社 2000 年版，第 117 页。

语言的运用不仅是听说读写,还有动作和接触,属于广义的身体活动(心理活动、肢体反应、神经刺激等)。同样,语言也涉及社会的其他方方面面(语言本身是社会的一个方面)。有史以来的社会接触,如移民、战乱、灾害等造成的人口流动直至人口接触,使各种“结构耦合”范围扩大;当代数码技术让这样的接触达到空前的程度。人类的所有活动都建立在语言上,每一次语言活动都会带来一个与他人共存的世界,这个世界充满人文意义。人类的每个活动都有伦理意义,因为这个活动本身是人文世界的一部分。这种“美美与共”是所有伦理道德的基石,它在反思中认同他人存在的合法性。①

民族国家的产生是重新划分领土的过程,政治影响和经济实力弱小的族群只能加入大族、大国,成为少数民族。以优势族群为代表的主流社会要对新建国家的各种资源,尤其是政治和经济资源,进行重新分配和开发,其间必然带来族群间的利益冲突。这种冲突也表现为语言文化的冲突。例如长期生活在深山老林中的小族群会对“开发”感到陌生,因为他们和自然有世代共生的关系,他们的宗教和文化、精神和感情都已经成为自然环境的一部分,互为隐喻、转喻和提喻。外来语言文化或者与他们的语言文化进行“结构耦合”,或者强制同化,前者带来新的平衡,后者则带来族群之间的冲突。

在人类社会的各种层面上,共生性结构耦合不断创造生活世界,不断破除成见,超越盲目的自信,以宽容、开放的态度拥抱世界,让他人和他族也有生存空间。

第二节　说话民族志

1962 年,语言人类学家海姆斯发表了《说话民族志》②一文,成为语言学、人类学、社会学和哲学之间新综合的序曲,说话民族志或交流民族志产

---

① Humberto Maturana and Francisco Varela, *The Tree of Knowledge*, Boston & London: Shambhala, 1998, p. 247.

② Hymes Dell, *Ethnography of Speaking*, Gladwin and Sturtevant, 1962, pp. 13-53.

生了。这个综合学科的理论基础包括社会学的互动分析和角色人为认同—区分、民俗学(人类学)的表演研究、哲学日常语言学派的理论①、语言学的基本理论。但是,从后来的发展看,说话民族志成为人类学的分支。

说话民族志关心是:我们要具备什么样的知识才能在某个言语社群(speech community)中进行适切的语言交流?我们如何学习这样的知识?这是培养交流能力的过程。这里所说的交流能力不只是语言交流,还包括有关的文史知识,身体 - 社会记忆②,礼仪知识和特定的直觉和悟性。其实,在我们的日常生活中,所谓的语言交流距离词典规范较远,周围的环境和当时的人际互动,已经提供了词典不能提供的“暗示”和临场知识,看眼色可以行事,靠暗号可以行事,靠四周情况也可以行事。

语言的社会功能之一是“划界”,团结内部,排除外人。此外,语言还可以用来表达感情,发布指令,提出命题,抒情解意,分析抽象(如元语言)。

话说民族志的研究对象是言语社群。语言学家、社会语言学家和人类学家都对言语社群做过定义,要点有:使用共同的语言;频繁互动;共同的说话规范和习惯意义;共同的语言态度。不过,使用同样一种语言并不一定属于同一个言语社群,使用不同的方言也不一定就不属于同一个言语社群。例如,说西班牙语的美国西班牙后裔和同样说西班牙语的阿根廷人分别属于不同的言语社群,说不同方言的中国人认同一个言语社群。③ 关于言语社群的定义,这里还要补充一条,那就是“共同的社会记忆”。同一个言语社群的成员有共同的社会记忆,他们不断推陈出新,创造性地发展社会记忆,使之适应当代社会潮流。同样是祭孔,现在的祭孔不同于古代的祭孔,甚至不同于辛亥革命前后的祭孔;同样是“炎黄子孙”,现在的“炎黄子孙”不同于抗日战争时期的“炎黄子孙”,因为祭孔和“炎黄子孙”要团结、要打击的对象已经不同。当然,一个社会内部的政治和历史的变迁,也会造成言语社群的相对变化。古代中国不存在西方式的“主权”观,它的

---

① Muriel Saville-Troike, *The Ethnography of Communication*, Oxford: Basil Blackwell, 1982, pp. 1-2.

② 保罗·康纳顿:《社会如何记忆》,纳日碧力戈译,上海人民出版社 2000 年版。

③ Muriel Saville-Troike, *The Ethnography of Communication*, Oxford: Basil Blackwell, 1982, pp. 17-18.

边界不是按照严格的地理边界划定的，而是采用“华夷之辨”的标准，入华夏者同之，出华夏者异之。后来，尤其是鸦片战争以来，西方的国民、国家观念和实践成为普世规则，中国也不例外地实践现代主权观念，在引进西方及苏联民族定义的同时，从“五族共和”发展出五十六个民族。民族边界的变化当然会导致言语社群边界的变化，国家的主流话语会让人们逐渐接受新的政治、社会定义，然后习以为常，传诸后代。如果我们再把香港、澳门和台湾的族群分类考虑进来，那么言语社群的定义就更加复杂。所以说，言语社群的定义必然涉及政治、经济等非语言因素，而语言人类学就是要在研究语言的同时，研究这些非语言因素如何与语言因素互动乃至互渗。也就是说，语言人类学不限于研究语言本体，它还研究语言的使用过程，研究为什么要使用，如何使用。

一、面子与“人观”

中国人好面子，日本人好面子，但凡人类都好面子，只是好面子的方式不同。婴儿呱呱坠地，开始了终身学习做人的过程，其中“面子”至关重要，如何“有面子”，如何“长面子”，如何“不丢面子”，如何“看别人的面子”，等等，都是必须学习的生活技艺和社会知识。无论哪个社会，学习做人以学习说话开始，说话得体叫作“会说话”，否则是“不会说话”。在社会礼仪中，说话要得体，暗示说话人的身体也重要，即说话要配合举止，所以有“言谈举止”一说。这样一来，“人观”（即做人的文化）除了包含语言记忆，也包含身体记忆。戈夫曼（Goffman）把“面子”定义为社会成员的自尊和公众形象，“面子”通过言语来表现。按照戈夫曼的分析，“面子”主要表现为礼貌用语，是一套社会技艺，目的在于让每个在场交流的人感到自信。[①] 布朗和莱文森把戈夫曼的“面子”分解为两个部分：“积极的面子”（positive face）和“消极的面子”（negative face）。戈夫曼把“积极的面子”解释为自尊和积极的自我形象，希望对方欣赏自己的人格；“消极的面子”是给对方留有余地，让人有不受胁迫的自由。[②] 人们为了讲面子而借助礼

① William Foley, *Anthropological Linguistics*, Massachusetts & Oxford: Blackwell, 1997, p. 270.

② William Foley, *Anthropological Linguistics*, Massachusetts & Oxford: Blackwell, 1997, p. 271.

貌用语的时候，会叙旧、讲交情、说恭维话（积极的面子，套近乎）：

照顾对方的兴趣和需要："你看上去心情不好。我能帮你什么？"

用圈内的说法套近乎："喂，哥们儿，借一块钱好吗？"

乐观情调："你要不嫌乎，我可就来了。"

把双方都包括进来："如果我们互相帮忙，我想我们会同舟共济。"

提议或保证："你洗碗，我吸尘。"

夸张地关注对方，投其所好："你的头剃得真棒！哪儿剃的？"

避免不同意见："是，这相当长；肯定不短。"

玩笑："嘿，倍儿棒！"①

消极的面子表现在说话人表示尽量少麻烦或少强加对方：

间接说话："你能告诉我牛津大街怎么走吗？"

含蓄或请求："东西好像是他拿的，没准儿。"

消极失望："你肯定拿不出一千块借我，是吧。"

减少强加："不远，过两条街就到。"

间接泛指："希望我没冒犯了什么人。"

"来客账上签字。"

"不准吐痰。"

抱歉："对不起；这数儿太大——能借我一千吗？"

用复数："我们遗憾地通知您……"②

---

① Penelope Brown and Stephen Levinson, *Politeness*: *Some Universal in Language Usage*, Cambridge: Cambridge University Press, 1987, pp. 101-129.

② Penelope Brown and Stephen Levinson, *Politeness*: *Some Universal in Language Usage*, Cambridge: Cambridge University Press, 1987, pp. 129-211.

面子问题归根结底是做人问题，做人就是掌握社会技艺，其中大有文章。“人观”(即如何做人)反映文化，也构成文化的核心部分。文化不同，人观也不同。西方世界的“人观”把人看作一个封闭的、独特的、整合的、有动机的认知世界，是一个充满意识、情感、判断、活动的能动中心，组成一个特点鲜明的整体，并与其他类似整体、其社会和自然的背景区别开来，形成对照。[①] 西方只是大千世界的一部分，还有许多文化占有非西方以外的天地，有自己相应的“人观”体系。以台湾兰屿为例，岛民的“人观”建立在一系列农耕、渔猎、梦境、空间的象征符号上，一个人不是封闭、自足的整体，而是和各种社会、自然要素或现象镶嵌在一起，形成共生关系。女性耕作，男性渔猎；产婆梦见槟榔要生女，梦见荖藤要生男，槟榔和荖藤“要一齐吃，味道才对”。[②] 从岛民的日常词汇可以看出人与工作的密切关系，看出个人如何在工作中得到定义。女人亦称为 ipakatalili(制衣人)，ipaka-意为“制作、生产”；男人亦称为 ipakatatala(制舟人)。男人找对象，田再多女方也不痛快：“田多有什么用，他不会抓鱼，又懒惰，会没有菜吃。”按照岛上雅美人的说法，“勤劳的女人，每天去山上”，“没有船的人，不是一个真正的雅美男人”，“工作与人的成长、社会身份、社会地位密不可分，彼此相界定”。[③]

二、称谓与社会

人的称谓(包括姓名)有深刻的文化蕴含，一方面体现社会记忆(或社

① 王海龙、张家瑄汉译本翻译有误，未采用。格尔茨(吉尔兹)原文：The Western conception of the person as a bounded, unique, more or less integrated motivational cognitive universe, a dynamic center of awareness, emotion, judegment, and action organized into a distinctive whole and set contrastively both against other such wholes and against its social and natural background……王海龙、张家瑄译文：“西方人关于人的概念是一个规范性的、完整的，或多或少地渗入有目的性和认知的世界；是一个意识、情感的、判断的动力中心，一个有组织的鲜明有别的造异于既自外于其他的社会和自然状况的整体又有异于自身的一种行动的动力中心。”译文晦涩，原文明了。

② 陈玉美：《时间、工作与两性意象：兰屿 TAO 的时间观》，见黄应贵主编：《时间、历史与记忆》，台北“中央研究院”民族学研究所 1999 年版，第 127-156 页。

③ 陈玉美：《时间、工作与两性意象：兰屿 TAO 的时间观》，见黄应贵主编：《时间、历史与记忆》，台北“中央研究院”民族学研究所 1999 年版，第 127-156 页。

会失忆[1])，另一方面体现社会权力。在巴厘岛，社会成员要用六种"标签"立身：个人名、排行名、亲属称谓、从子名、地位称号、公号，可称为"人的定位符号系统"(symbolic orders of person-definition)。[2] 巴厘人几乎不用个人名，因为个人名是一些无意义的音节，用来区别重名，"它在本质上基本是多余的"。个人名无文化意义，一个人的个人名生前只有他自己或几个同龄朋友知道它。排行名根据出生顺序获得，也用来区分同名，父母称呼子女、无子女的兄弟姐妹之间用这样的名字。巴厘人的亲属称谓属于人类学分类上的世辈类型，依照辈分划分亲属。亲属称谓把巴厘人置于观念结构中，不把父亲叫父亲，不把子女叫子女，而是按照辈分统称之，这对巴厘文化中的"人观"相当重要。这样，长三辈和晚三辈的人会共享同样的称谓，如曾祖和曾孙同称为 kumpi。在这样的象征体系中，一个人向上与最远的前辈认同，向下与最远的后辈认同。个人名是秘密，排行名也较少用，常用的是从子名，即"某某的爹""某某的娘""某某的爷爷""某某的奶奶"。当爷爷的有了重孙，也不例外。夫妻关系是用生育子女来浇铸的，只有当父亲才有社会地位，单身不能参加村理事会。这样，一个人即使只有一个儿子和一个孙子，他也比那些有十个儿子但没有孙子的人地位高。生殖链至关重要。巴厘人的地位称号把他们安排在特定的阶序上，形成等级制度。个人的地位称号规定着相对的行为举止，涉及饮食、服装、婚姻、丧葬等。公号建立在公共和私家的区分上。公共领域包括地方寺庙、灌溉组织、以贵族或大祭司为核心的区划和礼拜。公号有五十多个，其拥有者相当于"社会管理员"；公号有时和排行名、地位称号连用，或对首陀罗的从子名加以说明。来自首陀罗阶层的"村头""民间祭司"，来自 Triwangsa 阶层的"国王""王子""贵族""大祭司"，已经和他们的公名融为一体，"他们是真

① 西方姓名是所谓"姓名有所指而无意义"之说的根据，即姓名类似一二三四之类的数字符号，只用来指个体，没有实在的社会文化意义。但是，许多民族志材料充分证明了姓名兼有所指与意义。由于西方资本主义的发展，个人主义已成共识，姓名所包含的社会文化意义逐渐淡化，呈现一种社会失忆。例如，Smith 最初一定是铁匠，Gunpowder 一定与火药有关，等等，但现在已经成普通姓名，很难与铁匠、火药相联系。

② 克利福德·格尔兹：《文化的解释》，纳日碧力戈、郭于华、李彬等译，上海人民出版社 1999 年版，第 422—442 页。

正的公家人”。公号和种姓制度相关，与个人努力无关。

在中国古代，人的自称有讲究，小时有小名，长大有字，读书有别号、室名。古人讲礼，尊称别人，谦谓自己。古代等级森严，统治者有多种身份称呼，被统治者也有自己相对于统治者的称呼。[①] 既是文学家又做过官的宋朝人苏轼有如下称呼：苏轼、苏子瞻、苏子平、苏和仲、苏同父、大苏、苏二、大苏公、苏长公、眉山公、苏眉州、峨眉先生、苏贤良、苏太史、苏使君、东坡居士、苏东坡、雪堂、苏副使、狂副使、老农夫、雪浪翁、长帽翁、苏尚书、苏礼部、苏学士、苏翰林、苏内翰、苏端明、苏徐州、苏惠州、大坡、老坡、谪仙人、东坡翁、坡翁、东坡道人、坡仙、坡公、东坡老人、东坡病叟、坡老、苏公、苏仙、苏子、西湖长、秃鬓翁、白发兄、香案吏、玉堂仙、老泉山人、铁冠道人、思无邪斋、笠履翁、苏玉局、玉局翁、德有邻室、毗陵先生、髯苏、髯公、髯翁、文星、奎宿、妙喜老人、苏文忠公、苏文忠等。[②] 秦始皇将“朕”定为帝王专称，一直用到清代；秦始皇以后，割据一方的帝王诸侯称“孤”“寡”；先秦诸侯自称“不穀”。[③] 古人为表谦虚或低下，以“鄙”“贱”自称。“鄙”原意为郊野之人，到周代表示卑贱与低下，与之相应的称谓有“鄙夫”“鄙臣”“鄙老”“鄙人”等。“卑”始终表低下之义，古以“卑者”表示身份低下之人。类似的还有“卑人”“卑末”“卑职”“卑吏”“卑官”等。“贱”与“卑”同义，由“贱”生成“贱人”“贱子”“贱躯”“贱臣”“贱妾”“贱内”“贱荆”等。

19 世纪英国实证主义哲学家穆勒（John S. Mill）认为，专名只标记事物，本身无意义。[④] 英国语义学家莱昂斯（John Lyons）也持类似观点。[⑤] 德国哲学家和逻辑学家弗雷格（Gottlob Frege）则认为，专名有所指，也有意义。因此，所指对象相同的两个不同专名，其意义可能不同；而在两个专名的意义相同时，则其对象必相同。[⑥] 弗雷格认为，虽然等式 $a=b$ 和 $a=a$ 具有相同的所指，但它们具有不同的认识价值，即不同的意义（sense）。也就

---

① 袁庭栋：《古人称谓漫谈》，中华书局 1994 年版，第 4 页。

② 袁庭栋：《古人称谓漫谈》，中华书局 1994 年版，第 3—4 页。

③ 袁庭栋：《古人称谓漫谈》，中华书局 1994 年版，第 170—172 页。

④ J. S. Mill, *System of Logic*, London: Parker, 1843.

⑤ J. Lyons, *Semantics*, Cambridge: Cambridge University Press, 1977.

⑥ 李幼蒸：《理论符号学导论》，中国社会科学出版社 1993 年版，第 214—223 页。

是说,a 与 b 所指的客体相同而意义不同。同样,人们把金星称为“晨星”(Morning Star)或“暮星”(Evening Star),二者虽然同指金星,但时间意义不同,“晨”不等于“暮”。它们之间的同一不属于逻辑上的自明之理。[①] 毫无疑问,对于人类学、民族学及其相关学科来说,人类的姓名既有所指,也有意义。人名系统为我们保存了历史记忆,也为我们展现了特定文化价值观和实践观。

在许多社会中,姓名有两大功能:区分与整合。这两大功能分布在姓名使用的不同层面上,形成对立统一体。姓与名比较,姓有较多的整合功能,封建时代强调“同姓同德”;但对于姓本身来说,它同时有重要的区分功能,即“异姓异德”。姓氏有高低贵贱之分,拥有贵姓者有机会飞黄腾达,拥有贱姓者难得提拔。唐贞观六年(632)编修的《氏族志》对全国大姓分等排列,武则天的家族当时地位低,未能列入。为此,唐高宗显庆四年(659)下诏另编撰二百卷的《姓氏录》,武则天和其他皇妃的家族归入第一等级。其时,入谱者为士族,未入谱者为庶族;士族因其血统高贵得以世代做官,自恃清高。士庶之别即以族谱为据,“诈冒资荫”之事便时有发生,尤其是儒生在参加科举时,往往诈冒姓氏。唐太宗曾为此敕令诈冒者自首,违者处以极刑。在唐末战乱中衰落的缙绅家族,把朝廷颁发的证明其官爵、后世可据以自称士族的“告敕”,出卖给他族,买者得以假冒望族姓氏,谋求利益。后唐庄宗(923—926)时,有一次对应考儒生的告敕进行调查,发现一千二百多人中,竟有十分之九涂改告敕;明宗长兴元年(930),鸿胪卿柳膺将两件祖先文书卖给他人,大理寺判其死刑,幸得皇上干预,才免于死。[②]

同样,名字一方面区分个体,另一方面表示整合:个人名字最好不相重,但同族同宗的人最好取互有关联的名字。汉族和受汉族影响的其他一些民族或者族群,有典型的世代排名制。中国从北宋开始形成按字辈取名的“世代排名制”:凡同宗同辈者,以固定的字或偏旁取名;不同辈分使用不同的字或者偏旁,世代相传。例如,孔子家族使用五十个字来排列世代:

① R. B. Barnes, “Personal Names and Social Classification,” in David Parkin ed, *Symantec Anthropology*, London: Academic Press, 1982, pp. 211-226.

② 纳日碧力戈:《姓名论》,社会科学文献出版社 1997 年版,第 43 页。

希言公彦承　宏闻贞尚衍
兴毓传继广　昭宪庆繁祥
令德维垂佑　钦绍念显扬
建道敦安定　懋修肇益常
裕文焕景瑞　永锡世绪昌

在中国历史上，封建王朝以改姓、削名、追谥作为控制社会的一个重要手段，对下臣属民施加“符号暴力”。南朝齐武帝（482—493）时，巴东王萧子响叛乱，兵败身死，被削属籍（即登载皇族成员的玉牒），改氏为“蛸”。隋炀帝大业九年（613），贵族杨玄感趁农民起义之机率兵造反，兵败身亡，敕改其姓为“枭”。唐垂拱四年（688），太宗子越王李贞与长子李冲起兵反抗，事败，武则天诏令削其属籍，改其氏为“虺”。但是，到唐玄宗在位时，越王李贞获正名，谥号“敬”。武则天在杀害她的几个异母弟兄以后，为了有人能继承她父亲的头衔，曾将自己姐姐的儿子贺兰敏之的姓改为“武”。

三、互动与合作

中国传统智慧中有“以逸待劳”“以静制动”的说法，这种辩证观同样也反映在说话民族志中：说话要让人听懂，就要注意抑扬顿挫，有“动”有“静”，有“虚”有“实”，这一方面是人体生理的限制所致（如呼吸、发音器官的配合等），另一方面也是为了让对方有“解码”的时间，当然也不排除审美需要。不过，这种动静虚实在不同文化中有不同的分配方式，表现为不同的交流风格和特点。按照某些美洲印第安部落的习惯，回答问题之前要先沉默几分钟，而说英语的美国白人对这种沉默感到尴尬，他们习惯于接着说话，尽量避免冷场。对于非洲裔美国人来说，几个人同时说话是家常便饭。沉默也是交流。日本著名导演黑泽明的电影以出色地把沉默、喧嚣、动作和寂静结合起来，赋予电影情节无限的张力，给观众留下无限的想象空间。黑泽明和他的父亲都喜欢书法，他的剧作就像一幅幅书法作品，不仅要写字，还要有布白，更要有章法。居住在美国亚利桑那州的阿帕切人有专门保持沉静的场合：男女求爱之初要沉默，见陌生人要沉默，见到久别归来的人要沉默，旁边有守丧的人要沉默，在治疗仪式期间要沉默，遇到辱骂要沉默。阿帕切人不习惯在两个陌生人之间做介绍，让他们相互认识,认为他们反正是要说话的。阿帕切人在追求异性之初,以无言"谈情",以沉默"说爱",用他们的话说,这是因为互相不认识,有些紧张。五月底六月初是住校生放假回家的日子,家长们聚在一起等待满载孩子的大轿车。然而,等到父母和子女见了面,他们却会有十几分钟不说话,没有兴奋,没有欢娱。随后由孩子打破沉默,父母只是静静听着。两三天之后,他们才开始持续说话。这是因为父母怕长期受白人文化影响的孩子瞧不起他们,认为他们无知守旧。遇到有丧事的人,最好少说话,因为人在悲痛的时候说话要付出很大体力,再加上也没有什么好说的,大家心里都明白。此外,有丧事的人脾气不好,即使本来是好脾气也会变得暴躁。阿帕切人经常举行治疗仪式,从晚上一直持续到第二天清晨。在仪式期间,除了巫师,其他人都不得说话,因为在阿帕切人的世界观中,从动植物到矿物,从神灵到天体现象,都有无形的力量,利用好这些力量能使人受益,违背了会遭报应,患上疾病。同时,巫师行医时要全神贯注,别人不能说话,以免让他走神,这样,他的神力才能进入病体或者把病人包围起来。根据阿帕切人的观点,以上这些情况都有不可预测性,有潜在危险,以保持沉默为上策。[1] 17 世纪的贵格会(公谊会)教徒,反对正统教会的虚礼,反对说空话。他们尽量保持沉默,在沉默中聆听上帝之音,内视上帝之光。他们无视许多传统礼仪,见人不打招呼,上法庭拒绝发誓,因为这些都是虚伪之举。他们宣传说话要用简朴的语言,要发自内心,心中的上帝会让你不由自主地说话,语言不过是上帝旨意的工具,本身并不重要。贵格会信徒拒绝使用"早安""晚安""再见"之类的客套话,认为那是说谎。他们为此付出沉重代价,有的死在狱中,有的遭到殴打,有的被没收财产。贵格会信徒认为沉默与说话相对,沉默并非绝对,心中的上帝让你说话,你会不由自主地说话,不能违抗;上帝没有让说话而说话也是不允许的。说与不说,行与不行,取决于内悟,即上帝的旨意,不取决于外界的压力、传统的习惯和利益驱动。[2] 说话和沉默、布道与祈祷,都是仪式的一部分,都属于社会行动或

① K. Basso, " 'To Give up on Words': Silence in Western Apache Culture," in P. P. Giglioli, ed., *Language and Social Context*, Harmondsworth: Penguin, 1972, pp. 67-86.

② R. Bauman, *Let Your Words Be Few*, Cambridge: Cambridge University Press, 1983.

者社会实践，很难把它们人为地划分成口头语言、身体语言而单独寻找其各自的意义。意义分布在这些社会行动中，只有统一的意义，没有单独的意义；只有整体的意义，没有分开的意义；只有互动的意义，没有静止的意义；只有历史的意义，没有断裂的意义。

沉默对社会记忆有特殊作用。由于政府高压或者宗教专制等原因，人们不愿意或者不能谈论某些事情，但得到的却是欲盖弥彰的效果。越是想要忘记什么事情，它越是更多地出现在梦中，记忆深刻，挥之不去。这个时候，人们反而会表现侵犯情绪，在亲朋好友中挑起冲突。1963 年 11 月 22 日，美国总统肯尼迪在得克萨斯州的达拉斯市遇刺身亡，举国震惊。许多美国人把罪名加在达拉斯市民头上，他们受到歧视，成为媒体攻击的对象。作为回应，达拉斯市故意表现出什么也没有发生过的样子，要做一个没有历史的城市。在随后的三年里，达拉斯市经济猛增，高楼林立。然而在表面繁荣的背后，这个城市承受了巨大压力，心脏病死亡率在随后四年内增长了四个百分点，而同期美国其他地方则降低了两个百分点。同时，该市的谋杀率和犯罪率也高于其他地区。①

四、社会性别

人的性别分两类，一是与生俱来的生物性别，一是后天得来的社会性别。社会文化人类学研究社会性别。按照中国传统的孔孟之道，“男女授受不亲，礼也”，老百姓也常说“好男不和女斗”。1974 年，克雷默（Kramer）对 1973 年 2 月 17 日至 5 月 12 日出版的《纽约人》（*The New Yorker*）上的卡通画进行了研究，发现男性在画中说话比女性多一倍；男性喜欢谈论生意、政治、体育等，女性喜欢谈论社交、吃喝、家事等；男性赌咒发誓多，女性说话软；男性主动挑起话题，较多打断别人说话，爱争论，不管对方说什么，都总想控制话题。② 罗萨尔多（Rosaldo）认为，作为普遍现象，

---

① James Pennebaker and Banasik Becky, “On the Creation of and Maintenance of Collective Memories: History and Social Psychology,” in James W. Pennebaker, Dario Paez and Bernard Rimé, eds., *Collective Memory of Political Events: Social Psychological Perspectives*, Mahwah, New Jersey: Lawrence Erlbaum Associates, Publishers, 1997, pp. 10-11.

② 徐大明、陶红印、谢天蔚：《当代社会语言学》，中国社会科学出版社 1997 年版，第 87—88 页。

男性在社会地位和社会声誉上比女性占优势，这是因为女性要生育子女，困守家庭，而男性不受家累，闯荡世界。[①] 这样的性别歧视也反映在说话上面。男性说官场话，女性说家常话；男性不说废话，女性是“长舌妇”。此外，罗萨尔多认为，从最初的生产分工来说，女性通过采集提供主要食物，但是，男性靠狩猎得到的肉食却有更高价值，他们也相应享有较高的社会地位和社会声誉。[②] 乔多罗(Chodorow)进一步补充说，女性自幼学习母亲的角色，根据生儿育女的期待培养自己，而男性则学习做真正的“男人”，出人头地，到外面闯天下。乔多罗的观点被发展成为“两种文化”理论，即男女自幼生活在两种不同的文化中，女子文化重沟通与合作，男子文化重竞争与雄心。[③] 不过，也有学者不同意罗萨尔多和乔多罗的观点，他们认为，在一些社会中，两性之间不是压迫或不平等关系，而是互补、互助的平等关系。[④]

即便同是不平等的社会性别关系，它们在各种文化中的表现也有很多不同。弗理举了三个例子加以说明。[⑤] 在马尔加什(Malagasy)文化中，说话委婉是规矩，尤其男性要充分利用一种叫作“卡巴里”的说话风格表现自己的辩才和人格。男人们用“卡巴里”风格互相批评，不过批评要非常委婉，要含沙射影，借助谚语，还要在开场的时候吹捧对方。

先生，太谢谢您了。您头里说的我心悦诚服。我完全同意您说的，先生。您有权说，您说的话给了我勇气和力量。您很会说

---

① M. Rosaldo, “Woman, Culture and Society: A Theoretical Overview,” in *Women*, *Culture and Society*, Stanford: Stanford University Press, 1974, pp. 17-42; M. Rosaldo, “The Use and Abuse of Anthropology: Reflections on Feminism and Cross-cultural Understanding,” in *Signs*, 1980, pp. 389—417.

② M. Rosaldo, “Woman, Culture and Society: A Theoretical Overview,” in *Women*, *Culture and Society*, Stanford: Stanford University Press, 1974, pp. 17-42.

③ William Foley, *Anthropological Linguistics*, Massachusetts & Oxford: Blackwell, 1997, pp. 296-299.

④ William Foley, *Anthropological Linguistics*, Massachusetts & Oxford: Blackwell, 1997, pp. 288-289.

⑤ William Foley, *Anthropological Linguistics*, Massachusetts & Oxford: Blackwell, 1997, pp. 289-293.

话，但没虚的。您创新词儿，也不忘俗。不过，对我来说，我压根儿不会造词儿，不过是借别人的用用。我更习惯扛锹提篮。可您几句话就把责任全推了；您把事情给说圆乎了。您也尊老爱幼。这个就不多说了。可是……（开始批评）。[3]

马尔加什妇女没有资格使用“卡巴里”风格，她们说话粗俗、直截了当，斗嘴骂大街，在市场上讨价还价。妇女这种直白对男人们有用，男人遇到问题，财产受了损失，女人会赤膊上阵。提着篮子上菜市场也是女人们的事情。

在爪哇，阶层和种姓界限森严，当地语言有发达的言语风格，表示说话人和对方的社会地位。但是，这里社会性别之间的不平等却不像马拉加什那样严重。女人们可以下地，逛市场，做买卖。可是，男女语言却有极大差别。在家里，女性要比男性更多用礼貌语言，尤其是妻子对丈夫，妻子叫丈夫“大哥”，丈夫叫她名字。妇女的社会形象是喋喋不休，一根筋，说话不到位。

弗理举的第三个例子是巴拿马的库纳（Kuna）印第安人。库纳社会讲究平等，社会性别也平等，理论上男女都可以当领导。当地人把男女看作互补角色，男耕女织，男主外，女主内。男女这种互补角色也反映到语言风格上，男性语言风格表现为政治演说、仪式咒语，女性语言风格表现在哄孩子、哭丧等活动上。总的来说，无论男女，只要能言善辩都会受抬举。

从以上三个例子看，尽管表现程度不同，但男性总体占优势，且这种优势通过语言得到建构和表达。[1]

在许多语言中，男女发音和用语上是有标记的，例如汉语北京话，年轻女性发“啊”音靠前，发[a]音，男性发[A]音；女中学生有尖团音不分的情况，把 j[tɕ]、q[tɕ‘]、x[ɕ]发成 z[ts]、c[ts]、s[s]。在“文革”时期，呼和浩特青少年男性多称“爷”，说“爷上街买东西”“爷吃了”之类的话；女性不能称“爷”，也不称“奶”（偶有称“奶奶”的），只能称“俄”（当地方言

① William Foley, *Anthropological Linguistics*, Massachusetts & Oxford: Blackwell, 1997,. pp. 292-293.

"我"的拟音,实际发音为[ŋw])。弗理引霍瓦特(Horvath)对拉伯夫研究的补充调查表明,在美国纽约市,男女性说 there(那里)这个词时,首位辅音[ð]发音上有差别:100% 的中产阶级女性发标准的[ð]音,69% 的中产阶级男性发[ð]音,31% 的中产阶级男性发不标准的[d]音;80% 的工人阶级妇女和下层妇女发标准的[ð]音,20% 发不标准的[d]音;47% 工人阶级男性发标准的[ð]音,53% 发不标准的[d]音。[②] 在科阿萨提语(Koasati,一种印第安语,在美国东南部使用)中,女性发音有结尾鼻化元音,男性以 s 音代替其鼻化部分:

女	男
lakawwą̨ ·	lakawwá · s "他会举起它来。"
ką̨ ·	ką̨ · s"他在说。"

如果女性"形式"以降调结尾且为短元音 +l,那么,男性"形式"用高调代替降调,以 s 代替 l:

女	男
lakawwîl	lakawwís "我在举它。"
molhîl	molhís"我们在剥它。"

如果女性"形式"以降调结尾且为短元音 + n,那么,男性"形式"保持降调,但要用 s 代替 n:

女	男
lakawčín	lakawčî · s "不要举它。"
taičilwân	taičilčwâ · s "不要唱。"

中国湖南江永县东北角有一个上江圩乡,那里是江永"女书"的保留

地之一，当地妇女内部流行自创文字，与“男字”相区别。重要的是，那里的妇女不仅用“女书”，还行“女事”，说“女话”，唱“女歌”。她们像“桃园结义”那样结拜姐妹，互相倾诉，用女书写了唱出来，也可出口成歌；她们参加农历二月初一的“诛鸟节”、农历二月初九的观音娘娘生日、元宵节“斗牛”、嫁女“坐歌堂”、唱山歌。新娘出嫁要唱“哭嫁歌”，吟唱带哭声：

尖尾剪刀银线缠，门楼坪上拖时间。
延得一时得一时，延得一天得一天。
若是有人留得我，手上银子两半分。

吟唱时要在歌词前、中、尾部加语气词，称为“歌头”“歌间子”“歌尾”：

啊依奶哦啊娘啦尖尾剪刀哦银线哦缠啦，哦娘啦……[①]

五、社会地位

人们的说话方式和特点反映社会阶层的归属。拉伯夫对纽约市民的发音进行调查研究，从元音后卷舌音[r]的变异，证明该变异与社会阶层及说话风格的相关性。这成为社会语言学研究的经典案例。纽约人说话有的发[r]音，有的不发[r]音；有时发[r]音，有时不发[r]音。发还是不发与阶层和场合都有关。对于纽约人来说，在发音中实际出现[r]卷舌音的次数与可能出现的总次数的比率，可以用来表示说话人的阶层。拉伯夫把说话人分成不同社会经济等级，有计划地采集说话人在不同条件下的发音样本，包括朋友间无拘束谈话和与陌生人的拘谨的谈话，包括读文章段落、读单词表和读“辨音词对”(minimal pair)，把几种条件下的发音样本排成“说话语体连续体”(style continuum)，以“无拘束谈话”为一端，以“读音词对”为另一端。他由此得到以下“三个不同阶层的[r]变异指标”[②]：

---

① 唐功伟：《上江圩的妇女文字》，见史金波、白滨、赵丽明编：《奇特的女书》，北京语言学院出版社1995年版，第37—52页。

② 徐大明、陶红印、谢天蔚：《当代社会语言学》，中国社会科学出版社1997年版，第71页。

语体	读词对(%)	读词表(%)	读段落(%)	正式谈话(%)	随便谈话(%)
低层阶级	50.5	76.5	85.5	89.5	97.5
劳工阶级	45	65	79	87.5	96
中层(等)阶级	30	44.5	71	75	87.5

一个低层纽约人平常说话可能[r]音不多,但随着语体变得正规起来,他对发音也开始注意起来,[r]音也跟着多起来。中层阶级在平常说话中就带些[r]音,在使用正式语体的时候能达到70%。

在特定语言交流和语言形式之间存在社会标指,即说话人在语言交流中通过语言标指表达自己或各自的社会地位。① 布朗和基尔曼(Gilman)研究了拉丁语第二人称单数tu(T)、复数vos(V)的使用与权力(power)、团结(solidarity)之间的关系。② T在欧洲诸语中用于非正式场合,表示轻松;V形式用于正式场合,表示客气。权力关系指在经济或政治方面的不平等关系,从而表示社会地位上的不平等关系,最终与阶级或种姓发生联系。这种不平等关系相应地用不对等的T/V称谓关系表示:有权势者对无权势者用T(你),无权势者用V(您)称有权势者。在18世纪的法国,贵族用T称呼农民,农民用V称呼贵族;主人对奴仆说T,奴仆对主人说V。表示团结的称呼T用于党团成员关系、家庭成员关系、教友关系、同龄关系等。布朗和基尔曼根据"V、T、权力、团结"四项参数画出以下表格③:

---

① William Foley, *Anthropological Linguistics*, Massachusetts & Oxford: Blackwell, 1997, p.313.

② R. Brown and A. Gilman, "the Pronouns of Solidarity and Power," in P. P. Giglioli, ed., *Language and Social Context*, Harmondsworth: Penguin, 1972, pp. 252-282.

③ R. Brown and A. Gilman, "the Pronouns of Solidarity and Power," in P. P. Giglioli, ed., *Language and Social Context*, Harmondsworth: Penguin, 1972, p.259.

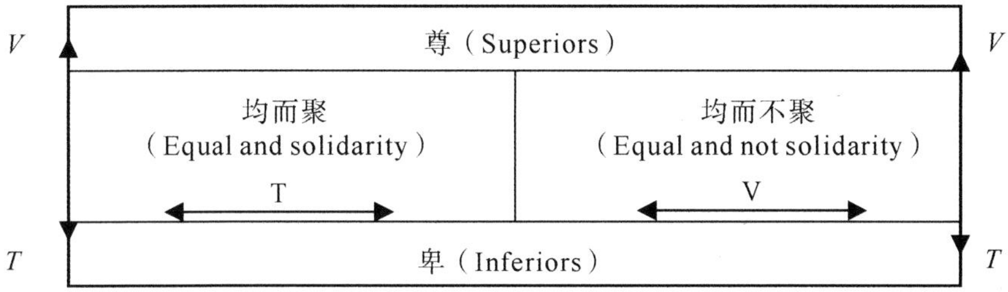

18 世纪法国大革命以后，资产阶级个人平等的思想深入人心，社会上不论尊卑贵贱，平等成为时尚，人们开始用 T 相称。

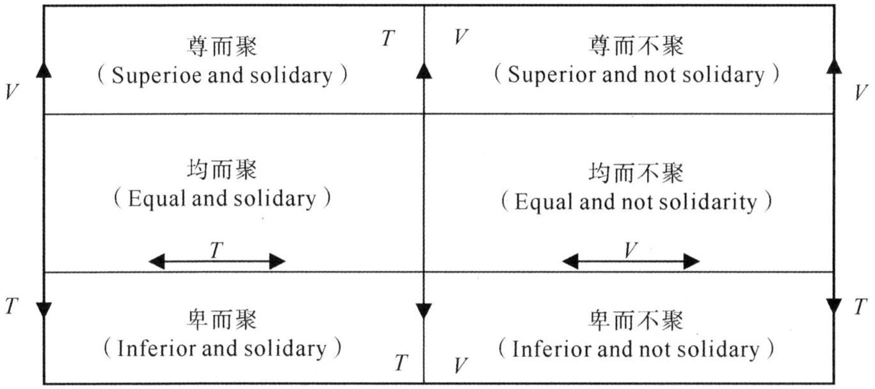

尽管当代社会的理念是平等、自由，但事实上的不平等和不自由是普遍现象。不仅个人与个人之间存在不平等、不自由的关系，群体与群体之间同样存在不平等、不自由的关系。语言作为文化资源，说话作为文化实践，当然要反映这样的不平等和不自由。

在封建社会，讳名制是政治控制的手段，具有鲜明的政治内容。古代中国的皇家讳名制度，反映了王朝控制社会的权威：姓名符号成为等级标志，其中一些是皇家的专用符号，苍头黎民不可僭越使用。例如，秦汉籍氏改姓席氏，以避西楚霸王项羽字讳籍；汉代渝氏改姓喻氏，以避汉景帝皇后字讳阿渝；三国东吴皇帝孙权父名坚，吴人为避讳同音，读“甄”为“真”（“甄”原读“坚”）。唐人修史时，以三种方式避讳唐高祖李渊及其父李虎的名字：第一，同名者称字，如《晋书》中的公孙渊称公孙文懿、刘渊称刘元海、褚渊称褚彦回、石虎称石季龙；第二，删去所犯之字，如《梁书》中的萧渊明改称萧明、萧渊藻改称萧藻、《陈书》韩擒虎称韩擒；第三，以文义改易其字，以其他猛兽代称虎或依此类推，如李叔虎称李叔彪、殷渊源称殷深源、陶渊明称陶泉明、魏广阳王渊称广阳王深。此外，在中国封建时代，还存在一种讳名制的曲折形式，它超越了皇家专用姓名符号的垄断和禁忌，扩大到了寻常百姓的姓名：当朝皇帝对于属民名字的字数做出限制，以体现其绝对权威。例如汉代王莽在辅政之时，便笃信周礼，实行二名之禁。王莽的长孙王宗，自作身披天子衣冠的肖像，刻了三枚铜印，并与其舅合谋，企图继承祖父的大统。事情败露后，王宗自杀，并恢复他原来已经改成单名的双名，以示罪谴。[①] 这种单名在《后汉书》《三国志》的人名中，占90%以上。

在封建时代的中国，帝王以讳名制突出自己的重要，把说话、写字的规范纳入专制制度当中，讳名制成为国法和家法的组成部分。国和家、父和子之间的关系是封建制度的政治隐喻，也是规定尊卑齿序的根据。国君之名、祖上之名、长辈之名，皆在避讳之列。汉淮南王名“长”，其子在撰写《淮南子》时，为了避讳，遇“长”皆写作“修”；唐朝诗人李贺本来要参加进士科考试，但因为他的父亲名叫晋肃，而“晋”与进士的“进”音同，有人指责他犯讳，迫使他放弃考试。[②]

讳名制是重要的社会制度内容，也是回避习俗的一个类别。功能主义学派认为，回避关系表达了由社会和亲属结构产生的紧张状态，即它是一种表达和转移政治冲突的机制。结构主义学派则超越回避关系本身，把它置于更为广阔的背景下：回避关系和其他社会关系共同构成了亲属态度和亲属行为的结构，只有在这样的结构中去研究回避关系，才更加具有意义；回避关系的存在，与其说是由于社会关系本身所固有的紧张性，倒不如说是由于它和其他社会关系所形成的对立。[③] 其实，讳名制与其他回避制度

① 萧遥天：《中国人名的研究》，国际文化出版公司 1987 年版，第 53—54 页。

② 徐一青、张鹤仙：《姓名趣谈》，上海文艺出版社 1987 年版，第 91 页。

③ Charlotte Seynour-Smith, *Macmillan Dictionary of Anthropology*, London and Basingstoke: Macmillan Press, 1986, P. 20.

一样，是对社会成员互相之间的行为进行调节、使之规范化的一种手段，是社会“复制”、社会教育和社会记忆的重要机制之一。在古代高加索地区、澳大利亚土著、加拿大东北的内陆海湾、南美洲的巴塔戈尼亚、美洲印第安人、北美沙漠地区的土阿瑞格人、哥伦比亚希拉人、西伯利亚的萨莫耶德人、印度南部的托达人、北亚蒙古人、日本的阿伊努人、东非的阿康巴人和南迪人、菲律宾的廷圭恩人、孟加拉湾东南部尼科巴群岛、婆罗洲、马达加斯加、澳大利亚塔斯马尼亚等地区和族群当中，都存在对死者姓名的禁忌风俗。[①] 在澳大利亚的土著族群中，无论是男人还是女人，在他们死后，任何人都不能再提到他们的名字，这是最严格的习俗之一：提他们的名字是对神圣观念的违犯，会触怒鬼魂。

> 有一次，奥尔德菲尔德先生曾经大声说出一位死者的名字，吓得一个当地土人慌忙逃走好几天都不敢露面。后来再遇见时，那位土人狠狠地埋怨他的莽撞。奥尔（德）菲尔德先生补充说，“我也无法诱使他说出任何一个已死者的名字，因为他如说了就会把自己置于邪神恶魔的魔力之下”。维克多利亚土人极少谈起死人，更从来不提死人的名字；当提到死者时总是用压抑的嗓音说“逝去的人”或“那不再在人世的可怜人”。他们以为，如果谈起死者时说出名字来就会激起“考依特－吉尔”（Couit-gil）（死者鬼魂）的愤恨。死者的鬼魂总是在地球上徘徊留连很长时间然后才永远离开，走向西下的夕阳里去。我们还听说在默里河下游的一些部落中，如果有人死亡了，人们总是“小心避讳不说死者名字。万一不得不说时，也必须轻声悄语，轻微到他们认为鬼魂听不到他们的声音的程度”。在澳大利亚中部的一些部落中，在死者刚刚逝去、亲友哀悼期间，任何人不得说出死者的名字，如果一定不得不说时，也只能轻轻悄语，生怕惊扰了死者在附近徘

---

① 詹·乔·弗雷泽：《金枝：巫术与宗教之研究》（上），徐育新、汪培基、张泽石译，中国民间文艺出版社 1987 年版，第 372—379 页。

徊的幽灵而苦恼不安。假如幽灵听见有人说他的名字，便会认为亲人们对他的哀悼不够尽心，因为若真心悼念的话，就不应随便提到他的名字了。这样的无情冷漠使逝去的鬼魂非常愤慨，于是就将在梦寐中困扰他们。①

除了强制实行的说话写字的规范，更常见的是"社会习性"，即内化的言谈举止。

第三节　语言和行动

一、马林诺夫斯基：语言即行动

生于波兰的英国社会人类学家布罗尼斯拉夫·马林诺夫斯基，不仅在田野工作中熟练运用学科理论，还学会当地语言，用当地语言提问题、聊家常。他通过"语言行动"来捕捉"本土人的观点"，了解他们的生命观，看他们如何实践自己的世界观。马林诺夫斯基在民族志中表现的语言观为：第一，情景－脉络观；第二，语言即行为方式观。②

马林诺夫斯基认为逐字逐句地翻译外来文本，不能揭示对象语言使用者的心路，听者还须了解话语背景或具体环境，即把对象语言的文本还原到当时的文化情境中，才能弄清本意，避免给对象语言强加自己的主观理解。研究异域语言一定要联系它的文化和环境。他提出语言的主要功能不是表达思想，不是再现思维过程，而是在人类行为中扮演积极的实用角色。③ 此前，马林诺夫斯基的观点不是这样的，他曾严格区分"文明语言"与"野蛮语言"："文明语言"重交流，"野蛮语言"重成事。他说原始语言

---

① 詹·乔·弗雷泽：《金枝：巫术与宗教之研究》（上），徐育新、汪培基、张泽石译，中国民间文艺出版社 1987 年版，第 372—373 页。

② Alessandro Duranti, *Linguistic Anthropology*, Cambridge: Cambridge University Press, 1997, p. 215.

③ Alessandro Duranti, *Linguistic Anthropology*, Cambridge: Cambridge University Press, 1997, p. 216.

有实用特点，是一种行为方式，是人们共同活动中不可缺少的一个因素。① 后来，他在《珊瑚园及其巫术》②中把这种语用观推广到世界上的所有人类语言中。③

坦比亚（S. J. Tanbaiah）批评马林诺夫斯基逐字逐句地翻译巫咒的做法，认为这样做背离了马氏自己的原则，即“逐字逐句地翻译外来文本，不能揭示对象语言使用者的心路”。坦比亚指出，马林诺夫斯基混淆了两种陈述，一种是可以做真值判断的陈述，一种是按照是否对世间起作用来判断其价值的陈述。问题不在于巫咒是否点石成金、真言化身，而在于比较两种不同类的存在物，如在人体和自然之间比较，为人们提供指导，告诉他们在现有条件下应该向往什么、做些什么。因此，当巫咒把身上涂红色图案的人比作鲈鲉时，这并不意味着大家相信这个人变成了鲈鲉。这只是个隐喻，是引导人们遵守一个“塔布”。人并没有被化入动物世界。④

二、从奥斯汀到塞尔：施为句

自20世纪50年代，形式语法理论研究精确模式，严格模拟人类语言，但对自然语言无能为力。研究自然语言要联系具体用法，联系语言环境（语境）。人类语言和“分析空间”中的各种“分析维”有千丝万缕的关系，“从最简单的‘声’与‘形’的辨识和定型，上下文的关联和接应，直到社会地位、谈话情境的全面分析和人的心理状况、思维方式和行为策略等所有关乎话语的产生和理解的方面，无处不有丰富的内容引起语言学者的注意”⑤。

---

① Bronislaw Malinowski, “The Problem of Meaning in Primitive Languages,” in C. K. Ogden and I. A. Richards, eds., *The Meaning of Meaning*, New York: Harcourt, Brace & World, Inc, 1923, pp. 296-336.

② Bronislaw Malinowski, *Coral Gardens and Their Magic*, London: Allan & Unwin, [1935] 1978.

③ Alessandro Duranti, *Linguistic Anthropology*, Cambridge: Cambridge University Press, 1997, p. 216.

④ Alessandro Duranti, *Linguistic Anthropology*, Cambridge: Cambridge University Press, 1997, p. 218.

⑤ 杨成凯：《语用学理论基础研究》，见中国社会科学院语言研究所编：《汉语运用语用原则课题组语用研究论集》，北京语言学院出版社1994年版，第27—56页。

语言不仅用来描述,还用来做事,这是马林诺夫斯基的观点。无独有偶,与马氏同时代的两个英国学者奥斯汀(Austin)和维特根斯坦也提出了类似观点。奥斯汀和维特根斯坦是哲学家,他们在论证自己观点的时候,比马林诺夫斯基更加精细和复杂,其中维特根斯坦的有关著述因艰涩、前后矛盾而不易在哲学界以外普及。但是,维特根斯坦的观点更接近语言人类学的观点,即"语言致用观"(pragmatic view of language)。[①]

奥斯汀的理论部分由于美国哲学家塞尔(J. Searle)的介绍而得到普及,尤其在文学批评界和心理学界。[②] 他强调研究日常语言本身,研究认知词在用法上的细微差别,认为日常语言研究是哲学研究的起点。[③] 奥斯汀认为,命题的正确与否不取决于它自身,而取决于命题时的环境,被说出的命题总有被修改或否定的可能,没有任何命题可以直接证实,可以拒绝修正,可以为自己提供证明。他的"言语行为理论"把"说出语句时完成的行为"分三类:言语行为,即用语句传达思想;以言行事,如许诺、命令、陈述、描述、警告等;以言取效,即通过说出语句而产生效果。奥斯汀提出哲学使命是阐释,阐释即言语行为。

研究言语行为首先要研究"成事动词"。成事动词句"语用力量"大,主语为第一人称,"时间为瞬息的现在",受事者用第二人称,句子用肯定语气。[④] 例如:

我判定他先到终点。

我把这动物归入猫科。

我命令你立即离开。

我保证下月十五还。

---

① Alessandro Duranti, *Linguistic Anthropology*, Cambridge: Cambridge University Press, 1997, p. 218.

② Alessandro Duranti, *Linguistic Anthropology*, Cambridge: Cambridge University Press, 1997; John Searle, *Speech Acts*, Cambridge: Cambridge University Press, 1970.

③ 参见《中国大百科全书》光盘版,中国大百科全书出版社 2000 年版。

④ 参见《中国大百科全书》光盘版,中国大百科全书出版社 2000 年版。

我感谢您的盛意。

我宣布散会。

例中“判定”“把”“命令”“保证”“感谢”“宣布”为成事动词。当然,成事动词句中用第一人称的说话人要有适当的身份,有一定的权威和权力才能“成事”,否则无效(说了白说)。例如,在西方的教堂婚礼上宣布新郎、新娘为夫妻的是指定的神父,而不是其他什么人;在召开会议的时候,宣布会议开始的人应当是会议主持人或大会主席,而不是其他什么人。

说话(使用一种语言)是高度规则化的行为,学习使用一种语言就是学习相应的行为规则;“我作为母语使用者作上述描述的时候,我不是在报道一个群体的行为,而是在展示我所掌握的受规则制约的技艺”①。此外,能被意指的就能被表达,即我们心里想说的总能用嘴表达出来,即便是用外语,开始可能水平不够,说不出来,可经过学习提高,就能说出来了。② 由此推论,我们用母语描述民族志材料或人类学理论的时候,同时也在展示我们自己的文化规则,这本身是一种文化行为,有自己的文化视角和偏见。但这并不妨碍使用不同母语者之间的交流,只要他们能了解和掌握对方的文化规则,了解和掌握语言行为的场景(或时空关联),交流就能成功。说同一语言也罢,说不同一语言也罢,意义最终产生于行动,亦即产生于交流。在具体场景下的交流使说不同母语者能超越语言文化的界限而实现彼此最大限度地理解。

总之,言语行动在许多民族志社会有特殊意义,如前述马林诺夫斯基所言,它是行为方式,是人们社会活动中不可缺少的因素。

---

① John Searle, *Speech Acts*, Cambridge: Cambridge University Press, 1970, p. 12.

② John Searle, *Speech Acts*, Cambridge: Cambridge University Press, 1970, p. 19.

第四节　语言文化的翻译活动

一、我国少数民族语言新词术语译名问题

傅懋勣先生于 1957 年 10 月发表《关于少数民族语言中新词术语的问题》一文，讨论少数民族语言中新词术语的译名问题。他指出，少数民族使用文字离不开新词术语，新词术语的问题不解决，词汇规范和书写、读音的规范也不能确立，甚至造成混乱和误解。例如，在云南的某些少数民族语言里，曾经把“斗争”翻译成“打架”，“和谁或什么斗争就是要和谁或什么打架了”；西双版纳傣族地区在和平协商进行社会改革的时候，有些干部解释政策，把“和平”翻译成“平等”（len^{33} $peŋ^{51}$），与“和平”的意思相差很远。在贵州的某些布依族地区，曾经把“统购统销”翻译成“卖去买来”，“引起群众对政策的误解”。[①]

20 世纪 70 年代，美国人类学家奥尔特纳提出“关键符号”（key symbols）学说，涉及意义的产生、感情动员和社会经验的组织，也关系概念分类和文化图式。奥尔特纳的这一学术概念与本尼迪克特（Ruth Benedict）的“关键要素”（key elements）、施奈德的“核心符号”（core symbols）、特纳在研究恩登布人仪式时提出的“支配符号”（dominant symbols），以及珀博尔（Stephen Pepper）的“根隐喻”（root metaphor）等概念一脉相承。[②] 关键符号中关键词最重要，而民族之间的交往交流、和睦共生离不开关键词的翻译和理解。中国自古以来是一个多民族共建共荣的国家，但由于汉语和汉文化的压倒优势，其他民族的语言和文化被遮蔽起来，他们的主体性及其历史贡献也常常被遮蔽起来，结果造成“中国”一词的歧义，也造成认同上的紧张。例如，内蒙古的蒙古族把中国称为 Dumdad Ulus，属于直译；蒙古国把中国称为 Khitad，相当于“汉国”。内蒙古的蒙古族在翻译“中华民族”的时候，“华”字不译，译成 Dumdad-in Udusuten-nuud，意为“中央诸

---

① 傅懋勣：《傅懋勣先生民族语文论集》，中国社会科学版社 1995 年版，第 225—236 页。

② Sherry B. Ortner, “On Key Symbols,” in *American Anthropologist*, 1973, 75 (5): 1338-1346.

根”,此处的“根”即“民族”。[1] 在传统语言习惯上,中国西部方言区苗族支系“Hmoob”/“Hmong”和迁居到了东南亚或西方国家的苗族都用 suav(“夏人”)兼指“汉族人”和“中国人”,用 suav teb 兼指“汉人地方”“祖居地”“中国”等;云南傣族语言中也有类似的兼指现象。此外,蒙古国的蒙古语用 khitad 兼指“汉族”和“中国”,西方国家的英语也用 Chinese 兼指“汉族”和“中国”,等等。这种二义现象不利于国家认同和族群认同的建构,亟须通过学术研究进行梳理,以超越歧义,建设有利于中国各民族彼此认同的“关键词”体系。

二、“西学东渐”和“跨语言实践”

西方的霸权扩张是世界近现代史的主线。在东方,这种以政治、经济、军事、文化等为内容的全面扩张,始于强迫门户开放的西方炮艇政策。1840—1842 年发生了中英第一次鸦片战争,中国大败,屈从强暴,五口通商;1853 年佩里准将率美国海军舰队强行驶入江户湾的浦贺,日本被迫开国,德川幕府于 1854 年 3 月 31 日与美国政府签订《神奈川条约》;1858 年,日本分别与美国、荷兰、俄国、英国、法国签订安政条约,日本终于成为资本主义世界市场的一部分。日本和中国的精英们悲愤有余,痛感向西方学习的重要,于是,学习外语、出国考察、仿造洋炮、引进西学,形成风气。

然而,这种“西学东渐”并非简单的学习和模仿,并不止于翻译出版大量的外文典籍。这是一场曲折多变的“跨语言实践”,是古今中外各种思想和实践的大较量、大对话、大协商。“西学东渐”中的翻译活动,首先是政治活动,翻译家们往往也是政治家和外交家,他们的翻译思想体现在他们的社会行动中,他们的翻译是当时社会实践的一部分。西来的思想观念不切合东方的历史和现实,东方的历史和现实有着深远的文化和知识根基。在日本,“翻译西方”既是语言问题,也是实践问题。[2] 中国也不例外。问题的核心有五:如何让西方语言表达的概念较贴切地翻译成东方本土的

① 蒙古语“中华民族”一词把原本复数 Dumdad-in Undusuten-nuud 改成单数的 Dumdad-in Udusuten,强调“中华民族是一个”。

② Douglas Howland, *Translating the West: Language and Political Reason in Nineteenth-Century Japan*, Honolulu :University of Hawaii Press,2002, p. 2.

概念,使之在千年文化框架中找到位置?如何让西方语言表达的概念在东方本土的社会实践中找到位置,使之“物化”为新现实?如何让西方语言表达的概念变形,使之适应中国“国情”?如何让西方语言表达的概念悄然改造本土原有的概念,使之扩大意义,改换所指,变通用法?如何造新词新义,使之与新政新风相适应?

但是,所有这些都不能够在书斋里实现,而要在社会中实践。较早借鉴西方的日本实行立宪政体,实行有保留的代议制,但是,在政治精英的眼中,当时的民众尚不具备民主意识,需要先接受教育指导,培养和树立现代政治观、道德观,只有这样,他们才能真正代表自己,自觉自主。豪兰(Howland)认为,同样是“文明”(civilization)一词,也有前后不同的含义,即它的所指在日本“西化”之后发生了变化。明治维新以前的“文明”(日语作 bunmei)指普天仰视的中国文明,明治维新以后的“文明”指西方模式。因此,“文明”的意义有古今嬗变,要对“西化”和“文明”有所区分,即古代的“文明”指“中化”,现代的“文明”指“西化”,不能笼统地把“文明”等同于“西化”。[1] 历史和实践把不同的意义赋予同样的语言指号,语言研究不能离开历史研究和社会研究。日本的近代史告诉我们,当今汉字圈内使用的政治法律术语,都见证过不平凡的“翻译斗争”,表现西方政体的西方语词,尤其是来自英法德荷诸语的名词,起初都各有多种日语译名,这些译名代表了对西方政治文化不同的理解和解释,也代表了西学本土化的不同取向,从而也导致了不同的社会行动。其实,“自由”“民主”之类的观念在西方也存在争议,有不同的解释和用法,由此也引起不同的实践。鉴于此,日本在化解西学的过程中有不同话语,亦属难免。早期关注西化的日本学界大多认为西方代议制和工业资本主义蕴含着先进的伦理道德,而事实上,19 世纪英国式的个人主义却受到日本精英的批判。在西方政治、经济、军事和东方伦理、文化、礼仪积淀之间,始终存在紧张关系,理想上的扬长避短、批判地吸收,并不能避免全盘接受的可能。这样的紧张关系自然

① Douglas Howland, *Translating the West: Language and Political Reason in Nineteenth-Century Japan*, Honolulu: University of Hawaii Press, 2002, p. 2.

要反映到翻译中来。例如“自由”一词在最初借入的时候，具有“自私自利”的意味，尤其暗指无政府主义，影响社会安定，精英当然要对它的意义进行重新解释和界定。众所周知，19 世纪 60—80 年代日本政治的焦点不是天皇特权的问题，而是自封的寡头政治集团掌握权力的问题，具体表现为政府的行政权和人民建立政府的自主权之间的矛盾。天皇在此举足轻重：1889 年他颁布了明治宪法，人民通过国民议会分享国家行政权，同时也因此把主权移交给天皇，把民权移交给政府。促成这个过渡的要素之一，是新译入的“社会”概念，社会进化模式取代了社会启蒙模式——这两种模式都突出对人民的政治指导并使之合法化。[①] 明治改革者心目中的当务之急是扭转前德川幕府失败的对外政策，它软弱而无视皇权。面对欧美帝国主义和殖民主义的炮艇政策和军事扩张，当时的日本寡头政治集团拥戴皇权，团结国人，一致对外，这与明治维新的先驱者吉田松阴提出的“尊王攘夷”的口号一致。从明治宪法的颁布到“自由”“民权”等外词的译入，都是东西合璧，都是皇权第一、民权第二的取向，和西方原来的民主自由思想差距较大。明治宪法的第一章是整部宪法的核心，强调皇权独揽，神圣不可侵犯。由西方翻译借入的政治观念在日本变形，与本土的历史文化融合，发展出了日本式的社会语义场。英国思想家穆勒的《论自由》的核心是公民自由或个人自由，而在日本，这种自由经过文化翻译，变成了在皇权至上前提下的政治改革口号，个人自由一定要服从国家利益和文化道义。自由观念要为推翻幕府统治，建立立宪政府服务。中村敬宇翻译的日文版《论自由》（*Jiyū no ri*）于 1871 年出版，英文的 liberty（与 freedom 同义）正式被翻译成“自由”。但由于“自由”含“自私”之义，译者一再强调“自由”必须和合作、互敬、重才挂钩。[②] 其实，英文 liberty 一词在当时有四种汉字译法：自主，自由，自在，无羁。然而，在 19 世纪 70 年代日本的法律文献中，我们却找不到“无羁”和“自由”的表述，只能找到“自主”和

① Douglas Howland, *Translating the West: Language and Political Reason in Nineteenth-Century Japan*, Honolulu: University of Hawaii Press, 2002, pp. 4-5.

② Douglas Howland, *Translating the West: Language and Political Reason in Nineteenth-Century Japan*, Honolulu: University of Hawaii Press, 2002, p. 96.

"自在"的字眼,分别表达自治和自决的观念,不同于当时英美国家流行的"积极自由"(positive liberty)和"消极自由"(negative liberty),前者通过自治达到自我实现,后者排斥任何外来干涉。① 与此同时,英文的 nation 一词也有三种汉字译法:国家,国民,民族。"国家"强调"家","国民"突出"民","民族"偏重"族"。这些译法都把"社会"作为核心,对原文中"人民"的义素不予浓描,这也是由东西方传统和现实的差异所决定的。②

社会语义制约译名,语言的物质性也制约语言使用者创造新概念或扩大旧词义的能力。③ 每一种语言都有自己的历史文化积淀和内部规律。日语早在中国唐代就在直接借用汉字,同时利用汉字创制平假名和片假名,形成类似汉字原来读音的音读和按照日语原来读音的训读两套读音体系,其中音读又分为六朝时传入的中国南方吴音、隋唐时传入的中国北方汉音和宋代以后传入日本的唐音等三类。这样,一个日语汉字往往有多种发音。正是借助日语和汉语的这种不解之缘,在发音、字形等物质性特点的制约下,日本在学习西方、翻译西学的过程中,一方面利用汉语的构词法创造新词,另一方面为古代汉语词汇赋予新意,前者如"现实""意识""哲学"等,后者如"经济""文化"等。④

三、佛经的翻译

中国文化的形成,自古就是一部交流史,它的边缘不断变化和扩展,直到近代"国民国家"再"分野",又和政治疆界重合。纵观历史,仅就汉语词汇来说,较大的外来文化影响有三次:第一次是汉武帝时期,张骞通西域,来自异域的借词和译词留在汉语中;第二次为汉代以降的佛学东渐,佛经的翻译和操演,给汉语留下梵语借词和译词;第三次为明清之际,西学东

---

① Douglas Howland, *Translating the West: Language and Political Reason in Nineteenth-Century Japan*, Honolulu :University of Hawaii Press,2002,p. 99.

② Douglas Howland, *Translating the West: Language and Political Reason in Nineteenth-Century Japan*. Honolulu :University of Hawaii Press,2002,p. 185.

③ Douglas Howland, *Translating the West: Language and Political Reason in Nineteenth-Century Japan*, Honolulu :University of Hawaii Press,2002,p. 8.

④ 中国大百科全书出版社编辑部:《中国大百科全书 · 语言文字》"日语"条,中国大百科全书出版社 1988 年版,第 329—330 页。

渐,以外国传教士和商人为先导,东西文化大交流,西方的借词和译词大量进入汉语。[①] 自东汉至北宋,生活在中土的中外僧人付出毕生艰辛,把古代印度的佛典翻译成汉文典籍,卷帙浩繁,多达 1690 余部,6420 余卷,近传神州,远扬朝鲜、日本、越南诸国,形成与藏语系佛教相并立的汉语系佛教。[②] 这项巨大的翻译工程,首先是语用活动,涉及肢体的操演、记忆的再现、想象的创造、对话的实践、历史的重演;此外,它还涉及本土化的技艺、协商的谋略、实用的变通。例如,译经者在翻译时,要尽量利用汉语原有的字词,旧词新义,变革语境。即使如此也不能全面翻译和表达异域的梵地文化,现有的汉文语料不足以表达大量的新概念,为满足构词需要,还要创造一些新汉字。新词缘翻译佛经而生,它们可分为三类:音译词、意译词、半音半意词(梵汉合璧词、混合词、半译词)。其中梵汉合璧词的构成包括"音译加类名词,创造新词",如"佛"为梵语 Buddha(佛陀)的音译,生成新词"佛土""佛门""佛法""佛道"等,"菩萨"为梵文 Bodhisattva(菩提萨埵)的音译,生成新词"菩萨性""菩萨道""观音菩萨""地藏菩萨"等;"音兼意译加类词,创造新词",利用汉字的意符,如"魔"为梵语 Mārā 的对音字之"磨"的改造,新字有"鬼";"梵汉同义合并、相补,创造新词",如"尼姑","尼"与"姑"在梵汉中各表女性,合起来表示女出家人,即"比丘尼",等等。[③] 这种梵汉合璧的译法是复杂的文化实践,并非简单的书面作业。译者要掌握梵汉双语,就要先在两地有切身的长期生活,与说这两种语言的当地人朝夕相处,共居一个社区,同悬于一张"意义之网"。同时,译者还要充分注意具体语言的文化特性,如汉字的意符就有明显的"标指"功能,也有"像似"的遗迹,可用来为汉字译经服务。

一千多年前,梵文《金光经》被译成维吾尔文和藏文。随后,在 14 世纪初,又被希日布僧格和宝尼亚希日一道根据维吾尔文和藏文译成蒙古文,一些梵文借词也出现在蒙古文中,如 nom(经、书)、debter(本子、册)、

① 梁晓红:《佛教与汉语词汇》,台北佛光文化事业有限公司 2001 年版,第 233 页。
② 梁晓红:《佛教与汉语词汇》,台北佛光文化事业有限公司 2001 年版,第 10、12 页。
③ 梁晓红:《佛教与汉语词汇》,台北佛光文化事业有限公司 2001 年版,第 300—305 页。

toin(喇嘛)、huarag(僧侣)、erdeni(宝贝、宝物)、yirtinchu(世界)、shilug(诗)等等。16世纪末,蒙古土默特部阿拉坦汗建呼和浩特(库库和屯),用金字、银字翻译了全套《甘珠尔》;清朝康熙帝令译师重订并刊印《甘珠尔》。译师们字斟句酌,有时为表达准确,译文会做必要增减,注意蒙古文押头韵的特点,通观词句。①

中国古代就有关于"通言语之官"的记载,如《周礼·秋官司寇》篇提到的"象胥";唐代贾公彦撰《义疏》对翻译定义说:"译即易,谓换易言语使相解也。"鲁迅认为,中国译佛经,汉末质直,六朝达雅,唐朝尚信。质直的译风指"因循本旨,不加文饰";达雅的译风以鸠摩罗什为代表,他认为"改梵为秦,失其藻蔚,虽得大意,殊隔文体,有似嚼饭与人,非徒失味,乃令呕哕也!"玄奘是信译的代表,主张"五不翻":为保密不翻,多义不翻,本地无实物不翻,尊古不翻,生善不翻。不翻即不用意译,只用音译。②

四、斯里兰卡个案

人类学者丹尼尔在斯里兰卡的一个村庄调查,他要弄清两个和"村庄"有关的空间单位的差别,就请本地人画地图。这两个有关"村庄"的通名,一个叫 kirāmam,一个叫 ūr,具有不同的文化意义,但是,本土人在回答外人(包括人类学者)提出的问题时,都说这两个词是一回事。丹尼尔通过让他们画地图,终于弄清了其中的差别:kirāmam 是行政意义的"村庄",是官方的,是明显的,有确定的线性边界,有正式的地图,代表从边缘向中心的定位;ūr 是宗教意义上的"村庄",是民间的,是隐含的,没有确定线性边界,没有正式的地图,只有神灵的位置和神灵的功能,代表由中央向边缘的延伸。本土人都不愿意画 kirāmam 图,因为那太显而易见,不值得画;但他们都愿意画 ūr 图,因为那是他们的文化根基,表达着亲切的日常生活。ūr 的路口有值夜神守护,其中最有名的是 Karrupu,他值"夜班"会长一些,警惕陌生人的闯入,也袭击那些半夜违规出行的村民。可是,当丹尼尔请

① 仁钦戈瓦:《蒙古文翻译史略(十三—十九世纪)》,见《民族语文翻译研究论文集》编辑组编:《民族语文翻译研究论文集》,民族出版社1987年版。

② 罗新璋:《翻译论集》,商务印书馆1984年版,第51页。

一些高中学生画 ūr 图的时候，他们大都感到困惑，这是因为他们在学校里接触到现代地图，学校里的地理课让他们疏远了神灵，在他们那里只有一种现代地图，不存在其他地图。他们把丹尼尔用本地语言表达、表示不同文化意义的 kirāmam 图和 ūr 图，都统称"地图"，画法也只一种。[①] 此个案给了我们什么样的启示？首先，人类学者要擅长"深度访谈"或者"浓描"，不为调查合作人的表面回答所迷惑，尤其要花时间与他们同吃、同住、同劳动，了解他们如何用身体记忆，如何用实践来表达，如何用脉络说话。其次，同样是本土人，上述高中生已经疏远神灵，画不出"神圣地理"；而那些老一些的村民不愿意画学校里那种地图，宁愿画自己熟悉的神灵位置图，以神灵位置图来确定 ūr 的边界，但这边界是流动的、非线性的。在本地的文化图景中，"边界"（boundary）是陌生的外来词，对村民们来说，"边地"（frontier）可能更贴切。[②]

① E. Valentine Daniel, *Fluid Signs*, Berkeley: University of California Press, 1984, pp. 61-79.

② Y. Subbarayalu, *Political Geography of the Chola Country*, Madras: Tamil Nadu State Department of Archaeology, 1973; Sopher, David E., "Rohilkhand and Oudh: An Exploration of Social Gradients Across a Political Frontier," in Richard G. Fox, ed., *Realm and Region in Traditional India*, Durham, N. C.: Duke University, 1977; Ainslie T. Embree, "Frontiers into Boundaries: From the Traditional to the Modern State," in Richard G. Fox ed., *Realm and Region in Traditional India*, Durham, N. C.: Duke University, 1977, pp. 255-280.

第五章　文字的力量

恩格斯把文字的发明作为野蛮社会向文明社会过渡的一个标志，安德森把文字印刷作为建立国民国家的一个前提条件。文字的出现，使人类交流摆脱口传身授的限制，从而也摆脱了时间和空间的限制，让文字历史传诸后世，流向远方。因文字的产生，人类的思维变得精确，交流变得通畅，信息传递的效率和速度得到空前提高，思想、文化、艺术、科学技术等等领域变得繁荣。同时，不可否认，文字也曾经是社会分层的工具，读书做官人，白丁只能为民。文字和城市兴起、社会分工直接关联，只有在城市才有长期固定的文字使用体系（如官制、印刷厂、学校等）；只有社会分工细化，才有专门从事文字工作的人员，“靠字吃饭”，以字立身。文字还是现代国民国家定边划界的手段，是国家标准化的对象，也是国家主权和权威的象征。

第一节　关于文字的起源

大致说来，学者们从两种不同观点探讨文字的起源：一是圣经或神话的观点，一是进化论观点。[①]

据埃及神话，腓尼基主神塔乌托斯（Taautos）发明了楔形文字[②]；希腊神话提到，国王卡德摩斯（Cadmus）把腓尼基文字带到希腊，他撒播龙牙，收获的却是一群拿武器的人，喻指古老的楔形文字。[③] 关于汉字起源，有仓颉造字的传说。《淮南子·本经》记载："昔者仓颉作书，而天雨粟，鬼夜哭。"[④]

以泰勒（E. B. Tylor）、德林哲（D. Diringer）、盖尔伯（Ignace Jay Gelb）等为代表的进化论观点认为，人类文字起源于象形文字，经过表意文字阶段，进入表音文字阶段；字母是人类文字发展的最高阶段。依据对印欧语和拼音文字的研究，应关注这样一个演变轨迹：图画文字—表词文字—词素文字—音节文字—字母—音素文字。[⑤] 大约在公元前2000多年，居住在巴勒斯坦地区的塞姆人接受埃及文字的影响，放弃以图形表示形和意的方法，直接用符号表示声音，创造出世界上第一个由22个字母组成的字母表。[⑥] 约公元前1000年，塞姆字母分化为有三个系统，其中迦南字母和希腊字母向西传播，阿拉马字母向东传播。拉丁字母和斯拉夫字母由希腊字母发展而来，与基督教的各流派紧密结合，伴随某些拉丁语族和斯拉夫语族国家的政治、经济、文化的扩张，对整个世界产生了巨大影响。东向发展的阿拉马字母大约在公元前8世纪形成，由它派生出希伯来方体字、古波斯字母、印度字母、那巴特字母、叙利亚字母等，后来的印地文、高棉文、缅文、寮文、傣文、藏文等由印度字母发展出来，而回鹘文、蒙古文和满文等则由叙利亚文衍生。[⑦]

---

① 高尔（Gaur）认为（西方）学者以圣经观点或达尔文主义研究文字起源。

② Albert Baumgarten, *The Phoenician History of Philo of Byblos: a Commentary*, Leiden: Brill, 1981, p. 69.

③ Eric McLuhan and Frank Zingrone, *Essential McLuhan*, New York: Basic Books, 1996, p. 144.

④ 张双棣：《淮南子校释》，北京大学出版社1997年版，第828页。

⑤ 何九盈、胡双宝、张猛主编：《中国汉字文化大观》，北京大学出版社1995年版，第10页。

⑥ 马学良主编：《语言学概论》，华中工学院出版社1981年版，第219页。

⑦ 马学良主编：《语言学概论》，华中工学院出版社1981年版，第221页。

文字产生于图画和实物记忆。如结绳记事，画眼睛表示“目”，画整头鹿表示“鹿”等。

> 所谓物件记事，大抵可依其发展过程分为两类。产生较早的一类，如原始印第安部落中，以篝火的灰烬表示人的踪迹。第二类是发展了的物件记事，如习用于各族甚至用于现代的把箭头刻于树上表示路的去向。[①]

图画符号可与指事符号和记忆符号结合，表达比较复杂的事象和心理，比较著名的如尤卡吉尔（Yukaghir）图形文字情书，作者是位尤卡吉尔人，信中写道：“你正在离去。你爱上一位俄罗斯女人，她在你我之间设置障碍。你会有子女，你会为他们高兴。可我会永远伤心，即便有其他男人爱我，我也会想你。”[②]汉字独立起源，与其他文字体系无继承和派生关系。[③] 关于汉字的起源，有人认为是结绳记事，有人认为是八卦，也有人说是仓颉根据鸟兽形迹创造的。[④] 文字分表形、表意、表音三类。英文、法文、德文、俄文等为表音文字，其符号只表示声音，意义通过声音间接得到表示；汉字兼有表形、表意、表音三类，以表形和表意突出，但形声字也数量庞大。据朱骏声统计，《说文解字》收汉字 9353 个，其中形声字占 82%，达到 7697 个。[⑤]

持西方中心观的论者强调字母与文明的联系，认为没有字母就没有文明。卢梭认为，蒙昧人描绘事物，野蛮人表征词语和命题，文明人使用字母；他把缺乏字母的中国人归入野蛮之列。[⑥] 普里斯雷（Priestley）说，中国

---

① 王元鹿：《比较文字学》，广西教育出版社 2001 年版，第 51 页。

② Giorgio Fano, *The Origins and Nature of Language*, Bloomington: Indiana University Press, 1992, pp. 24-26.

③ 陈其光：《中国语文概要》，中央民族学院出版社 1990 年版，第 162 页。

④ 陈其光：《中国语文概要》，中央民族学院出版社 1990 年版，第 163 页。

⑤ 陈其光：《中国语文概要》，中央民族学院出版社 1990 年版，第 167 页。

⑥ Roy Harris, *Rethinking Writing*, Bloomington: Indiana University Press, 2000, p. 2.

哲人花半生精力读书，汉字滞缓了科学和艺术的发展，阻碍了发明创造。[1]洛根(Logan)将中国缺乏理论科学归咎于汉字的非拼音性质。麦克卢汉(McLuhan)声称中国人没有拼音文字，是口耳之民；只有拼音文字才能将部落人转变成文明人。[2] 在中国，从19世纪末至20世纪中叶，汉字曾被“污名化”，有许多人持“以汉字为耻、以汉字为罪”的文化心态，汉字和女人的小脚、男人的辫子一样，被看成是落后的象征。[3] 汉字改革和现代化联系在一起，文化名流如钱玄同、鲁迅等都呼吁汉字革命，称“汉字的罪恶，如难识、难写，妨碍于教育的普及”，“方块汉字真是愚民政策的利器”等。[4]

哈里斯(Roy Harris)提出整合理论(integrationist theory)，批评西方中心观，为包括汉字在内的许多非西方文字系统“平反”。他为此作了充分的理论准备。首先，哈里斯根据利德尔(Liddell)和斯科特(Scott)考证，认为symbolon(符号)是astragalos(两半对上才生效的信物)的一半，象征签约双方的约定。[5] 希腊人劈裂羊跖骨，一分为二，让协议双方各执一半，合二为一时生效。这是symbolon (symbola)的原意。在亚里士多德看来，单个的symbolon没有意义，它只有与另一半相对才有意义，因而这里不存在表征(representional)关系(虽然“灵感”与所感对象之间存在表征关系)。由此推论，符号关系不是表征关系，不是替代关系，而是互补关系。[6] 哈里斯的整合理论，强调语言系统不能脱离物质化，认为文字和语言、言语的关系不是表征关系，而是互动共生关系；指号仅存在于具体的交流场合，表音文字不能脱离语境而独立存在。[7] 我们从哈里斯的观点推论，可以说文字的形、意、音三类性质是互相补充而不是互相取代的关系，即汉字较大比重的形和意并不影响它们和汉字的音保持良好的“生态关系”。用目前流行

---

① Roy Harris, *Rethinking Writing*, Bloomington: Indiana University Press, 2000, p. 3.

② Roy Harris, *Rethinking Writing*, Bloomington: Indiana University Press, 2000, p. 14.

③ 何九盈、胡双宝、张猛主编:《中国汉字文化大观》,北京大学出版社1995年版,第7页。

④ 何九盈、胡双宝、张猛主编:《中国汉字文化大观》,北京大学出版社1995年版,第8页。

⑤ Roy Harris, *Rethinking Writing*, Bloomington: Indiana University Press, 2000, p. 23.

⑥ Roy Harris, *Rethinking Writing*, Bloomington: Indiana University Press, 2000, pp. 23-24.

⑦ Roy Harris, *Rethinking Writing*, Bloomington: Indiana University Press, 2000, p. 198.

的说法,汉字形意音构成的符号关系是共生关系,表达的是“和而不同”“美美与共”的关系。我们同样可以扩展说,语言和文字互动互补,在具体交流中“物质化”,在不断“物质化”中“结构化”;汉字也和相应的社会文化大系统水乳交融。这样,用整合理论解析,那些把拼音文字和文明挂钩的语言观也就不攻自破。汉字深深嵌入相应的语言、言语和社会文化,加入具体社会－语言－文化综合体的“再生产”。

目前,不少中国学者开始积极评价汉字,认为它信息量大,是“中国文化的缩微系统”;它的声符是信息识别体,象形字和会意字可让人望文知义,这是线性拼音文字所不具备的。[①] 这些学者认为,以王国维、郭沫若、胡厚宣等为代表的甲骨学研究,使以字考史成为“汉字文化学”的原料基地。他们认为,汉字有个性、有条理,认读和基础学习优于拼音文字,阅读速度高于英文。[②] 有人说拼音文字靠左脑处理,汉字左右脑并用,是“开发大脑的工具”,而现在汉字信息处理也已经运用到各个社会部门。[③]

第二节　文字和语言

在西方传统中,文字享有很高威望。这是因为文字具有稳定性和统一性,视觉印象比音响印象明晰和持久,文学语言也增强了文字的重要性,而文字正字法往往因此而占上风。[④]

柏拉图第一个对文字中心论发起挑战,认为文字不如言语,因为文字并不能取代言语的功能。不过,柏拉图语焉不详,没有具体论证文字为什么不能取代言语。[⑤] 亚里士多德同意文字和言语各有不同功能,并首次从符号学角度区分文字与言语,指出书面形式为什么不能捕捉到口语表达的思想:语音是“灵感”(affections of the soul)符号,文字是语音的符号;字母

---

① 何九盈、胡双宝、张猛主编:《中国汉字文化大观》,北京大学出版社 1995 年版,第 10 页。
② 何九盈、胡双宝、张猛主编:《中国汉字文化大观》,北京大学出版社 1995 年版,第 11 页。
③ 何九盈、胡双宝、张猛主编:《中国汉字文化大观》,北京大学出版社 1995 年版,第 11 页。
④ 费尔迪南·德·索绪尔:《普通语言学教程》,高名凯译,商务印书馆 1980 年版,第 50 页。
⑤ Roy Harris, *Rethinking Writing*, Bloomington: Indiana University Press, 2000, p. 18.

因人而异,声音因人而异,但直觉的“灵感”和印象反映的事物不会因人而异。索绪尔把口语和书面语分开,把书面语排除在语言学研究之外。他认为语言和文字属于不同的符号系统,文字为表现语言而存在,因此语言学不研究文字(“书写的词”),只研究“口说的词”;文字只代表声音符号,而不是语言事实本身。[①] 语言是不依赖于文字的口耳相传的传统。[②]

索绪尔部分同意亚里士多德的观点,但他提出了不同的符号观——语言符号表达的不是语音和所指之间的关系,而是能指和所指之间的关系。能指不是语音,不是物质的声音,而是“音响形象”(image acoustique),属于心理印迹。在亚里士多德那里,表示“灵感”的音响即语音是物质的,是说话者发出的声音;在索绪尔那里,说话者发出的声音在受话者心理上留下声音形象,它是心理上的能指,不是伴随空气振动产生的物质语音。[③] 索绪尔断绝语言学和物质层面的任何关系,把语言学归入心理学,把语言学的研究对象局限在“储存在每个人脑子里的社会产物(语言)”。[④] 同时,他否认“灵感”的普世性,因为人的概念世界依赖语言,而不同的社会有不同的语言,普世观念是不存在的。[⑤] 如前所述,索绪尔把属于外部世界的文字排除在语言学研究之外,因为文字“唯一的存在理由是在于表现前者(语言)”。[⑥]

不过,如洪堡特所说,口语和文字终不能独立,各自的需要、各自的局限、各自的优点和各自的特点,都会影响对方,并形成互动。文字的变化会引起语言的变化,我们根据说而写,也根据写而说。[⑦] 哈里斯反对德林哲

---

① 费尔迪南·德·索绪尔:《普通语言学教程》,高名凯译,商务印书馆 1980 年版,第 47—48 页。

② 费尔迪南·德·索绪尔:《普通语言学教程》,高名凯译,商务印书馆 1980 年版,第 49 页。

③ 费尔迪南·德·索绪尔:《普通语言学教程》,高名凯译,商务印书馆 1980 年版,第 33—34 页。

④ 费尔迪南·德·索绪尔:《普通语言学教程》,高名凯译,商务印书馆 1980 年版,第 38、47 页。

⑤ Roy Harris, *Rethinking Writing*, Bloomington: Indiana University Press, 2000, pp. 33-34.

⑥ 费尔迪南·德·索绪尔:《普通语言学教程》,高名凯译,商务印书馆 1980 年版,第 47 页。

⑦ Roy Harris, *Rethinking Writing*, Bloomington: Indiana University Press, 2000, p. 206.

关于理想字母应当对应每个语音的观点[1]，批评亚里士多德和索绪尔脱离社会文化脉络的符号理论，批评他们僵化的形式与内容二元对立理论，认为文字和语言（包括声音在内的其他方面）形成互补互动关系，不是互相指代的表征关系；它们之间存在整合关系，和具体场景乃至社会文化、权力关系等等因素有关联。[2] 汉字是最好的例子：以苏美尔、埃兰、埃及、赫梯等古国代表的世界文明，都经历过图画文字阶段，但为时不久，便因行不通而归于灭亡了，最后无不改用字母，唯有汉字始终不变，文字图形和艺术与文学结合，文字形态发展成书法艺术。中国文明的持久性举世公认，而中华文化核心是汉字。[3] 汉字文化和中国历史、社会、经济、政治、民俗、阶层、宗教、审美、价值等等整合在一起，随着后者的发展变化而变化，同时也深刻影响后者的发展变化。说话写字是文化实践，社会现实通过说话写字得到体现和复制。

第三节　文字的作用

西方学界把文字发展分三个阶段：第一阶段，“神秘文识”（Crypto-literacy），文字象征神秘知识，有魔力。文字的起源神话，如上帝造字，是这个阶段的反映。第二阶段，“工具文识”（Utilitarian literacy），文字是实用工具，是技艺。第三阶段，“完全文识”（Full literacy），也许还没有哪个社会达到这个程度。在这个阶段，文字不再是维系记忆的工具和联络人类的手段，而是心智活动的特殊模式，是开启新语言观的钥匙。[4]

英国社会人类学家古迪认为文字有三大功能：储存功能（代际交流）、交流功能（代内交流）、内部功能（认知功能）。[5]

---

① Roy Harris, *Rethinking Writing*, Bloomington: Indiana University Press, 2000, pp. 130-137.

② Roy Harris, *Rethinking Writing*, Bloomington: Indiana University Press, 2000, pp. 64-72.

③ 饶宗颐：《符号·初文与字母——汉字树》，上海书画出版社 2000 年版，第 174 页。

④ Roy Harris, *Rethinking Writing*, Bloomington: Indiana University Press. preface, 2000, pp. x-xi.

⑤ Jack Goody, *The Interface Between the Written and the Oral*, Cambridge: Cambridge University Press, 1987, pp. 53-54.

文字帮助人类克服时空局限，书写符号扩大了语言的交际功能，使异时异地的人际交流成为可能；文字让人类更好地积累知识，继承历史，吸收外来文化，创造自己的生活。①

文字通过图表、清单和公式在更大范围内组织世界，为记忆增加了视觉、空间乃至运动维度，文字记载也可以回头检查和重复。文字社会流行逐字逐句的记忆。这是因为有固定的原文，有详尽的“空间记忆术”（如图表、清单和公式），以及学校教育鼓励脉络化的记忆，让学和做脱离，让知识富有条理。古迪引维果茨基的观点认为，人一旦掌握文字，其心智体系和过程会发生本质变化，因为外部符号系统会调节和组织其基本的智力活动。例如，读写知识会通过接纳外部符号系统，改变记忆结构，改变分类，从而改变解决问题的方式。不过，维果茨基没有考虑历史和文化因素的作用，因而陷入简单的因果链中。②

汉字的结构基础在殷商时代已经巩固，形符加声符的单字结构有对称性，以形见义，依声定训，可以帮助克服语言上的困难。“古代方国林立，言语必难沟通，故从‘易简’之方，不用语言作传达工具，而是用文字来表示，使文字能够发挥极大的功能。”③自秦始皇“书同文”以来，中国两千多年的历史充满方音阻隔，北方人至今听不懂广东话、福建话、上海话，但这些言语不通的中国人却被神奇的方块汉字紧紧联系在一起。面对外敌，无论用广东话、福建话还是上海话动员，人们都同仇敌忾，一致对外，直到胜利。

爱尔兰作家詹姆斯·乔伊斯于1939年出版长篇小说《芬尼根守夜人》，以都柏林近郊一家酒店老板的潜意识和梦幻为线索，用梦幻语言写作，打破原有正字法的约束，没有标点的长句，词典上不载的本地话，在文字的空间布局上挑战传统，挑战读者习以为常的阅读习惯。汉字诗书画一体，唐代张旭观孙大娘舞剑器、遇担夫争道而草书长进，宋代黄庭坚看船工

---

① 刘伶、黄智显、陈秀珠主编：《语言学概要》，北京师范大学出版社1987年版，第250页。

② Jack Goody, *The Interface Between the Written and the Oral*, Cambridge: Cambridge University Press, 1987, p. 205.

③ 饶宗颐：《符号·初文与字母——汉字树》，上海书画出版社2000年版，第183页。

荡桨、闻江水暴涨而悟笔法。

> 我们用词语和形象向自己表现过去,以此保存关于过去的不同说法。纪念仪式是它最突出的例子。它们通过描绘和展现过去的事件来使人记忆过去。它们重演过去,以具象的外观,常常包括重新体验和模拟当时的情景或境遇,重演过去之回归。正如我们所见,在仪式语言的(rhetorical)说服力方面,这样的重演很大程度上依赖于规定性身体行为。不过,我们不用词语和形象加以明确重演,也能有意识地保存过去。在纪念仪式中,我们的身体以自己的风格重演过去形象;也可以借助继续表演某些技艺动作的能力,完全有效地保存过去。我们可能不记得我们怎样或何时初次学会游泳,但我们能够继续成功地游下去——记得怎样做——而自己完全不用有什么重现活动;当我们没有足够能力同步做有关身体动作的时候,我们就向脑子里的图像请教应当做什么。许多习惯技能的记忆形式说明,对于过去的记忆来说,虽然从不用追溯其历史来源,但却以我们现在的举止重演着过去。在习惯记忆里,过去似乎积淀在身体中。[①]

汉字的练习是一种典型的身体记忆,用毛笔反复临摹,悬肘提腕,气沉丹田;用手比划着学字也常常是小学生身体操演的一部分。利用象形,配合运动,视听兼顾,是学习汉字的有效过程。在各种大型纪念仪式上,志愿者用人体和各色花环组成大幅标语,成为重演过去的重要环节。猜字游戏丰富了人们的生活;拼写比赛或拼写考试,是对社会成员能力的测定。文字依然是我们数字化生存的主要内容,即便听音乐,文字也会以某种形式“不请自到”,光临我们的想象空间。签署文件是我们的承诺,也是法律程序;白纸黑字是重要证据。

我们可以灵活拆合汉字的偏旁部首,通过“解构”来区分同音或者复

---

① 保罗·康纳顿:《社会如何记忆》,纳日碧力戈译,上海人民出版社2000年版,第90页。

杂的词汇，如涉及姓氏的时候，以“言旁诸”来区别同音的“朱”；以“三点水的江”来区别同音的“姜”；以“弓长张”来区别同音的“立早章”。人名避讳是中国古代文字狱的重要部分，体现了封建专制。唐人陆柬之所著《书陆机文赋》中凡涉及“世”“民”“渊”等字，都减笔作“廿”“氏”“氵”，以避唐高祖李渊、太宗李世民之讳。港台和海外华人行“姓名五格”，体现了汉字笔画和民间宗教的结合。

第四节　超越文本

哈里斯著《文字再思考》[①]强调文字整合论，反对脱离社会、历史、文化和权力的研究取向，即文字研究要超越文本，要到现实和历史的人类生活中寻找答案。古迪认为文识（literacy）推动社会与文化变迁[②]，主张放弃列维－布留尔的前逻辑思维与逻辑思维、野性思维与文明思维的对立模式[③]，以及列维－斯特劳斯的新石器“具体科学”与现代“抽象科学”的对立模式[④]，用口传文化与书写文化的对立模式取而代之[⑤]，因为大约5000年前出现的书写系统是人类历史的分水岭，掌握文字的社会也因此发生了根本变化，这尤其表现在认知能力上。[⑥]

高夫反驳古迪，提出文识与认知能力无直接关系。他举两大文明古国印度和中国为例，这两个东亚国度的臣民识字率绝不亚于古代希腊，而其文化轨迹与深受希腊文明影响的西方诸国截然不同。与其说识字率影响

① Roy Harris, *Rethinking Writing*, Bloomington: Indiana University Press, 2000.

② Jack Goody, *The Domestication of the Savage Mind*, Cambridge: Cambridge University Press, 1977.

③ 参见列维－布留尔：《原始思维》，丁由译，商务印书馆1981年版。

④ 参见列维－斯特劳斯：《野性的思维》，李幼蒸译，商务印书馆1987年版。

⑤ Jack Goody, *The Domestication of the Savage Mind*, Cambridge: Cambridge University Press, 1977.

⑥ Jack Goody, *The Domestication of the Savage Mind*, Cambridge: Cambridge University Press, 1977; William Foley, *Anthropological Linguistics*, Massachusetts & Oxford: Blackwell, 1997, p. 417.

认知能力，不如说地方文化传统影响认知取向。例如，印度古文明崇尚由婆罗门僧侣口语传颂的吠陀经典，中华帝国有普遍世俗化和完备的官制。需要强调的是，印度和中国都拥有深厚的逻辑和哲学传统，不乏探讨、创新的才俊。印度的逻辑推理水准甚至超过希腊，但它仅反映在经典考据和灵魂超度上，为宗教服务，而不用于科学探索。① 即使在古希腊，用口语进行政治和法律活动需要遵循辩论规则，提供证据，由此“引生”希腊的逻辑、哲学和科学，无须具备普遍文识的前提条件。②

斯克里布纳（Cribner）和科尔（Cole）对利比里亚的瓦伊人做过经典个案研究。瓦伊社会有自己发明的拼音文字，在非正式场合如家里使用，与学校教育无关。同时，他们还使用阿拉伯语和英语。伊斯兰学者开办古兰经学校，教授阿拉伯语；正式学校教授英语。瓦伊语、阿拉伯语、英语分工不同：英文用于官方贸易、政府公文和正规教育；阿拉伯文用于宗教活动，尤其是用于抄写和背诵古兰经；瓦伊文用于家务，如开单记账、写家信。斯克里布纳和科尔的研究表明，瓦伊文和阿拉伯文并没有带来认知上的变化，没有特别倾向于非场景的语言自主使用、三段式逻辑推理或抽象思维。虽然英文显示出这些倾向，但这并不是由于英语文识，而是由于正规学校教育；受过英语正规教育的学生口语表达优秀，讲解问题头头是道。③ 瓦伊文有利于增加元语言意识，让使用者容易拼写瓦伊词，描述正确的瓦伊语法；阿拉伯文使用者长于文本记忆。这些都和具体环境要求的具体技艺有关，如作为拼音文字的瓦伊文为拼写奠定了良好基础，用阿拉伯文进行的诵经活动让阿拉伯文在记忆文本方面占优势。④ 也就是说，具体文字有利于相应具体认知能力的培养，笼统说文字有利于认知能力的发展是没有意义的。与此呼应，希斯（Heath）在美国北卡罗来纳州的三个社区做调查，

---

① William Foley, *Anthropological Linguistics*, Massachusetts & Oxford: Blackwell, 1997, p. 419.

② G. E. R. Lloyd, *Demystifying Mentalities*, Cambridge: Cambridge University Press, 1990.

③ William Foley, *Anthropological Linguistics*, Massachusetts & Oxford: Blackwell, 1997, p. 423.

④ William Foley, *Anthropological Linguistics*, Massachusetts & Oxford: Blackwell, 1997, pp. 423- 424.

研究本地人的文识活动。这三个社区分别是白人中产阶级居住区、白人工人阶级居住区、黑人工人阶级居住区。在白人中产阶级居住区,父母给孩子睡觉前讲故事,指着文本提问“那是什么?”“它在做什么?”父母和孩子总是在对话,运用各种书本范畴分析现实世界,类似于小学课堂上师生之间的对话。白人工人阶级居住区的情况不同。在孩子入睡前父母也讲故事,但缺乏平等对话,强调让孩子重复父母讲述的内容,不提供想象空间,父母也不鼓励孩子把小说中学到的知识运用于现实世界中。黑人工人阶级居住区又是另一个样子。家里除了几本经书,没有其他书籍,父母自然不会在孩子入睡前给他们讲故事。那里唯一的文识活动,是朗读信件或手册,听者联系自己的经历对内容评论和提问。参加者对朗诵内容和相关评论加以综合,联系实际,总结出文本的意义。黑人工人社区的文识活动属于公共事件(不像白人中产阶级那种私下对话),口头交流受到高度重视,游戏和竞赛突出语言的创造性使用。不过,他们这种交流方式违背正规教育的做法。①

伯恩斯坦(Basil Bernstein)引入阶级范畴来分析文识活动及其差别。他如此区分“周密规则”(elaborated code)和“受限规则”(restricted code):前者意义比较明确,可以脱离上下文,文法结构多样;后者正好相反。这个区别相当于书面语和口语之间的差别,而“周密规则”是中产阶级的语用特点,也与学校课堂的氛围相符。高尔指出,政治权力对文字的影响要大于语言学、哲学和语文学意义上的作用,文字的地位和功能关系到特定时代特定群体的生存和发展。② 从定义上说,文识是一种政治行为。③ 1807 年当“普及初等教育案”被提交到英国议院讨论时,当时的皇家学会主席写道:“为贫穷的工人阶级提供教育,不利于他们的道德和幸福,他们会讨厌自己的生活命

---

① William Foley, *Anthropological Linguistics*, Massachusetts & Oxford: Blackwell, 1997, pp. 430-431.

② Albertine Gaur, *Literacy and the Politics of Writing*, Bristol, UK and Portland OR, USA: Intellect, 2000, p. 1.

③ Albertine Gaur, *Literacy and the Politics of Writing*, Bristol, UK and Portland OR, USA: Intellect, 2000, p. 172.

运，不愿意安分守己，放弃劳作，读妖书，受挑唆，公开挑战基督，骄横无礼……”[①]这种说法类似中国“文革”时期所说的“知识越多越反动”。

第五节　汉字文化的影响

汉字的音、形、义结合独特，有超强的稳定性和历时性，在深刻影响中国文化的同时，也受到后者的制约，形成双向互动过程。这样的语言－文化统一体也对周边民族产生影响。他们借用汉字记录自己的语言，创造自己的民族文字。这种在汉字影响下产生的文字分表意字和表音字两大类，其中受到汉字影响产生的表意字称为“类汉字”；类汉字又分仿汉表意字、变汉表意字、似汉表意字三类。[②] 中国南方许多少数民族语言不仅结构和汉语接近，而且自古和汉族关系密切，他们的知识分子借助汉字或汉字偏旁造本族表意字，称为“仿汉字”。字喃、老壮文和老白文是比较有名的仿汉字。仿汉字也叫“土俗字”或“土字”，在苗族、瑶族、侗族、布依族、哈尼族、仡佬族、朝鲜族中也存在。一些民族在借用少量汉字的同时，也通过增减汉字笔画造新字，称为“变汉表意字”，主要有契丹大字和女真大字。契丹人也借汉字记写契丹语，如把“鸟宿池边树，僧敲月下门”读作“月明里和尚门子打，水底里树上老鸦坐”。[③] 西夏字是唯一的似汉表意字，用汉字的笔画组成一些字素，按照汉字的造字法组成表意的方块字。[④]

大约成书于13世纪的《蒙古秘史》（亦称《元朝秘史》）是蒙古族历史和文学巨著，目前所保存下来的版本是用汉字注写的，注音体系用的是元代周德清《中原音韵》的北方官话音系，其主要特点是：蒙古语的a用汉字歌戈、寒山二韵注音，e用车遮、皆来韵注音，I用齐微韵注音，o、ö用歌戈韵注音，u、ü用鱼模韵注音；汉字缺乏颤音r，在相应注音汉字前加小字“舌”，

① Albertine Gaur, *Literacy and the Politics of Writing*, Bristol, UK and Portland OR, USA: Intellect, 2000, pp. 172-173.

② 陈其光：《中国语文概要》，中央民族学院出版社1990年版，第188页。

③ 陈其光：《中国语文概要》，中央民族学院出版社1990年版，第196页。

④ 陈其光：《中国语文概要》，中央民族学院出版社1990年版，第200页。

如 idürgen 注音为“亦都[舌]儿坚”，等等。①

日语属于黏着语，通过在词干上黏贴语法成分来表达各种语法意义。尽管日语和汉语属于不同语系，但日语的书写系统却来自汉语。日本曾派遣唐使来中国学习语言和文字。日本的文字体系包括起源于中国的日本汉字、平假名和片假名三部分，日语汉字的发音通常有多个读音，如“木”有“き、もく、ぼく”等多个读音。汉字传到日本后，这个汉字的读音也随之传入，这种读音称为“音读”，如上例中的“もく、ぼく”；日语仅用汉字表意而保持原有日语读音时，称为“训读”，如上例中的“き”。日本人也创造了一些汉字，如“峠”“畑”“凪”“辻”等。

① 亦邻真：《元代蒙语音译汉字的惯例》，载《内蒙古大学学报》（蒙古文）1982 年第 4 期。

第六章　重归语言人类学

第一节　游戏与规则

分析哲学的主要创始人维特根斯坦在《哲学研究》一书中提出“语言游戏论”，认为学习语言就是学习语言游戏；懂得单个名称的意义不等于懂得它们的用法，就像“懂得各个棋子的名称，并不等于懂得各个棋子的走法一样”。[①] 语言是一种活动，并因此成为生活形式，即期望、意向、意义、理解、感觉等。[②] 棋戏的关键不在于棋子，而且棋子本身也不代表什么；各个棋子的意义取决于它们的走法，亦即棋戏的规则。[③] 维特根斯坦指出，在语言游戏中，英语词“疼痛”(pain)不能是私人语言，因为有人疼痛时，他人也能察觉；也就是说，人们不能孤立地定义“疼痛”，他们只能在语言游戏中对痛觉加以定义。例如，婴儿哭啼出于本能，随后通过父母训

---

① 涂继亮：《分析哲学及其在美国的发展》，中国社会科学出版社 1987 年版，第 148 页。

② 涂继亮：《分析哲学及其在美国的发展》，中国社会科学出版社 1987 年版，第 149 页。

③ Anthony Kenny, *Wittgenstein*, Cambridge, Massachusetts: Harvard University Press, 1973, p. 10.

练，学会用约定俗成的语言来表达疼痛，“疼痛语言”就和疼痛的自然表达融为一体。[1]

根据维特根斯坦的语言游戏论，人类语言是有规则的社会活动，是独立于个人、外在于大脑的社会形式，类似人类学者格尔茨的观点，即文化和意义具有公共性质，它不存在于人的头脑中，并非超自然的存在。格尔茨的对立面是古迪纳夫，后者认为文化存在于人的头脑和心灵中，认为“文化是由个人或个人群体用来指导自己行为的心理结构构成的”。[2] 泰勒与古迪纳夫的观点相同，是认知人类学的另一个重要代表，他认为文化是心理现象，可以用类似于数学或逻辑的方法加以分析，利用分类、范例、表格、树形图之类的精巧设计。格尔茨举贝多芬的四重奏为例，认为演奏技艺与演奏者及听众的理解不同，四重奏和乐谱不同：“贝多芬四重奏曲是在时间上展开的声音结构，是协调的模式化声音序列——一句话，就是音乐——而不是任何人对任何事物的知识或信仰，包括演奏技艺。”[3]

规则不是抽象的，是操演的和实践的；规则只能通过公共活动存在和延续，因而它最终不是私密的和抽象的。意义也是如此。从皮尔士的象符三分说出发，意义的生产离不开作为“灵魂感触”的征象、对象和释义之间的不断互动，而“对象”中的象似、标指和符号形成一个能互化对转的公共链条，一端有“物质情结”（即与现实世界密不可分），另一端有“心理情结”（即与主体心智密不可分），它同时包括“身体记忆”和“头脑里的知识”，本质上是具体时间和空间中进行的实践活动。

第二节　对话理论和社会行动理论

巴赫金生活在动荡的俄国革命时代，一生笔耕不辍，但几十年默默无

---

① Anthony Kenny, *Wittgenstein*, Cambridge, Massachusetts: Harvard University Press, 1973, p. 16.

② 克利福德·格尔兹:《文化的解释》，纳日碧力戈、郭于华、李彬等译，上海人民出版社 1999 年版，第 12 页。

③ 克利福德·格尔兹:《文化的解释》，纳日碧力戈、郭于华、李彬等译，上海人民出版社 1999 年版，第 13 页。

闻,直到20世纪60年代以后才被世人发现,成为著名的思想家。20世纪七八十年代西方掀起“巴赫金热”,他的语言理论是百家争鸣的焦点。虽然巴赫金的研究对象集中在文本和文论,但他的方法论和问题意识与哲学、语言学、社会文化人类学、心理学、社会学及其他学科紧密联系在一起,已经远远超出文学或文艺学的范畴。

对话理论是巴赫金思想的核心。对话是人类存在的基本方式,也是人们认识世界、互动互通的基本方式。包括各种语言和非语言符号在内的对话形式,归根结底是一种价值的交换关系和交换形式,其终极是审美判断。[①] 人要达到生活完美,就要对自己有“全观”的认识;但人有天然的局限,他不能看到自己的全部,不能直接观察自己的面孔和背部,这就是“视域剩余”。这样,借助他人、借助中介来观察自己的“视域剩余”,超越自我、完善自我就成为必需。也就是说,对话和交流是完美生活的必需。自我有“视域剩余”,他人也有“视域剩余”,“视域剩余”构成了相对于我本人和他本人的“外在性”。[②]“视域剩余”和“外在性”不失为一种调和内在与外在、唯心与唯物之二元对立的“救药”:我不是全然看不到自己的身体,但也不能全部看到;对方也是如此。对话,即符号交流,使人克服不足,体察自我,在主观和客观之间搭起桥梁。借助别人的眼睛反观自我,把借助中介(别人的眼睛、镜子或符号)得到的象似与直观所见做比较,这便是人的基本存在方式。人是天生的符号动物。巴赫金的“视域剩余”和“外在性”与皮尔士的“象似”和“三性”殊途同归,都强调心与物的对话和互补,都是克服主观与客观、唯心与唯物之二元对立的利器。

以“三”[③]对“二”是巴赫金和皮尔士批判或修正索绪尔结构主义的重要思想“处方”。索绪尔的结构主义语言学类似于客观心理学,从科学主义立场出发,提出能指—所指、言语—语言、横组合—纵组合(组合—聚

① 刘康:《对话的喧声——巴赫金的文化转型理论》,中国人民大学出版社1995年版,第55页。

② 刘康:《对话的喧声——巴赫金的文化转型理论》,中国人民大学出版社1995年版,第66页。

③ 虽然巴赫金没有像皮尔士那样明确提出“三性”论,但他们的思想定位有共通之处。

合)等二元对立观,试图用逻辑、理性、稳定的结构解决纷乱无序的社会语言现象,这样就人为割裂了人与社会、语言与价值的联系,也就割裂了现实与历史的联系,割裂了现状与发展(变化)的联系。巴赫金把索绪尔语言学的排列顺序颠倒过来,不从稳定的语言出发,而从变化的话语出发,从生活和历史事件出发,论证对话的社会属性。[①] 这样,巴赫金为主观和客观、稳定与变化、语言与言语、社会与个人之间的关系找到了一个辩证位置,不是让"二元"对立,而是对转、对话、互动、互渗。正如语言人类学研究语言学不愿研究的东西,"语言学从活的语言中排除掉的这些方面,对于我们的研究目的来说,恰好具有头等的意义"[②]。

意识形态过程是象征过程,"没有符号,就没有意识形态";"一切思想意识活动首先必须是'符号对符号的回应',具有客观实在性与普遍社会性"。[③] 我们说话不能避免引用他人的话语,不能避免回应和重复别人的话语,这个过程充满政治和意识形态。引语(语录)分两类:线性引语、图性引语。"线性引语"是加引号的直接引语,它象征中世纪神学、理性主义和机械论的统治话语,具有神圣的权威,象征大一统、封闭、神权和王权,象征旧时代;"图性引语"是间接引语形式,它消除了引用者本人的话语和被引用话语之间的界线,使二者互驳、互动、互渗,象征对话、开放、多元的新时代。[④]

古代希腊文明向罗马文明的过渡,也是"独白"向"杂语"(heteroglossia,语言杂多)和"众声"(polyphonic)的过渡,是从专治、封闭、封建、分割走向民主、开放、自由、交流的标志。民间诙谐文化(各种仪式和演出形式、各种诙谐的语言作品、各种形式和体裁的广场言语),尤其是狂欢节、

---

① 刘康:《对话的喧声——巴赫金的文化转型理论》,中国人民大学出版社 1995 年版,第 116 页。

② 巴赫金:《陀思妥耶夫斯基诗学问题》,见钱中文主编:《巴赫金全集》(第五卷),白春仁、顾亚铃译,河北教育出版社 1998 年版。

③ 刘康:《对话的喧声——巴赫金的文化转型理论》,中国人民大学出版社 1995 年版,第 15 页。

④ 刘康:《对话的喧声——巴赫金的文化转型理论》,中国人民大学出版社 1995 年版,第 17 页。

愚人节、“驴节”和“复活节游戏”，与官方严肃的祭祀和庆典形成鲜明对照，官方与民间的对立构成“双重世界”。狂欢节语言充满戏谑，遵循与官方正统颠倒的逻辑，“面部和臀部不断易位的逻辑”，降格、亵渎、打诨、脏话、诅咒、绰号，是典型的言语风格。例如，在拉伯雷的作品中，神职人员的名字常常和病症的粗俗名称有关，他从传统挖掘语言素材，为作品中的主要人物取类似于绰号的名字：Gargantua，Grandgousier，Gargamelle。这三个名字都有“喉咙”的意思，“但不是中性的、解剖学上（的）术语，而是贪食、吞食、狼吞虎咽、筵席上的褒贬形象”，“这也是指张开的嘴巴、坟——肚子、吞食——诞生”。[①] 其作品作为艺术体系的小说，把不同的“杂语现象”结合起来，形成新的统一体。小说语言是各种语言的组合，这些语言可以来自不同的民族语，也可以来自同一民族语内部的各种社会方言，各种社会团体的习惯用语、行话，各种文体的语言、政治用语、时髦用语，等等；它们还可以和作者语言、叙述人语言、穿插的文体及人物语言等结合，产生“多元一体”的效果。[②] 词语的意义来自异质的对话活动，意义也产生于多义。对话意味着“说”和“答”，“说”是为了让对方“答”，对“答”的期待会反过来限定“如何说”和“说什么”，这样的期待同时也指向未来，意义便在这样的“时间差”和互动中产生。在真实的社会生活中，对话是“说”和“答”之间的“协商”，彼此期待，彼此制约，形成一个流动的结构。要让对话持续下去，就要给对方面子，让对方有话可说，让对方理解和跟上，要有一个在不断调适中形成的默认规则和认同结构，否则对话无法继续。双方都要积极为对话中产生的意义做贡献。这样的对话充满生命力，面向未来，宽容异己，富于创造和弹性。使用语言就是利用语言本身可能的意向性，让它们为我所用，具体地指向特定目标，体现特定价值、职业观和表达风格。[③] 因此，社会生活中不存在“中性”词语和形式，它们总是反映特定

① 巴赫金：《弗朗索瓦·拉伯雷的创作与中世纪和文艺复兴时期的民间文化》，见钱中文主编：《巴赫金全集》（第六卷），李兆林、夏忠宪译，河北教育出版社 1998 年版。

② 巴赫金：《长篇小说的话语》，见钱中文主编：《巴赫金全集》（第三卷），白春仁、晓河译，河北教育出版社 1998 年版，第 37—214 页。

③ M. M. Bakhtin, *The Dialogic Imagination*, Austin: University of Texas Press, 1981, p. 289.

的意识、意图和“语调”(accent),反映杂语表达的世界。所有词语都体现职业、风格、倾向、党派、工作、个人、世代、年龄、时刻。语言作为具体的社会意识形态之物,作为杂语观的表达,在个人意识中处于“我”与“他”的边缘。词语的一半属于他人,说话人只有通过对话,把自己的意图和语调注入其中,才能将其据为己有。① 对话和对话中的协商让词语带上诸多个人色彩,不断产生新义和活力,并发展变化。

巴赫金重视民间,重视边缘,注视非主流,这正是社会文化人类学的传统视角,也是文化多样、语言多样、价值多样的观点,与他的语言理论和语言人类学的主要理论相合。

列夫·维果茨基 1896 年出生于白俄罗斯,家庭属于犹太中产阶级。② 他兴趣广泛,学过医学、法律,热爱戏剧,曾在沙尼亚夫斯基(Shniavsky)大学就读历史和哲学专业。当时的结构主义革命引起他的注意,他涉猎过罗曼·雅可夫斯基、列夫·雅库宾斯基(Lev Jakubinsky)等人的著作。不过,他最终投身的事业是艺术心理学和语言心理学。维果茨基从未受过正规的心理学训练,但这并不妨碍他成为一个有创见的心理学家。他认为,心理学应当研究人类意识和人类情感生活高级形式的起源,不应局限于研究人类的基本行为。也就是说,心理学要研究人的社会活动,要超越自然研究或生物研究的樊篱。在反射学(refexology)占主导的东方和行为主义占优势的西方,正统的心理学家大都拒绝维果茨基的社会人文取向。

维果茨基认为,心理研究本身不是目的,对于他来说,文化和意识才是真正的研究课题。他在 1925 年成稿的《艺术心理学》③中强调,心理学研究就像刑事侦查,不能局限于罗列事实,而要联系环境,注重间接证据,无意识表现和文化人类学材料都会提供重要线索。就像巴赫金强调社会对

---

① M. M. Bakhtin, *The Dialogic Imagination*, Austin: University of Texas Press, 1981, pp. 293-294.

② 关于列夫·维果茨基的生平,参见 Kozulin, Alex, “Vygotsky in Context,” in Lev Vygotsky, *Thought and Language*, Cambridge, Massachusetts and London, England: MIT Press, 1986, p. xi。

③ 俄文版于 1965 年出版,英译版于 1971 年出版(Lev Vygotsky, *The Psychology of Art*. Cambridge, MA: MIT Press, 1971)。

话的重要作用一样，维果茨基指出，个人意识建立在与他人的关系之上，是从外部建立的；社会行为的机制和意识的机制属于同一个东西，我们意识到自己是因为我们意识到别人，我们和自我的关系就如同他人和我的关系。他相信，人的高级心理机能是中介活动的产物，心理工具（psychological tools）和人际交流扮演了中介角色。心理工具有指号（semiotic）属性，它是内指的（internally oriented），能够把人的自然能力改造为高级心理机能。这样的心理工具包括语言、手势、记忆术、决策手段（如抓阄）等。例如，我们想用大脑的自然机能记住 A 与 B 的联系，记忆术中用 A 和 X、X 和 B 的关系取代原有的关系，这里的 X 就是心理工具。[①] 符号心理工具的形成和发展与社会关系内化直接相关，前者依赖后者，也促进后者。我们可以观察这样一个例子：婴儿开始伸手抓东西时，抓不到，维果茨基称之为“自在的手势”（gesture-in-itself）；这时妈妈来帮忙，情况发生了本质变化——“自在的手势”变成“为他的手势”（gesture for others）。他人（妈妈）认为孩子抓东西的举动是有所指的手势。这样，婴儿的手势就变成了有社会意义的交流活动，他从此转向对妈妈而不是对东西做这种手势。“自在的手势”变成了“自觉的手势”（gesture-for-oneself）。[②]

维果茨基关注各种高级心理机能，尤其关注语言和思维的关系。他指出，儿童的言语发展表明，思维和言语有不同的起源，思维的发展经历了前语言阶段，言语的发展经历了前智力阶段。语言和思维先是各自独立发展，然后在一定阶段上“合流”，思维成为语言的思维，言语成为理性的言语。[③] 他进一步指出，儿童的语言和思维的发展不是语言和思维各自内部的发展，而是二者间互相关系的发展，它们之间的关系和联系并不稳定，在

---

① Alex Kozulin, "Vygotsky in Context," in Vygotsky, Lev., *Thought and Language*, Cambridge, Massachusetts and London, England: The MIT Press, 1986, p. xi.

② Alex Kozulin, "Vygotsky in Context," in Vygotsky, Lev., *Thought and Language*, Cambridge, Massachusetts and London, England: The MIT Press, 1986, pp. xi-lxi.

③ Lev Vygotsky, *Thought and Language*, Cambridge, Massachusetts & London, England: The MIT Press, 1986, p. 83.

各个阶段上各有特点，不能一概而论。[①]

维果茨基在《语言和思维》(*Language and Thought*)一书中还认为，前概念思维甚至神话思维不仅是儿童和精神病患者的特点，同样也是一般成人日常推理的基础。这是他的独到见解。维果茨基区分两种不同的经验形式，它们各自生成不同的概念群——科学概念和日常概念。科学概念来自结构化和专门化的课堂教学，建立在理解和任意性[②]上，而来自个人经验的日常概念尚未被理解，也没有被大量使用。教学和学习对于获得科学概念起关键作用，学龄儿童开始产生“言语化内省”，开始具有能动概括能力，学校教育使儿童把知觉概括起来，让他们意识到自己的心理过程，“反省的意识经由科学概念的大门而成为儿童的财富”[③]。在维果茨基看来，日常概念从低级属性向高级属性发展，科学概念从高级属性向低级属性发展，在教学过程中科学概念的发展胜过日常概念的形成。当然，“为了形成科学概念，也需要日常概念发展到一定程度”。维果茨基认为，教学和发展不是互相独立的过程，也不能把它们等量齐观；“教学始终并应当走在发展的前面，而不要落在发展的后面”。[④]

无论学习科学概念还是日常概念，都离不开日常对话和社会行动，二者在交往互动中拉近距离，甚至产生交融。英戈尔德(Tim Ingold)秉承杜威(John Dewey)实用主义观点，认为人类学和教育没有差别，都是和他人或者他者一道学习生活，教育不是灌输权威知识，而是在生活中学习事物，在不断的学习中发现和成长。教室不是单纯学习大师们积累的权威知识的场所，而是与大师们进行理论对话、创新发展、超越其想象的地方。[⑤] 英戈尔德为了践行杜威的“边做边学”的理念，带着四个学生到河边用柳条

---

① Alex Kozulin, “Vygotsky in Context,” in Vygotsky, Lev. , *Thought and Language*, Cambridge, Massachusetts and London, England: The MIT Press ,1986, p. xi.

② 相当于索绪尔的“约定俗成”。

③ 列夫·谢苗诺维奇·维果茨基:《思维与语言》，李维译，浙江教育出版社 1997 年版，第 97—98、102—103 页。

④ 列夫·谢苗诺维奇·维果茨基:《思维与语言》，李维译，浙江教育出版社 1997 年版，“中文版译序”第 14—15 页。

⑤ Tim Ingold, *Athropology and/as Education*, London & New York: Routledge, 2018.

编制箩筐，让学生产生“质料感”，发现制作的“韵律”，编好的箩筐各不相同，反映了不同的性格和手法。这次实地制作对学生们影响深刻，他们认为这一个下午的收获颇大，胜过好几门课和许多本书。[①]

第三节　指号三性

如果说维特根斯坦的“游戏说”从哲学入手提出互动之见，巴赫金的“对话说”和维果茨基的“社会行动说”分别从文学、心理学着眼达到通变之界，那么，皮尔士的“指号三性”说则把这些跃动和开放的话语体系勾连起来，赋予它们更为高远的意境（当然，皮尔士并没有和他们有过什么直接对话）。从赫拉克利特到柏拉图，笛卡尔到康德，穆勒到索绪尔，他们一直陷于身心二元论的泥潭中不能自拔，不是唯心，就是唯物，或二者兼有，总难免隔靴搔痒。一生并不顺利的美国思想家、现代指号学的奠基人之一查尔斯·皮尔士，则以指号三分论为整个西方哲学思想带来深远影响，也为中西哲学思想的融会贯通，提供了不可多得的契机。

索绪尔认为指号由能指和所指两个部分组成，而皮尔士则认为指号由三个部分组成：第一是征象，第二是对象，第三是释义。征象是我们的第一感觉；对象是所感所知；释义是升华，是头脑里的“真正指号”。按照皮尔士的定义，征象是第一，它和第二——对象——有真实的三维关系，并由此决定了第三即释义的存在，使释义也与这个对象保持同样的三维关系。西尔弗斯坦对皮尔士的“三分”有明确的解释：“第一”基于指号载体的性质；“第二”基于所指实体的性质；“第三”基于信号受指体（entity signaled）和信号发出体（sigaling entity）之间关系的性质，即被交流之意义的性质。[②]丹尼尔（Daniel）为了阐明皮尔士的指号观，根据征象、对象、释义各析出的

① Tim Ingold, *Athropology and/as Education*, London & New York: Routledge, 2018, pp. 22-24.

② Michael Silverstein, "Shifters, Linguistic Categories and Cultural Description," in Keith Basso and Henry Selby, eds., *Meaning in Anthropology*, Albuquerque: University of New Mexico Press, 1976, pp. 11-55.

三个分支，设计了一个 3×3 的表格[①]：

征象（第一）	对象（第二）	释义（第三）
第一　Qualisign	Icon	Rheme
第二　Sinsign	Index	Dicentsign
第三　Legisign	Symbol	Argument

第一列排出三种征象，第二列排出三种对象，第三列排出三种释义。征象一叫作 Qualisign，它表示质感，如"红色"。如果把这种红色赋予中华人民共和国国旗，它就变成了 Sinsign，即征象二。与此同时，征象一和征象二会涉及更加广泛的意义场，涉及社会习惯，即征象三。同样，对于对象来说，也有类似相对独立的三分：对象一，即象似，与其所指有一致性或类似性，如拟声词、地图、设计图等。对象二，即标指，与其所指不存在一致关系，但有连续关系或逻辑关系，如烟与火的关系。对象三，即符号，与其所指不存在连续关系，也不存在一致性或类似性，而存在语言学上所说的约定俗成的关系。至于释义的三分，释义一表示可能性，释义二表示事实，释义三表示理性。释义一，即 Rheme，包括词语的前缀、后缀、中缀之类，也包括图表中的线或格。单独来看，释义一只蕴含可能性，只有在具体场景和具体使用中才有具体意义。释义二，即 Dicentsign/Dicesign，包括语句、命题、判断等，但是，释义二的真伪要借助释义三——论据或推理——来裁定。这里有三点需要强调：第一，如皮尔士本人所说，以上三分只是为了方便，在临场中必然是三分归一，互不可分；第二，对于语言人类学来说，象似、标指和符号具有特殊的、革命性的意义，尤其是标指，它既在皮尔士三分表中处于中间位置，纵向和横向都属于第二，在语言人类学的意义研究中，也处于象似和符号之间；第三，皮尔士的指号理论仍有广阔的发展前景，为后人留下足够的思辨空间，它是超越二元对立，实现"三一辩证"（指

① E. Valentine Daniel, *Fluid Signs*, Berkeley: University of California Press, 1984, pp. 30-40.

皮尔士三性)的起点。

施奈德和格尔茨都关注本土人的观点,都注重本土人如何分类。但是,施奈德要寻找本土人脑子里的文化意义,并由此探索人类的思维通则,这也是列维-斯特劳斯的结构主义通则;格尔茨反其道而行之,他认为不应该到人脑里去寻找文化意义,应该到社会里去寻找。对于人类学者来说,文化可能是一个符号体系或者意义体系,但是,对于本土人来说,文化不仅仅是符号体系,它还是标指体系和象似体系。[①] 施奈德并不让步,他说:研究文化符号和文化体系是两回事。[②] 施氏和格氏之争,仍然是二元对立的表现,就像人们只关注生死两极,而忘记了生死之间的存在一样。这个世界是由"三",而非由"二"决定的。

其实,关于二元对立,中国古人早有"解药":请稍稍留心传统上用来算命、看风水的八卦图,看那一二三是如何辩证地统一在一起,互克互转,达致中和。上引皮氏的三分图与古人的八卦图何其相似!从古人的致中和到格氏的三归一,都表明在"二"之外还有"三"。

中国汉字"六书"充分体现了皮尔士的指号三性。《周礼·地官·保氏》提到"六艺",其中包括"六书":"一曰五礼,二曰六乐,三曰五射,四曰五驭,五曰六书,六曰九数。"许慎《说文解字·序》具体解释了"六书"的含义:

> 《周礼》:八岁入小学,保氏教国子,先以六书。一曰指事。指事者,视而可识,察而见意,"上""下"是也。二曰象形。象形者,画成其物,随体诘诎,"日""月"是也。三曰形声。形声者,以事为名,取譬相成,"江""河"是也。四曰会意。会意者比类合谊,以见指㧑,"武""信"是也。五曰转注。转注者,建类一首,同意相受,"考""老"是也。六曰假借。假借者,本无其字,依声托事,"令""长"是也。

---

① E. Valentine Daniel, *Fluid Signs*, Berkeley: University of California Press, 1984, p. 32.

② David Schneider, "Notes Toward a Theory of Culture," in Basso, Keith and Henry Selby, eds., *Meaning in Anthropology*, Albuquerque: University of New Mexico Press, 1976, p. 206.

后人将此“六书”归纳为“象形”“指事”“会意”“形声”“转注”“假借”。[1] 如果说象形属于皮尔士指号三性的“象似”，那么“指事”“会意”“形声”“转注”和“假借”就属于层层递进、趋于抽象的“标指”了。如“一”为地平线，上加一点，表“上”，下加一点表“下”（指事）；“人”+“言”为“信”，“刀”+“牛角”为“解”（会意）；形声字由形符和声符构成，形符表义，声符表音——“江”为“水”旁+“工”音，“河”为“水”旁+“可”音；从“转注”到“假借”，抽象度有所提高，“转注”“建类一首”（如“寿”“耋”“耄”“考”“耆”部首类同，意义相近）。[2] 其实，根据一些学者的观点，除了象形，汉语也存在一些“象声”或者“拟声”的现象。古汉语分平仄，平仄能够反映心理直觉，平声反映愉悦感，仄声反映消沉感。苏新春《文化语言学教程》引李世中《谈汉语声调对同义词的象征性》，举例说明平仄与心理直觉的关系：飘、扬、浮、飞、翱、翔、悠、升等为平声词，降、坠、堕、破、碎、废、溃等为去声词，绝、裂、折为仄声词。[3] 苏新春根据王力《同源字典》[4]，以表“缺水”的“枯、涸、渴、槁”等同源字为例，说明这几个汉字的语音与语义的非“任意性”和直观性：

> kha 枯:kho 槁（鱼宵旁转）
>
> kha 枯:hak 涸（溪匣旁纽，鱼铎对转）
>
> kha 枯:khat 渴（鱼月通转）
>
> khat 渴:giat 竭（溪群旁纽，月部叠韵）
>
> giat 竭:xiat 歇（群晓旁纽，月部叠韵）
>
> 第一行声母相同，韵接近；第二行声母清浊有别（今音表现为送气与否），韵母阴入相对；第三行声母相同，韵母阴入相对；第四行声母清浊有别，韵头不同，主要元音同；第五行声母相邻，

---

① 参见国家图书馆中国记忆项目中心:《我们的文字》，清华大学出版社 2015 年版，第 20 页。

② 参见国家图书馆中国记忆项目中心:《我们的文字》，清华大学出版社 2015 年版，第 20—21 页。

③ 赵杰、田晓黎:《语言人类学》，民族出版社 2015 年版，第 86—87 页。

④ 王力:《汉语同源字典》，商务印书馆 1982 年版，第 133 页。

清浊有别，韵相同。[1]

印度传统瑜伽突出感觉(bhaktiyoga)、行动(karmayoga)和知识或思想(jnanayoga)的三元和谐。[2] 这种“三”的思想在哲学、人类学和语言学中多有隐喻式的表达，例如维特根斯坦的“游戏说”(二人玩游戏要有一个规则，2 + 1 = 3)，“家族类似性”(两点之间是无数的过渡，非彼非此，或亦彼亦此，是第三种)；奥斯汀的“言行论”以及后来出现的语用学；瓦格纳的类推亲属制(analogic kinship)；哈尔布瓦克 - 康纳顿(Halbwachs-Connerton)的集体 - 身体记忆；布尔迪厄的“惯习”；语言学近年来关于“混沌”或“不规则”的理论。

身心本无严格对立，永远处于对转之中，即一二三数的相克相生。事物的存在只有时间和空间是不够的，还要有运动。这种“运动”对于人类学者来说，就是“田野工作”；对于意义的探寻者来说，就是对话和过程。有位哲学家提出这样一句口号并以此为其著作一章的标题：“把身体还给指号”[3]。中国的传统文化不能单靠学，还要练：写书法，用筷子，打招呼等；学习英美文化就要到那里待一段时间，观察那里的人如何在具体的场景中使用语言，如何组织“派对”，如何“吵架”，等等。这类似革命家所说的“吃梨子”“弹钢琴”“解剖麻雀”。泰米尔人的乡土观念和真实的泥土联系在一起，就像中国人说的“一方水土养一方人”，他们和家乡的土地及水井共享一种基本素质或要素。[4] 不同的种姓有不同的水土“配方”，无论是居住还是迁移，都要注意水土的“配方”是否符合自己的种姓。饮食也是如此，不同的种姓有不同的饮食“配方”，要注意“冷”和“热”，有的种姓适合“冷”食，有的适合“热”饮食。泰米尔人“指号学”是三分论的最好说

① 赵杰、田晓黎：《语言人类学》，民族出版社 2015 年版，第 84—85。

② Milton Singer, *Mans Glassy Essence: Explorations in Semiotic Anthropdogy*, Bollmington: Indiana Vniversity Press, 1984, P. 187.

③ “Putting the body back in the sign,” in Floyd Merrel, *Peirce, Signs, and Meaning*, Toronto Buffalo London: University of Toronto Press ,1997, pp. 315-342.

④ E. Valentine Daniel, *Fluid Signs*, Berkeley: University of California Press, 1984.

明，它强调身心与水土的和谐，象似、标指和符号的互生同济。在中国，无论是城市还是乡村，有不少人相信风水，个人和家族的成功与否和房屋、坟头的朝向、位置挂钩，就连个人的姓名也不例外，也要用“姓名五格”来选定。① 日本稻作文化的核心是稻，它体现了日本人的审美、价值观、财富、运气、本我、权力、族性和民族主义。② 有趣的是，日语的“种族”和汉语的“种族”（当然还有朝鲜语）的“种”都来自粮食作物，足见农作物和人类如何紧密地互相融合。迄今为止，在西方学术界已经成为常识的种族属虚构的观点，并不能为中国、日本等东方国家的人们所普遍接受，大多数人宁可相信“天生”“原生”的说法。他们还没有被“符号”到异化的程度，友谊大于法律，亲情大于公平。从相对的观点看，他们对象似、标指和符号的比例有不同的配置，运用的是不同的“游戏规则”。

皮氏的指号三分论对于我们认识族群文化和族群关系问题也有帮助。族群关系的紧张化，在不同程度上与误读族群指号有关：本来在本族属于标指的东西，外族看成是符号，或者把象似看成符号，或者把符号看成标指或象似，就会出现“好心不得好报”的情况。我们经常遇到这样的情况：多数民族出于人道和爱护，为少数民族提供了大量无私的人力、资金、物质等方面的帮助，过了若干年，少数民族中有许多人却发起了牢骚，颇有些“忘本”。例如，一些少数民族相信万物有灵，山水天地、上下左右充满神鬼精灵，像美国的“Hmong”人普遍认为人有好几个灵魂，它们都很脆弱，容易受到各种恶鬼的侵扰，从饮食到起居，稍有不慎就会给这些恶鬼创造机会，危害人类，结果是病痛和死亡。人生了病，头等大事不是去医院，而是先请法师驱鬼。有的家长看到自己的孩子在医院里插了管子接受治疗，觉得会伤了魂体，就把孩子“偷”回家自行治疗，为此法院判了委托监管，强行让大人和孩子分开，因为大人延误孩子治疗；用土办法拔罐子，也对孩子造成伤害。圣迭哥的一位“Hmong”人孩子是兔唇，美国医生要给他动手术矫治，

---

① 纳日碧力戈：《姓名论》，社会科学文献出版社 1997 年版。

② Emiko Ohnuki-Tierney, *Rice as self*, Princeton, New Jersey: Princeton University Press, 1993.

这家人慌忙出逃。他们解释说,这家的父亲有一次打鸟不够准确,让它在痛苦中死去,作为惩罚,那鸟的精灵就让这家的孩子长了兔唇,这样的惩罚是绝对不能逃避的。密西根的一个"Hmong"人孩子眼部长了肿瘤,还没等医生动手术,全家就逃离了该州,怕孩子动了手术会永远转世成为身体不全的人。[①] 这样的文化冲突随处可见,从西医到巫医,从西方到东方,其间有许多沟通,也有许多误读。

第四节　移动符

叶斯泊森(Jespersen)最先提出"移动符"(shifter)的问题[②],后来雅各布森和西尔弗斯坦对此进行了研究,提出了一套理论体系。[③] 所谓"移动符",它是属于标指的一个种类,它在表面意义之下发生"移动",指向另外的意义,即"弦外之音"或"话里有话"。典型的"移动符"有"我""你""这里""现在""昨天"之类表示兼指时间和空间的代词或指示词,也包括语法上的时态和性别词等。传统语法只注意这些词汇和用法的"可量化"方面,即"纯语言学"意义上的语音、构形和意义,把其中的文化意义和社会用法搁置起来,视作多余。例如,"我"这样一个指示词,表面上是一个明确无误的人称代词,但细究起来,同样的"我"会随着场景的不同而指向不同的对象(在说"我"的时候,说话人要在场,使听者有意无意地感到一种空间定位;在说"我们"的时候,听者会意识到至少有两个人在场);在早期汉语里,像"卑职""奴才""奴婢""朕""驾崩"之类的词,不仅有结构语言学层面上的词语意义,还有重要的社会历史意义,亦即语用学意义。如果说传统语言学只研究符号的话,那么,指号学则同时研究象似、标指和符

---

① Anne Fadiman, *The Spirit Catches You and You Fall Down*, New York: Farrar, Straus and Giroux, 1997.

② Otto Jespersen, *Language*, New York: Henry Holt and Company, 1924, pp. 123-124.

③ Roman Jakobson, *Shifter*, *Verbal Categories*, *and the Russian Verb*, Cambridge, Massachusetts: Harvard University Press, 1957; Michael Silverstein, "Shifters, Linguistic Categories and Cultural Description," in Keith Basso and Henry Selby, eds., *Meaning in Anthropology*, Albuquerque: University of New Mexico Press, 1976, pp. 11-55.

号。在指号学研究中，“移动符”处于标指和符号之间。[①]

对刚学会说话的小孩来说，掌握人称代词是个难关，他们开始的时候都会“你我不分”，把“你讲个故事”和“我讲个故事”混起来，本来是让别人讲故事，却说成“我讲个故事，我讲个故事!”大人为了不让孩子困惑，就不用“你”和“我”，而用“爸爸”“奶奶”“玛丽”等名称代替。有人问小孩：“奶奶在家吗?”孩子回答：“不，奶奶在爷爷家。”显然，他把“家”理解成自己的家。[②] “移动符”不像其他语言类别那样可以相对脱离环境，保持相对稳定的意义，它必须和“此情此景”“此时此地”相结合才能有具体意义，即需要“现场”处理。

雅各布森在解析语言交流的时候，提出了话语活动(speech event)理论。[③] 他指出，说话人发出的信息要由受话人接收，说话人对信息进行编码，受话人加以解码。信息(M，即 Message)及其编码(C，即 Code)是语言交流的载体，而且有双重功能：它们本身被用于交流，同时也可以另有所指，既可以指向编码，也可以指向另一个信息。这样，语言交流就涉及四类双重功能：M/M，C/C，M/C，C/M。间接引语属于“话中话”，是典型的 M/M，引用他人或自己所言，使用“听说……”“我曾对你说过……”之类的句型，用一段话指向另一段话。包括人名在内的专名一直是哲学、语言学、人类学研究的对象之一。雅各布森认为专名属于 C/C 范畴，张三指名叫张三的人，李四指名叫李四的人，是编码指向编码，不像通名那样指向普遍属性：“人”泛指人的属性集合。“张三”和“李四”不能泛指张三和李四的属性集合。这里涉及密尔和弗雷格的一段争论：专名是否有意义？密尔认为专名有所指(reference)而无意义(sense)；弗雷格认为兼有，例如“晨星”和

---

① Roman Jakobson, *Shifter*, *Verbal Categories*, *and the Russian Verb*, Cambridge, Massachusetts: Harvard University Press, 1957; William Foley, *Anthropological Linguistics*, Massachusetts & Oxford: Blackwell, 1997, p. 27.

② Otto Jespersen, *Language*, New York: Henry Holt and Company, 1924, p. 123.

③ Roman Jakobson, *Shifter*, *Verbal Categories*, *and the Russian Verb*, Cambridge, Massachusetts: Harvard University Press, 1957.

"暮星",其所指相同,但意义不同,心理感受不同。[①] 其实,根据大量民族志记载,专名对于世界上许许多多的社群来说,是兼有意义和所指的,是社会结构的一部分,是历史记忆的一部分,是文化实践的一部分。[②] 泛指词句本身的解释语或者定义,属于 M/C,例如:"人是高级动物";"哈巴狗是一种狗"。"移动符"属于 C/M,即编码指向信息,只有求助于具体信息,才能确定编码的总体意义。例如当有人说"我"的时候,必须联系他说话时的场景及其本人,才能确定"我"指的是谁,它的意思是什么。其实,"移动符"就是皮尔士所说的"标指",它的一端联系着符号,另一端联系着象似;一端是"虚"的,另一端是"实"的。

西尔弗斯坦认为,标指为语言之语用学描述提供了一把钥匙。在他看来,沃尔夫最先研究纯语义(所指)范畴和双重(所指性标指)范畴在不同语言中的不同组合,以及这些不同的组合又如何殊途同归地完成类似的话语活动。在此之前,博厄斯仅对此有所暗示。一种语言的"时"(tense),在另一种语言里分解为"体"(aspect)和"态"(status),即前一种语言里的单一所指性标指,在后一种语言中变成语义范畴加所指性标指的组合。沃尔夫本人缺乏理论术语表达自己,导致整个一代人类学者对他误读,照字面理解"相对性"(relativity),岂不知它不过是个业内的隐喻。[③]

从广泛的人类学意义出发,话语的语用体系是文化的一部分,还可能是最重要的一部分。语言中有大量"残余的"语用内容,这些语用内容就是文化。[④]

---

① 纳日碧力戈:《姓名论》,社会科学文献出版社 1997 年版,第 3 页。

② R. B. Barnes, "Personal Names and Social Classification," in David Parkin ed., *Symantec Anthropology*, London: Academic Press, 1982, pp. 211-226.

③ Silverstein, Michael, "Shifters, Linguistic Categories and Cultural Description," in Keith Basso and Henry Selby, eds., *Meaning in Anthropology*, Albuquerque: University of New Mexico Press, 1976, pp. 11-55.

④ Silverstein, Michael, "Shifters, Linguistic Categories and Cultural Description," in Keith Basso and Henry Selby, eds., *Meaning in Anthropology*, Albuquerque: University of New Mexico Press, 1976, pp. 11-55.

第五节　认知语言学

如果说认知人类学受语言学结构主义影响，研究人类社会与人类思想之间关系[①]，那么，认知语言学突破结构主义和心智主义的藩篱，研究人类认知和体化实践之间的关系，这种哲学层面上的问题意识让认知语言学和语言人类学“喜结良缘”，和布尔迪厄、吉登斯等人的社会理论产生共鸣。

乔姆斯基于20世纪60年代首创转换生成语法，继承笛卡尔、柏拉图主义和索绪尔语言自足论，排除人的能动作用和社会文化因素，放弃语义研究，仅关注语言本身的系统、结构和内部规律。他否认人类的原生心智是“白板”一块，否认一切知识为后天习得，批评行为主义“刺激—反应”模式，认为人类先天有心智能力。[②] 但是，20世纪70年代以来的第二代认知科学家开始批判乔姆斯基的绝对心智主义，强调心智与身体不可分离，认为知识为后天习得，坚持概念、推理和意义依赖体化经验，强调语义－意义研究的中心位置，强调动态的体化认知过程。认知语言学者强调心智的体化性质，强调范畴、概念和推理不是客观外界的镜像反映，也不是先天赋予，而是人类对客观外界的感知和体验；推理的基本形式出自空间（地点、方向、运动等）和身体（器官、身体与环境的相对位置和关系等）。

> 在语言与现实之间存在思维或认知这一中间层次，如果不依靠范畴知识、概念结构和认知方式，就无法接近现实。因此反映在语言中的现实结构是人类心智的产物，而人类心智又是身体经验的产物，这就彻底批判了笛卡尔和乔姆斯基的“心智与身体分离”的二元论，“主体－客体”二分法不能成立。[③]

---

① Roy D' Andrade, *The Development of Cognitive Anthropology*, Cambridge: Cambridge University Press, 1995, p. 1.

② 王寅：《认知语言学》，外语教育出版社2007年版，第17页。

③ 王寅：《认知语言学》，外语教育出版社2007年版，第57页。

中国古代哲学讲“物我不二”“天人合一”，这里的“我”和“人”应再分为“身”和“心”，呈身、心、物三元，以身感知，以心感悟，以物感觉。我们的身或标指有象征功能，它总会指向某个对象，即它有所指，例如用“头”表示方位：“上头”“下头”；用“肚”“腹”表示容器，例如“一肚子委屈”“牢骚满腹”。身是感知的载体，沟通心的感悟，连接物的感觉，是人与非人的中介，是此在和此时的印证。身——标指与所指对象的关系属于毗连关系，英文称 contiguity，这种关系就像云和雨的关系：云不是雨，但预示雨，它们有逻辑性。又如烟和火：烟不是火，但烟指向火。同样，我们的身及其使用习惯（惯习），如姿势、表情等，也指向特有的社会和文化熏陶，如舞蹈演员身姿挺拔，革命军人昂首阔步。我们的身是感知的基础。

维特根斯坦的家族相似性（family resemblances）原理对认知语言学的原型范畴观有重要影响。维氏在研究语言游戏时指出，家庭成员的容貌彼此相似，但相似程度不同，如儿子容貌有些像父母，也有些像祖父；女儿容貌有些像父母，也有些像祖母；等等。即便如此，一家人总有相似性。某家庭成员不会拥有该家族的全部容貌特征，某两个成员也不会拥有完全相同的特征，但所有家庭成员共有某些特征。人类以“相似联系”概括事物属性。原型（即最好的样本）即建立在这样的共有特征上，它强调类似于 AB—BC—CD—DE—EF 的连续性，而不是划界、定格。当然，不同的文化-生态环境和不同的社会实践会产生不同的原型。以“鸟”为例，在西方英语世界，“知更鸟”（robin）比鸡、企鹅、鸵鸟更具鸟类代表性，但在中国汉语世界，“麻雀”是更好的原型。

意象图式是认知语言学的另一个关键词。拉可夫区分了三种意象：

（1）感觉意象（perception images），指通过感觉器官获得的意象，如视觉意象、嗅觉意象、听觉意象、力量意象等。

（2）心智意象（mental images），为感觉和知觉的表征，比感觉意象抽象，有时独立于视觉图像（如先天盲人用触觉不用视觉也可获得心智意象）。

（3）意象图式，指意义的框架内容，是最抽象的意象，它超越感知方式，与环境无关。意象图式是内部整合的意义统一体，有基本逻辑，能把具体事物组织起来。[①]

现代认知语言学家扩大研究单位，研究“事件域”和“语篇”，把语法、语义和语音作为整个批号研究的一部分，这是最具革命性的视角。

索绪尔语言学坚持语言指号的任意性，是“音响形象”和“概念”的约定俗成。然而，按照认知语言学的观点，既然语言的基础是认知和互动，那么，语言表达形式和意义之间就存在“非任意性关系”，即“象似性”（iconicity）。这里的“象似性”与皮尔士的“象似性”一致，包括映象符（image icon）、象似符（diagrammatic icon）和隐喻。追本溯源，古希腊唯名论者认为人类按照习惯称呼事物，语言形式和所指意义无内存联系，如赫莫尼根（Hermogenes）指出事物名称有任意性，属约定俗成，任何名称都正确。同时，古印度学者波尼尼（Panini）注意到词义的自然属性，即非任意性，尤其是拟声词的非任意性。古希腊的赫拉克利特（Herakleitos）则代表唯实论，认为事物的名称与事物的本质有关，是非任意性的。“也就是说，一个事物叫什么名称，是事物本身具有某种实际共相属性决定的。”[②]

海曼（Haiman）发展皮尔士的象似理论，将象似符分为映象符和拟象符两类。映象符包括听觉上的拟声象似和视觉上的形象象似；拟象象似表现为句法象似性（syntactic icon）上。[③] 古代汉语的形义最初统一，但后来由于交流扩大、频繁，造形与用字之间的矛盾突显。[④] 汉字在音义、形义之间存在大量象似现象，中国训诂学倡导“声训”（指用语音分析解释词义）、“因声求义”，《论语》《说文解字》《释名》等古籍提供了许多例子，宋元明清的大儒们也采用“声训”方法，知名者如戴桐、方以智、黄生、戴震、段玉

---

① 王寅：《认知语言学》，外语教育出版社 2007 年版，第 189 页。

② 王寅：《认知语言学》，外语教育出版社 2007 年版，第 514 页。

③ 拟象象似又分为成分象似（isomorphism）和关系象似（motivation）。成分象似表示能指和所指之间有双向唯一对应关系，句法成分与现实或概念结构成分之间逐一对应。关系象似表示句法构造在某一方面直接反映现实结构，句法成分之间与经验结构之间存在对应关系。参见王寅：《认知语言学》，外语教育出版社 2007 年版，第 523 页。

④ 陆宗达、王宁：《训诂与训诂学》，山西教育出版社 1994 年版，第 46—51 页。

裁、王念孙、王引之等。[1]

认知语言学是一种过程理论,突出互动、场景、身体、图式等等,努力超越唯心、唯物两元对立,在强调客体(如身体)存在并起重要作用的同时,不把主观认知等同于对外界的直接反映,摆脱刺激—反应模式的局限,突出主体的认知能力,同时也突出认知对象的反作用,较好地解决了“外因”如何通过“内因”起作用的问题。无疑,认知语言学是目前语言学中最接近语言人类学的分支学科,有广泛的发展余地,有深厚的理论潜力。

① 王寅:《认知语言学》,外语教育出版社 2007 年版,第 534 页。

第七章　语言和全球化

第一节　语言意识形态

随着政治、经济、文化的全球交流，民族语言会不可避免地发生大规模接触。然而，语言接触并不限于语言表层，不限于语音、语法和词汇，它还涉及使用语言群体的其他方面，尤其是语言背后的意识形态，即语言意识形态。语言意识形态是语言人类学较新的研究领域，这项研究超越仅涉及能指、所指关系的纯语言结构研究，把文化象征、地方知识、感情、利益、政治等等社会因素纳入语言研究中，使语言研究更容易结合现实生活，更适应社会变迁，更富于学术生命。

"意识形态"（ideology）出现于18世纪的法国，是一种研究观念的科学，是一门属于动物学分支的实证科学。它有助于人类了解自己，有助于社会调控。① 在当今时代，意识形态有四种含义②：

---

① M. Silverstein, "The Uses and Utility of Ideology," in Bambi B. Schieffelin, Kathryn A. Woolard, and Paul V. Kroskrity eds., *Language Ideologies*, Oxford: Oxford University Press, 1998, pp. 123-145.

② Kathryn A. Woolard, Introduction: "Language Ideology as a Field of Inquiry," in Bambi B. Schieffelin, Kathryn A. Woolard, and Paul V. Kroskrity eds., *Language Ideologies*, Oxford: Oxford University Press, 1998, pp. 3-47.

(1)观念,心智现象,涉及意识、主观表象、信仰;

(2)反映特定社会阶层的利益和实践,依赖于人类物质生活和社会实践;

(3)为政治权力服务的观念、话语或舆论,这也是列宁的观点;

(4)掩盖和歪曲社会不平等关系并使之合法化。马克思和恩格斯在《德意志意识形态》中持此观点,并对青年黑格尔学派进行批评。

语言意识形态是让某种语言的结构及其使用合理、合法的一系列语言信仰。[1] 这里讨论的语言意识形态指在社会生活中语言与人类之间的象征关系,是社会结构与言说(talk)形式之间的中介;语言意识形态把语言和认同、权力、审美、道德及认识论联系在一起,反映基本的"人观"和社会制度。[2]

自国民国家问世,各个民族争相"建国",划分国界,建立外交,识别民族,确立语言。大小民族主义围绕语言问题争夺社会资源,以形成社会强势。判定语言地位就是判定语言使用者是否属于"文明世界",判定他们有无公民或现代人"资格"。[3] 极端民族主义者把其他某些民族的语言说成"禽兽之言""鸟语"等,把自己的语言说成"文明"的象征、优美的音乐等。在比较多见的民族主义语言意识形态中,自己的语言词汇丰富,表达力强,语法精确,语调优雅;别人的语言词汇贫乏,语调粗俗,没有语法,不能表达现代科学技术,从而不能表达现代文明。

20 世纪初,中国受俄国十月革命的影响爆发了五四运动,知识阶层为

---

① M. Silverstein, "Language Structure and Linguistic Ideology," in Paul R. Clyne, William F. Hanks and Carol L. Hofbauer, eds. , *The Elements: A Parasession of Language Units and Levels*, Chicago: Chicago Linguistic Society, 1979, p. 193.

② Bambi B. Schieffelin, Kathryn A. Woolard, and Paul V. Kroskrity eds, *Language Ideologies*, Oxford: Oxford University Press; Kathryn A. Woolard, "Introduction: Language Ideology as a Field of Inquiry," in Bambi B. Schieffelin, Kathryn A. Woolard and Paul V. Kroskrity, eds. , *Language Ideologies*, Oxford: Oxford University Press, 1998, pp. 3-47.

③ Kathryn A. Woolard, "Introduction: Language Ideology as a Field of Inquiry," in Bambi B. Schieffelin, Kathryn A. Woolard and Paul V. Kroskrity, eds. , *Language Ideologies*. Oxford: Oxford University Press, 1998, pp. 3-47.

了救国救亡,反对旧意识,反对“孔家店”,提倡白话文,提倡西来的民主和科学。在这样的背景下出现了“文(言)白(话)之争”,也是语言意识形态之争。革新者要导入新思想,使用民众日常语言,使用新文字;守旧派抨击白话文是“凡夫走卒所操的语言”,捍卫旧文字的尊严。[①] 有趣的是,时隔大半个世纪,孔孟之道又得到尊崇,文字改革基本停滞。

根据斯皮图尔尼克(Spitulnik)研究,赞比亚现在有七十三个族群,15—20 种语言,英语是“中性”官方语言,另有七种官方语言:奔巴语(Bemba),卡翁德语(Kaonde),洛奇语(Lozi),伦达语(Lunda),鲁瓦列语(Luvale),娘加语(Nyanja),通加语(Tonga)。这些官方语言都是国家电台的语言,但它们在广播时间的分配上有较大差别,反映了不同的语言地位,从而也反映了国家语言意识形态。1990 年赞比亚有三个国家级广播电台,它们是一台、二台和四台。广播四台是立体声广播,二十四小时不间断,是英语广播。广播二台是中波、短波和立体声广播,也是英语广播。只有广播一台使用其他七种本地语言广播。在广播一台使用的语言中,奔巴语和娘加语为大语种,使用者各占赞比亚人口 56% 和 42%,配有黄金时间。其他语言的广播在时间配额和分布上与前两者存在很大差距,其中有三种语言既无每天播送的配额,也没有午餐时间的配额。这也符合国家给这些语言的价值定位。

在赞比亚,英语的地位最高,是殖民地语言和国际语言,用于国家行政、高等教育、电视、电台和日报;奔巴语和娘加语次之,属于都市交际语;奔巴语、娘加语、洛奇语、通加语为优势族群语言,用于学校教育、电台和月报;卡翁德语、伦达语、鲁瓦列语又次之,为西北省份语言,也用于学校教育、电台和月报。其他语言则没有什么地位。

现代化的主题是发展,“发展是硬道理”。在全球化的背景下,发展相当于建设国民国家,即实现“一个国家,一个民族,一种文化,一种语言”的理想。在国民国家的理想模型中,语言占有举足轻重的地位,发展或恢复一种国家语言是国家标准的体现,也是国家权威的体现,是公民义务教育、

① 陈原:《社会语言学》,学林出版社 1983 年版,第 128—129 页。

现代化人才建设的必要条件。不分族别、地域的标准语有利于国家行政工作,有利于跨文化交流,有利于创造一个稳定连贯、高效率的社会交流环境。[①] 盖尔纳在叙述国民国家和国族主义的时候,把国民语言和国民文化问题归入国家监督下的经济发展问题,这是有道理的。[②] 在发展中国家中,印度尼西亚语和印度尼西亚国家同步发展的例子有典型意义。根据埃林顿(Errington)1998年的描述和分析,1928年10月28日,在荷属东印度群岛(马来群岛)首府巴达维亚(Batavia)召开"青年大会",一群受过荷兰殖民教育的各族精英宣布"马来－印度尼西亚语"为未来国家的官方语言,以实现"一个祖国、一个人民、一个语言"的国族主义目标。到第二次世界大战末,这种语言也不过是马来语的行政方言,有大量克里奥尔语形式,其使用者为数百万当地人和荷属东印度群岛的居民。如今,摆脱殖民统治的印度尼西亚进入国民国家的建设阶段,进入了长期发展,颇具人工语痕迹的马来－印度尼西亚语已经发展成为印度尼西亚国家语言,它面对的是1.9亿各族人口,凌驾于约四百种不同的语言群体之上。1991年印度尼西亚高级官员在中爪哇首府三宝珑(Semarang)召开会议,成立爪哇语言议会,主持人是苏哈托总统,他本人就来自爪哇。与会的六百多位代表讨论国家现代化进程中民族语言即爪哇语的前途问题。许多人痛感爪哇语前景暗淡。但是,会上讨论的并非普遍意义上的爪哇语(bahasa Jawa),而是少数殖民地贵族精英使用的口语和书面语。在印度尼西亚建设国民国家的新秩序中,爪哇语及其所代表的文化,不仅没有对国家构成威胁,而且还是可供利用的推陈出新的文化资源。苏哈托总统在会议上号召语言学家们研究体现在爪哇语正字法中的爪哇哲学智慧,用来培养和弘扬爪哇精神。继承和发扬古老的爪哇文化,符合国家新秩序的发展方向,有利于巩固国家作为语言文化"监护人"的形象,可以为"领土化"的(territorialized)族群认同提供参照点。

中华人民共和国是多民族国家,由政府识别的少数民族迄今为止有五

① E. Gellner, *Nations and Nationalism*, Ithaca, N. Y.: Cornell University Press, 1983, pp. 20- 21.

② E. Gellner, *Nations and Nationalism*, Ithaca, N. Y.: Cornell University Press, 1983.

十五个，他们使用的语言超过一百二十种。在中华人民共和国成立后，国家制定了一系列民族政策，确立少数民族语言政策和教育方针，建立了配套的少数民族学校制度和行政机构，体现了有中国特色的语言意识形态。《中华人民共和国宪法》《中华人民共和国民族区域自治法》明确规定：各民族都有使用和发展本民族语言文字的自由（2001 年《中华人民共和国民族区域自治法》第一章第十条）；民族自治地方的自治机关在执行职务的时候，依照本民族自治地方条例的规定，使用当地通行的一种或几种语言文字；同时使用几种通用的语言文字执行职务的，可以以实行区域自治的民族的语言文字为主（第三章第二十一条）；民族自治地方的自治机关教育和鼓励各民族干部互相学习语言文字，少数民族干部在学习使用本民族语言文字的同时，也要学习全国通用的普通话和规范文字。民族自治地方的国家工作人员，能够熟练使用两种以上当地通用的语言文字的，应当予以奖励（第四章第四十九条）。2000 年 10 月 31 日第九届全国人民代表大会常务委员会第十八次会议审议通过了《中华人民共和国国家通用语言文字法》，于 2001 年 1 月 1 日起实施。这是中国历史上第一部有关语言文字的法律，它确立了普通话和规范汉字在全国通用的地位，确立了少数民族语言文字在民族自治地方和少数民族聚居地方通用的地位，规定了两级通用语言文字，既保证了普通话和规范汉字的重要作用，也保证了少数民族语言文字的使用，尤其重申了“各民族都有使用和发展自己的语言文字的自由”。

语言意识形态直接涉及“元语言”（用来讨论和评价语言的语言）和“元语用”①。评论如何进行语言教学，一方面是在使用元语言，另一方面，这种对元语言的使用同时也构成元语用②——说话即行事。语言意识形态最终涉及人类社会的方方面面，反映不同群体和阶层的利益，以及这些群体和阶

---

① Michael Silverstein, "Shifters, Linguistic Categories and Cultural Description," in Basso, Keith. and Henry Selby, eds., *Meaning in Anthropology*, Albuquerque: University of New Mexico Press, 1976, pp. 11-55.

② N. Janowitz, "Parallelism and Framing Devices in a Late Antique Ascent Text," in E. Meriz and R. Parmentier, eds., *Semiotic Mediation*, Orlando: Academic Press, 1985, pp. 155-175.

层之间的对话和协商过程。如果说语言权利是文化权利的一部分,那么,语言权利和文化权利一样都属于基本人权范畴。不过,人权话语建立在普遍原则之上,追求理性,强调"法律面前人人平等",不强调特殊,不强调特点。这样的观点和各全球话语结合时,如果不加慎重分析,就容易变成"市场话语",即把语言和文化都看成脱离社会环境的物类,或者加以对象化,让它成为类似商品一样的东西,按照市场或者普遍的(西方)原则来设计方案和解决问题,造成不同程度的事与愿违现象。例如,20 世纪 80 年代,在美国亚利桑那州的一个霍皮人社区,地方政府支持一所社区学校推行双语、双文化教育,但在几年之后宣告失败。出乎人们的意料,当地的霍皮精英反对在学校教授霍皮语和霍皮文化,因为在当地霍皮人的传统中,本族语言和文化只能通过家庭教育来传授,主流社会的学校教育只能让孩子们学习"白人文化",不利于霍皮语言和文化的繁荣发展。多数霍皮精英对霍皮的文字方案也不感兴趣,对编纂霍皮语词典也表示担心,怕外人了解霍皮语言和文化,从而影响霍皮语言和文化的自治;怕词典像课堂教学那样把霍皮语言的语音和语义固定下来,变得异化和僵化;怕词典会偏袒某个方言,降低其他方言的地位。此外,有的地方语言可能是宗教语言,充满神秘性,不宜暴露给外人,这也给学校公开教育、设计文字和编纂词典等"文明工程"带来阻碍。仅就"法律面前人人平等"而言,法律对某些人会更平等一些。如果我们提倡动物权利,我们是否要保证狮子吃斑马的权利?"一些动物比其他动物要更平等些。"笼统地提倡人权和语言 - 文化权利会忽视跨族、跨国及族内的基于社会性别、种族、地位、宗教等的不平等乃至压迫。[①] 世界之繁纷对人类学研究提出了更高要求,具体情况具体分析比以往任何时候都显得重要。人的主体性要和客观规律结合,普遍性要和特殊性结合,在理性追求的同时也要注意权力话语。

现代国家的社会治理离不开"名正言顺"。随着人口增长,大量的同名现象会严重影响社会交际。例如,在瑞典,曾经有三分之一的人姓安德生,约有五十万人姓姚岗生,数万人姓莫洛生和吴永生,造成交际困难。政

---

① Peter Whiteley, "Do 'Language Right' Serve Indigenous Interests? Some Hopi and Other Queries," in *American Anthropologist*, 2003, 105(4): 712-722.

府为此提供近十万个姓氏，要求他们选择，结果每年都有五千户人家的一万五千人到两万人改姓换名。[1] 在日本，姓氏曾经是权势的象征，贵族有名有姓，平民百姓有名无姓。日本在1868年明治维新以后，废除了封建等级制度，政府于明治三年（1870）决定，平民百姓可以取姓；又于明治八年（1875）规定，所有国民必须有姓。此后，日本国民都有了姓。[2]

第二节　文化交流和语言接触

人类世界语言丰富多彩，文化繁盛，社群民族互相接触，互相交流，互补共生。语言接触，文化交流，关涉历史、政治、社会、经济、心理、审美、道德等因素，结构与能动、传承与发展、权力与利益，全面互动，开放创新，充满不确定性。单个的语言和文化不会独立存在，其他的语言和文化会与之并存，互相定义，互为环境。语言和文化的边界也会流动，它们要随社会历史的变化而变化，政治经济结构的流动而流动。此外，即便在同一个语言文化圈或社会内，也存在大量的差异，这些差异有时会大于对外的差异。语言接触和文化交流是当今语言和文化的主要存在形式。

语言接触，文化交融，产生语言文化过渡带，混合语、混合文化成为特点。以蒙古族为例，蒙古族起源于今日额尔古纳河一带，西向迁移过程中经历突厥化，同时与契丹、女真、吐蕃、西夏等多个民族频繁往来，入主中原后，大量接触到汉语汉文。蒙古族曾经使用过回鹘体蒙古文、八思巴字、托忒文、瓦金答喇字等十多种文字，著名的《蒙古秘史》便是用汉文转写而成的。《娜仁格日勒的故事》（*Narangerel dagini-yin tuguji*）是蒙古地区流行的古代蒙古文小说，著名蒙古国学者策·达木丁苏伦（Ts. Damdinsuren）院士公布过《娜仁格日勒的故事》校勘本，认为本作品可能受到汉藏文学的影响，陈岗路经过考证认为“蒙古文小说《娜仁格日勒的故事》是明代戏剧《葵花记》完整一本”，同时也经过了本土化处理。

---

① 徐一青、张鹤仙：《姓名趣谈》，上海文艺出版社1987年版，第42—43页。

② 徐建新：《日本人的姓名》，见张联芳主编：《外国人的姓名》，中国社会科学出版社1987年版。

蒙古族民众基于本民族的民间文学传统，运用蒙古民间故事的传统母题和结构重新编织娜仁格日勒的口头故事的时候，不仅在故事情节上推旧出新，而且按照本民族的审美情趣，对原来戏曲故事的叙事主题和“割股疗亲”、秀才赶考等题材进行了潜移默化的文化过滤。①

在清末的东北地区，中央政府放垦蒙地，大量汉民涌入；民国政府制定《垦辟蒙荒奖励办法》，为大兴蒙垦的先声，奉系军阀张作霖大量放垦，更多汉民涌入蒙地。一方面，蒙古族的抗垦起义此起彼伏；另一方面，蒙汉交往、交流的范围扩大。在当地蒙古族的语言和文学中出现了汉语汉文元素，其中“本子故事”颇具特色。蒙古族本子故事的表演传统，固然是在蒙古英雄史诗口头传统基础上形成的，但也受到汉族说书口头传统和戏曲表演传统的影响，尤其文本中的英雄整装披甲母题，其程式化诗歌段落或套语，对应于汉族说书赋赞，而且和汉族戏曲表演传统存在某种发生学关系。

汉族戏曲艺术形象为东蒙古本子故事说唱艺人提供了借助想象和塑造中原王朝英雄形象——中原王朝历史主体的模式。而汉族说书口头传统是蒙古本子故事表演传统和汉族戏曲表演传统之间产生关联的重要中介。②

蒙古说书，学界称“胡仁·乌力格尔”，是蒙汉民族文化交融的产物：早期曲目多为汉族演义故事和古典小说，如《商朝故事》（《封神演义》）、《隋唐演义》、《唐代五传》、《西游记》、《水浒传》等；其类型之一“索拉艾”

① 陈岗龙：《汉族戏曲故事在蒙古族民间的口头流传——以〈葵花记〉蒙古文译本〈娜仁格日勒的故事〉口头传播为例》，载《西北民族大学学报》（哲学社会科学版）2010 年第 6 期。

② 陈岗龙：《东蒙古本子故事表演中的汉族说书赋赞和戏曲影响——以护背旗、虎头靴、绣龙蟒袍为例》，载《内蒙古大学学报》（人文社会科学版）2005 年第 4 期。

系由汉族民间曲调发展而来；胡仁·乌力格尔在曲调体式上既沿用了蒙古族传统民歌分节歌模式，也参照了汉族民间曲艺、戏曲音乐的体式，“具有曲牌化甚至板腔化倾向”。[①]

居住在云南通海县西部的兴蒙乡近六千蒙古族人是元代入滇蒙古军的后裔，他们的祖先镇守河西曲陀关，落籍在那里，迄今已有七百多年。1252年，成吉思汗孙忽必烈统率十万大军进攻云南，由宁夏经甘肃入四川，然后兵分三路：兀良合台率西路军，经今松潘、理塘、稻城、中甸一带；东路、中路经今茂州、鱼通、泸定、汉源，至西昌分兵，抄合也只烈率领东路军，经今德昌、会理；忽必烈率领中路军，经今盐源、宁蒗，抵金沙江后，灭云南大理国。1254年，忽必烈还师，大将兀良合台镇守云南。[②] 1279年南宋灭亡。元朝历时98年（1271—1368），但统治云南则长达128年（1253—1381）。1368年，朱元璋建明朝，云南的蒙古梁王拒守不降。1381年，明将傅友德、沐英率三十万大军攻云南，梁王巴匝拉瓦尔密兵败，在晋宁自杀。元末明初，建治在今通海县曲陀关的“宣慰司都元帅府”都元帅阿喇帖木耳与荫任都元帅的儿子旃檀“一十五翼”官兵镇守曲陀关，后迁居凤山脚下，形成现在的中村、白阁、下村、交椅湾、桃家嘴等蒙古族村庄，成为云南唯一的蒙古族聚居地。兴蒙乡蒙古族的先人们为了生存，学会了捕鱼、种田、建筑，从牧民和军人变成渔民、农民和工匠，生活发生了巨大变化。他们居住的地方曾被称为“中渔村”和“下渔村”，他们自己也被周边诸族称为“渔夫”。近现代以来，兴蒙之地以“建筑之乡”闻名，他们在清代和民国期间，曾参加昆明、通海、个旧、蒙自、开远等地的建筑工程，造了聚奎阁、清真寺、兴文银行、震庄等建筑。兴蒙乡蒙古族使用的卡卓语属于汉藏语系藏缅语族彝语支语言，尤其在基本词汇和基本语法上，存在较大的一致性，语音上也有严整的对应关系。[③] 从使用无声调的阿尔泰语系蒙古语的牧民，到转用汉藏语系卡卓语的渔民、农民和工匠，兴蒙乡的蒙古族饱经沧

① 博特乐图：《胡尔奇：科尔沁地方传统中的说唱艺人及其音乐》，上海音乐学院出版社2007年版，第77页。

② 杜玉亭、陈吕范：《云南蒙古族简史》，云南人民出版社1979年版，第5—6页。

③ 戴庆厦、刘菊黄、傅爱兰：《云南蒙古族嘎卓语研究》，载《语言研究》1987年第1期。

桑。兴蒙乡蒙古族的丧葬随汉俗,行棺木土葬,墓前立碑。长子继承门户,能多分一些遗产;女子不能继承财产。居住样式亦与汉族同,过去殷实人家住三方一照壁或四合院,有的住洋式楼房,现在情况也是如此,只是房子的质量更好,盖的楼层数也更多。节日较多,有春节、清明、端午、中秋、火把节等,还有多种宗教仪式,如太平会、观音会等。卡卓人先后或者同时与当地的彝族、回族、汉族、哈尼族、傣族、白族比邻而居,语言和文化都发生了很大变化。彝族一直是当地的主要民族,彝语在当地影响很大;到了近现代,汉语开始在当地占优势,对卡卓语的影响也最大,“可以说汉语已完全取代了早先白语、彝语等语言对卡卓语的影响,成为对卡卓语影响最大的语言”。

卡卓语词汇系统的词汇特点①

藏缅语族彝语支同源共有词	天 m^{31}thɑ^{33}　太阳 m^{31}mɑ^{24}　月亮 xɑ^{33}pɑ^{33} 星星 kɤ^{24}zɑ^{31}　手 lɑ^{55}phɑ^{55}　石头 no^{55}mɑ^{33}
白语同源词	卡卓语　土 ni^{31}　白语　土 ne^{21} 虎 lɑ^{31}　虎 lo^{31} 棵 tsɤ^{31}　棵 tsw^{31}
汉语借词	东 to^{33}　南 na^{31}　蜂 fo^{33}　老鼠 xɑo^{24}　剪 tsi^{53} 涩 sɛ^{24}　粗 tshv^{24}　宽 khuɑ^{55}　汗毛 xɑ^{323}mɑo^{33}
卡卓语独有词	蚜虫 xo^{55}lɤ^{55}　鱼篓 k^{h}ɑ^{33}po^{24}　鲫鱼 k^{h}ɑ^{31}pɤ^{31}

元代云南行省梁王巴匝拉瓦尔密的女儿阿盖公主,用汉语、蒙古语、白语混合写成《悲愤诗》,“描写自己与大理总管段功的爱情悲剧”,而且元代蒙古人的汉文作品在数量上超过蒙古文作品。②

语言接触导致大量借词出现,在借入的同时也有借出,“但借入和出

① 根据卡卓语的词汇系统特点选择改编。参见木仕华:《卡卓语研究》,民族出版社 2003 年版,第 48—49 页。

② 云峰:《蒙汉文化交流侧面观——蒙古族汉文创作史》,天津古籍出版社 1992 年版。

借不必平衡，也不可能求平衡"[1]。日本在明治维新以后大量借入外来语，起初多用汉字意译，如"革命"(revolution)、"文化"(culture)、"文明"(civilization)、"经济"(economics)等，汉语又直接把这些词汇"返借"回来，用汉语来读音。当然，语言接触引起的语词借入并非原封不动地照搬，而要适应特定语言文化的书写和阅读习惯。例如，现代汉语的借词比较抗拒音译转写，而倾向于全部或部分意译、部分音译，如最初的"德谟克拉西"改为"民主"，"莱塞"改为"激光"，"怀娥铃"改为"小提琴"，"披雅那"改成"钢琴"，"布拉吉"改成"连衣裙"，"习明纳尔"改成"课堂讨论"，等等。[2] 但是，还是有些外来词以全音译的形式扎下根来，如"咖啡(coffee)""可可(cocoa)""巧克力(chocolate)""三明治(sandwich)""苏打(soda)""土司(toast)""威士忌(whisky)""白兰地(brandy)""可口可乐(coca cola)""沙发(sofa)""模特儿(model)""歇斯底里(hysteria)""摩登(modern)""沙龙(salon)"等等。[3] 中国历史常出现先南北对峙、后多元统一的局面，南临大洋，北入戈壁，接触的语言文化不同，借入和借出的语音也不同。同样是Cambridge，最初的"北音"译"康桥"，"南音"译"剑桥"；同样是"茶"，"北音"走陆路入俄国为chai，"南音"走海路入英国为tea。

现代汉语通常分八大方言，即北方话和吴、湘、赣、客家、闽南、闽北、粤诸方言。北方话的东北次方言[4]，分布在今东北三省绝大部分地区、内蒙古东部以及北京市区，共同的语音特征是声调分高平、高升、曲降、全降四种，有轻声，儿化词偏多，该次方言区与其他次方言区的界线，恰好"与清朝从东北进关的'御道'和关外的柳条边重合"，说明这个次方言区的形成涉及"辽金时女真人掠夺关内汉人，明清时山东、河北人闯关东，清朝三百年间满族经常出入行走关内外"，"通过次方言的划分可以看出辽金、明清移民的起点与终点及清朝满族的活动范围"。[5] 满汉交往、交融在语言中

---

① 陈原：《社会语言学》，学林出版社1983年版，第287页。

② 陈原：《社会语言学》，学林出版社1983年版，第293页。

③ 陈原：《社会语言学》，学林出版社1983年版，第302—303页。

④ 林焘称此方言区为"北京官话区"。参见林焘：《北京官话区的划分》，载《方言》1987年第3期。

⑤ 赵杰、田晓黎：《语言人类学》，民族出版社2015年版，第258页。

留下印迹：

今天的以北京语音为标准音、以北方话为基础方言、以典范的现代白话文著作为语法规范的现代汉语普通话是建立在北京话的基底上的，而北京话又是以北京京腔儿为基础的清代mandarin（官话）基础上发展而来的，以京腔儿为主要特征的北京话实际上是清初从东北入关的八旗兵民的满式汉语与明末北京汉人（含南京迁北京的说下江官话的人和金元时期女真所留后裔，元代所称的汉人）汉语在乾隆末年北京内外城解体后相互融合的语言结晶。这种老北京话虽然作为汉语发展至今，但其中所借用的满语词、满汉合成词、满汉并列词（或者叫作通过满式汉语保留下来的满语词）仍然不少……①

北京话中的满语词②

汉字写法	清代满文音（罗马字转写）	现代北京音（汉语拼音）	汉义
秃噜	turu	tulu③	脱掉
肋腻④	letelata	lete	累赘、不利落
妞妞	nionio	niou	爱小儿词、女孩儿
嘚瑟	deso	dese	叫喊、张扬、极显摆
啰唆	lorsem	loso	话不歇状
邋遢	lata	late	迟钝、懒散
搭档	tatan	dadang	窝棚、伙伴
萨其马	sacima	sacima	糖缠
和弄	xol（hombi）⑤	xolong	匹配、搅拌

① 赵杰、田晓黎：《语言人类学》，民族出版社2015年版，第200页。

② 赵杰、田晓黎：《语言人类学》，民族出版社2015年版，第200—201页。

③ 原文作“turu”，疑为“tulu”之误。

④ 原文作“膩”，疑为“腻”之误。

⑤ 原文作“bombi”，疑为“hombi”之误。

汉字写法	清代满文音（罗马字转写）	现代北京音（汉语拼音）	汉义
拉忽	lahu	lahu	干活粗糙
挺	ten	ting	极、很
撒目	sabu(mbi)	samu	看见、扫视
老老	lar(seme)	lolo	鄙斥庸懦之人的说法
马勺	maša	mashao	带木柄的勺子
抖搂	doola(mbi)	doule	誊写、倒水、披露
数落	šule(mbi)	shuluo	征收、换查
划拉	huala(mbi)	xuale	扫院子
㞞	songko(mbi)	soŋ	哭、好哭
白	baibi	bai	白白地、等闲
胳肢(格支)	gejiheše(mbi)	geji	腋下搔痒痒儿
屯	tokso	ton	屯子、村庄
掰扯	baica	baiche	查验、盘说
爬犁	fara	pali	雪橇

北京话中的满汉合成词(括号里的字为汉语词或词素)①

汉字写法	清代满文音（罗马字转写）	现代北京音（汉语拼音）	汉义
巴(不)得	bade	babude	极想捞着
恨(不)得	hendu(mbi)	henbude	极想让
轧(马路)	yabu	yamalu	在马路上行走散步
(车)把式	bakši	chebashi	赶车的老板
母(们)	muse	mumen	我们
娘们娘气	nialma	niamniaqi	小佳人,女里女气
马虎(眼)	mahu	mahuyan	鬼脸、假面具、使眼色打掩护
(瞎)掰	baica	xiabai	瞎验查、瞎说
(配)搭(儿)	da	peidar	给长官做配角的人
胳肢(窝)	geji(hešembi)	gazhiwo	腋窝

① 赵杰、田晓黎:《语言人类学》,民族出版社 2015 年版,第 201—202 页。

北京话中的满汉并列互注词(括号里的字是汉语词或词素)[①]

汉字写法	清代满文音 (罗马字转写)	现代北京音 (汉语拼音)	汉义
(庄)屯	tokso	zhuangtun	村庄
档(案)	dangse	dang	个人或单位的 履历文件
(哨)卡	kalun	shaoka	边界哨所
(公子)哥儿	age	gongziger	贵族家的少爷
猫(腻)	moo	maoni	隐藏
(末)了	lala	meliao	最后面
轧伍(悠儿)	yabu	yawuyou	慢走的状态
咋(呼)	jabu	zhahu	说话张扬、用话显摆
马猴儿(帽)	mahala	mahourmao	冬帽子

其实,语言上反映出来的民族之间的交往、交流可以追溯到更早。例如在中古时代,鲜卑语“阿干”进入汉语,变成现代汉语“哥哥”。王力先生在《汉语史稿》中首次提出这一点,认为“从唐代起在口语中代替了‘兄’的‘哥’可能是外来语”。[②] 汉语史研究者同意,汉语的“哥哥”来自“阿哥”,而“阿哥”又来自鲜卑语“阿干”。[③]

> 在阿富汗、巴基斯坦、埃及和伊朗,aga 既作为荣誉头衔又作为家族姓氏使用。伊斯兰教什叶派第二大教派 Ismaili 中第一大分支 Nizari 的伊玛目(Imam)所世袭的头衔,就是 Aga Khan,而这两个词都来自阿尔泰的古老传统。……1969—1971 年在位的巴

---

① 赵杰、田晓黎:《语言人类学》,民族出版社 2015 年版,第 202 页。

② 罗新:《中古北族名号研究》,北京大学出版社 2009 年版,第 185 页。

③ 胡双宝:《说“哥”》,见北京大学中文系《语言学论丛》编委会编:《语言学论丛》第六辑,商务印书馆 1980 年版,第 128—136 页;赵文工:《“哥哥”一词来源初探》,载《内蒙古大学学报》1998 年第 1 期。

基斯坦前总统叶海亚·汗的名号全称是 Agha Muhammad Yahya Khan,其中的 Agha 就是他的世袭荣誉头衔[①]。

中国不同的民族语言共存于统一的大社会中,“各尽所能,各守其位”。语言接触导致语言社会功能的调整,语言竞争难以避免,但完全可以通过国家的语言政策、语言规划来协调,处理好了,会出现语言和谐,否则会激化语言矛盾,导致民族矛盾。这里,制度的生态调适显得十分重要。在全球化与信息化的当代世界,弱势语言的功能下降,走向衰退或濒危,最终被强势语言代替;同时,也会有许多语言在竞争中长期共存,在功能和结构上互补,中国少数民族语言和汉语大多属于这类。[②]

基诺族对自己的母语感情深,男女老少都说基诺语,同时他们还普遍兼用汉语,用汉语和“外族人交谈、做买卖”,“听汉语广播”,“在他们的日常生活中,基诺语与汉语分工使用,和谐共存”。毛难语、景颇语及其他许多少数民族语言和汉语的关系,也如此。[③] 云南德宏的阿昌族与傣族长期共处,互相依存,许多人用傣语,后来又普遍兼用汉语,汉语和阿昌语在使用功能上互补,在不同领域内发挥各自的作用:阿昌语在家庭、村寨内使用,有日常交际和传播文化的功能;汉语用于不同民族之间的交际,“还广泛用于阿昌族的文化教育建设、党政建设以及接受通过广播、电视、新闻媒体所带来的各种现代文化的知识”。[④] 在阿昌语内部,早期受傣语影响的词多为日常生活词,涉及天文、地理、花木、鸟兽、衣食、器具、身体、数目等领域;后来的汉语代词则多涉及政治、制度、管理、经济、贸易、文化艺术、新事物、新概念和新思想等方面,如“国家”“党”“政府”“大学”“书记”“改

① 罗新:《中古北族名号研究》,北京大学出版社 2009 年版,第 191 页。
② 戴庆厦:《语言竞争与语言和谐》,载《语言教学与研究》2006 年第 2 期。
③ 戴庆厦:《语言竞争与语言和谐》,载《语言教学与研究》2006 年第 2 期。
④ 戴庆厦、袁焱:《互补和竞争:语言接触的杠杆——以阿昌语的语言接触为例》,载《语言文字应用》2002 年第 1 期。

革”“承包”“电脑”“复印机”“光盘”“春节晚会”等等。①

语言多样性往往是国家通过制度加以保护和保障的内容。比较不同语言的词汇系统,各民族认知系统是不完全相同的。例如,汉语把“头上长角,趾端有蹄,能拉车或耕田的动物”叫作“牛”,包括水牛和黄牛,但在傣语中,水牛和黄牛是两种不同的动物,水牛叫 $xv\alpha i^{51}$,黄牛叫 ho^{51},两者的区别与马跟羊的区别一样。②

民族语言共生是动态过程,互渗互融,相得益彰,但并不影响各自的整体特点。我国许多少数民族语言没有 f 这个音位,和汉语接触后,有的吸收了这个新音位,有的始终不吸收,用 P 或 ph 来代替;安多藏语很早就和汉语接触,吸收汉语借词,也有不少人使用藏汉双语,但安多藏语却并没有产生声调,因为它还保留着大量的复辅音声母和丰富的韵母系统,不具备产生声调的内部机制。与此对照,拉萨藏语已经出现了声调系统,声母、韵母简化,具备产生声调的机制。③ 虽然语言接触中受语从源语中借进的词汇,一般要遵循受语句法结构制约,但也存在受语产生新句法形式的情况,例如,新语序和原有语序之间的竞争,胜负取决于句法结构的内部机制。人最初接受语言影响时,有时会把新语序不自觉地带入母语中,随后通过深入理解,会对借用成分做新的调整。如哈尼语最初将汉语的语序词语借入,如把 $tsha^{31}$(唱)ko^{55}(歌)“唱歌”、$thiɔ^{31}$(跳)wu^{55}(舞)“跳舞”作为一个整体结构借进,但后来在语言内部规则的作用下,还是按本民族语言的语序恢复成 OV 语序:$tsha^{31}ko^{55}tsha^{31}$“唱歌”、$thiɔ^{35}wu^{55}thiɔ^{35}$“跳舞”,“把动宾结构‘唱歌’、‘跳舞’看成是名词成分,当‘唱’、‘跳’的宾语”,“反映了语言内部机制对借用成分的制约”。④

---

① 戴庆厦、袁焱:《互补和竞争:语言接触的杠杆——以阿昌语的语言接触为例》,载《语言文字应用》2002 年第 1 期。

② 张公瑾:《文化语言学视野中的民族语言研究》,载《湖北民族学院学报》(哲学社会科学版)2005 年第 1 期。

③ 戴庆厦、田静:《语言的外部影响与内部机制》,载《民族语文》2007 年第 4 期。

④ 戴庆厦、田静:《语言的外部影响与内部机制》,载《民族语文》2007 年第 4 期。

第三节　数字化生存

按照马克思的观点,在社会发展阶段中文字是区分野蛮与文明的标志之一。自从资本主义工业文明问世,世界进入全面建立和建设国民国家的持久过程,其中始终贯穿着文字标准化、语言规范化的自上而下的努力。在社会主义阵营中,为少数民族设计和改进文字方案,是“文明化工程”的重要组成部分。

然而,社会经济的发展如此神速,单纯的文字已经不能进入文明前沿:文字要数字化方能进入“先进文明”,使“先进”有代表性。在政治、经济、军事上比较强大的国家都有自己的“windows”,即已经用本国文字“驯化”的“视窗”。此外,这些国家还大量拥有以本国文字设计的软件,包括可以和其他主要文字对译的翻译软件。这是一个悖论:以文字数字化代表的数字化文明,一方面加速和方便了跨文化、跨族群和跨国界的交流,另一方面也强化了文化之间、族群之间、国家之间的想象边界。数字化出版、数字化写作、数字化复制、数字化图像等,让高雅文化和粗俗文化之间的界线变得模糊起来,让人更容易偷懒,更容易抄袭,更容易混淆是非,真假难辨。1983 年,日本出了本畅销书《结构与权力》(*Kōzō to chikara*),几周之内卖掉 8 万册,作者上了报纸,成为新闻人物,被捧为“新派学人”。这本书引用拉康、巴塔耶、德吕兹等后现代学者的观点,围绕结构说事。许多人买了这本书,只读前言和后记,因为此书给读者一种支离破碎的感觉。同样,该书作者本人也坦诚他并不喜欢从头到尾地阅读书籍,多数是部分选读而已。知识已经成了消费品,人们仅为了愉悦、快感而写作、阅读,写作是为了市场,阅读是为消费。新潮思想、抽象概念也成为广告内容,成为茶余饭后的时髦“跳读”对象。① 高雅和通俗(粗俗、庸俗)之分在金钱面前失去了意义。

---

① Marilyn Ivy, “Critical Texts, Mass Artifacts: The Consumption of Knowledge in Postmodern Japan,” in Miyoshi, Masao and H. D. Harootunian, eds., *Postmodernism and Japan*, Durham and London: Duke University Press, 1989, pp. 21-46.

人类学面对数字化生存，也开始虚拟世界研究，从不同流派、不同视角切入，有的关注去殖民化及本土能动性问题，有的关注数字化带来的跨国族现象，有的关注移民社会利用虚拟技术联络乡情，也有的关注网络技术带来的“一心多用”（即同时做两项以上的工作）或者虚拟现实中的“肉身”（体化过程 embodiment）。

视觉安排与权力－知识的结构化有联系①，资本主义时代的数字化过程伴随着“殖民主义凝视”（Colonial Gaze）。就是说，数字化生存本身是资本主义生产和生活的产物，它必然继承旧的殖民主义关系，生产和再生产资本主义的权力结构和知识结构。巴罗（Barlow）称虚拟空间为“电子边地”（electronic frontier）。不过，反思人类学已经在虚拟现实研究中有了一席之地，在探讨数字技术对传统社会的影响的同时，鼓励人类学者与田野工作点上的合作人一道建立数据库或数字博物馆，让被观察者有机会介入材料收集工作，参与设计过程，实现文化知识的非殖民化，建立崭新的数字多媒体人类学。②

一般来说，因特网革命会带来信息、商品和人员大流通，削弱国民国家的权力，打破地域界限；但是，这种全球化并不意味着世界趋同，因为经济、政治和社会的能动者不会袖手旁观，他们要在这个全球话语中喊出自己的特色，发出自己的声音，参与“地球村”的建设。经济、社会和文化的差异是互动交往的前提，而在互动交往中原来的差异得到进一步突显甚至夸大，成为建构新认同、恢复旧身份的根据。因特网让安德森式的想象共同体更加扩大，更加多样化，更加复杂，更加多变。数字化技术不仅帮助人们想象和建设国民国家，也帮助他们构建自己的虚拟街坊（virtual neighborhoods），在移民区重温乡情，获得道义支持。例如，在德国和南斯拉夫的土耳其移民社会中，数字传送的照片让久别的亲人在方寸之间团聚，在这个

---

① Chris Gray and Mark Driscoll, “What's Real About Virtual Reality?: Anthropology of, and in, Cyberspace,” in *Visual Anthropology Review*, 1992, 8(2): 43-49.

② Natalie Underberg and Elayne Zorn, “Multisensory Immersion in Virtual Spaces,” in *Anthropology News*, April, 2009, pp. 18-19.

动荡无序、缺乏安全感的世界里建立一块属于自己的小天地，这是对本土知识的活学活用，移民知道如何利用现代化手段维持或重建社会网络，不失去亲朋好友。①

瓦森(Wasson) 2006 年引戈夫曼分析群体成员间如何面对面交往，涉及三个核心内容：同时在场(copresence)，互相监督(mutual monitoring)，主要场景焦点(central situational focus)。其中"同时在场"要求互动者在同一个空间相遇，其互动距离足以让他们知道彼此在做什么，这是西方人交往的基本要求。交往者在此互动距离内彼此察言观色，读取肢体信息，配合交流，避免误解。同时，这样的交流还要求大家围绕同一内容，注意某说话人的话题或诸对话者之间的言谈。然而，虚拟现实让所有这些都发生了"形变"，即数字通信技术让人类交流有新特点，有前所未有的形式。经常有这样的情况：网上交流者并不在同一个场所，某交流者可能同时在接发电子邮件、观看视频上的 PPT 演示等。因此，交流者并不知道对方此时此刻还在做什么。利用数字技术交流的人可能会同时关注几个话题，听说读写，诸感官各司其职，一心多用，改变了交流方式，也改变了交流礼仪。在各种会议上听众手持电脑，匆忙打字，不知是在记录还是在收发信息浏览网站，是注意听讲还是白日做梦，谁也不知道。也有这样的情况：某交流者与某些交流者在同在一个场所，如会议室，但他也通过网络与不在场的另一些人交流，这样，他就置身于两个甚至两个以上的交流空间，一个是真实的，其他是虚拟的。多重交流空间的存在为人类学提供了新的研究视野和主题：在数字化生存中，人们如何重新定义或维持自己的族群认同？如何与国民国家互动？如何分配包括符号资本在内的各种资源？社会如何重新记忆？历史如何重新书写？文化如何重新构建？如此等等。网络时代，数字语言是我们赖以生存的条件，计算机语言与社会行动合一，言即行，说话即施为，编码控制了现代人的生活，密码掌握了他们的命运。

---

① Barbara Wolbert, "The Visual Production of Locality: Turkish Family Pictures, Migration and the Creation of Virtual Neighborshoods," in *Visual Anthropology Review*, 2001, 17 (1): 21-35.

虚拟现实让人的肢体感觉发生变化，重新划定身体的边界：坐在计算机前的操作者可以把自己的体感投射到某虚拟形式上，如虚拟手、虚拟动物等等。[①] 数字化生存把人的感知和感觉分解开来，形成新的体化记忆和体化实践，例如人们对电子游戏的体化实践，对键盘的依赖，就像盲人对于拐棍、残疾人对于假肢的依赖一样。不过需要指出，即便在网络 + 时代，再先进的数字技术和数字设备，也离不开“可披戴”的要求，网络语言离不开人体，离不开“皮相”，在虚拟世界和网络空间中，人类最基本的触觉和感知仍然具有不可替代性。

第四节　“地天通”的新时代

中国古籍《尚书》和《国语》里都有“绝地天通”的记载，大致是说古代曾经有一段时间“民神杂糅”，神可以下凡，民可以登天，颛顼帝命重黎二臣断绝通天之梯，遂有“绝地天通”神话。以此隐喻波德里亚式象征交换带来的“死亡”[②]比较贴切，符号和仿真借助数字化技术和互联网，布满城市的每一个角落，在众多的“低头族”身上复制出来，让一切都淹没在虚拟世界中。然而，虚拟毕竟是人工所为，人际关系决定人机关系，人的能动性从未退场。网络世界中的数字化生存，让我们有机会摆脱交流渠道单一的限制，让更多的人比较平等地参与交流，可以用视频交流，可以语音聊天，可以群聊，可以私聊，可以下载复制，也可以收藏转发。网络技术和网络语言让人际交流交往更加迅捷方便。网络社会培育出“网络人”，他们不同

---

① Craig Murray and Judith Sixsmith, “The Corporeal Body in Virtual Reality,” in *Ethos*, 1999, 27(3): 315-343.

② 波德里亚认为，从文艺复兴开始，西方的仿真经历了三个序列，分别与价值规律的嬗变对应：第一序列，仿造是从文艺复兴到工业革命的“古典”时期的主要方式；第二序列，生产是工业时代的主要方式；第三序列，仿真是被符号主宰的目前历史阶段的主要方式。其中，第一序列的象似遵循自然价值规律，第二序列的象似遵循商品价值规律，第三序列的象似遵循结构价值规律。参见让·波德里亚：《象征交换与死亡》，车槿山译，凤凰传媒出版集团 2009 年版，“译者的话”第 2 页。

于不关心他人冷暖、总是试图以最小代价获得最大好处的“经济人”;“网络人”彼此连接,互相关心,遇到利害关系,会关心他人的幸福。“由于我们是镶嵌在社会网络上的,因此,我们的愿望中也包含着一个重要的组成部分:我们周围那些人的愿望。”①

> 人类天性中同时有另一些特质,将人与人紧紧凝聚在一起。这和其他动物群体中的凝聚力并无二致。动物也会同人一样,调整彼此的步调,协调彼此的行为,关怀弱者,帮助他人。②

网络社会和网络人肯定了黑川纪章提出的源自印度哲学“绝对不二论”、吠檀多学派思想、龙树唯识思想及大乘佛教“空”概念的“共生理论”,这是从二元论走向多元论的努力③。如果说二元的基础是对立,那么多元的基础是过程。这个过程是协商、致中和的过程,是取得重叠共识的过程,也是万法归一、万象同一的过程。网络社会让人类学的价值更加凸显,人类学者就像萨满,善于沟通万物神灵,可以“登天”,可以“入地”,可以禅定冥思,也可以参政议政。

人类学重视从本土人观点看问题④,为了掌握本土人观点,人类学者努力学习本土语言,理解本土语言中的关键词,与本土人“同吃、同住、同劳动”,摸爬滚打,醉酒当歌。因此,人类学是一门真正融入生活的学问,

---

① 尼古拉斯·克里斯塔基斯、詹姆斯·富勒:《大连接:社会网络是如何形成的以及对人类现实行为的影响》,简学译,中国人民大学出版社 2013 年版,第 243—244 页。

② 弗朗斯·德瓦尔:《共情时代》,刘旸译,湖南科学技术出版社 2014 年版,“序”第 2 页。

③ 笛卡尔等哲学家认为,精神的属性是意识,难有广延;物质的属性是广延,难容精神。印度哲学家和宗教学家商羯罗用“无明”解决这个两难问题:自我(阿特曼)的本质是精神的,与梵同一,但人们因“无明”(错误的认识)而无知,错把自我等同于“命我”(肉体),而这只不过是幻想而已,命我最终要归入唯一存在的真我。商羯罗把自我归入大我,把个体精神归入客观精神、宇宙精神,“强调宇宙的统一性,把主观精神与客观精神结合在一起”。参见孙晶:《印度吠檀多不二论哲学》,东方出版社 2002 年版,第 7 页;黑川纪章:《新共生思想》,覃力译,中国建筑工业出版社 2009 年版,第 431 页。

④ 不意味着一定同意本土人观点。

从生活中来,到生活中去,出得来,进得去。人类学者学习和研究语言,是为了更好地、全面地研究本土社会,不单是在图书馆或教室里学习语言,而是在活态的、曲折甚至艰难的生活中学习和研究语言,把语言看成实践、事件和现象。人类学者更多关注日常语言和社会文化的关联,更多关注“小传统”[①],关注“小传统”如何折射“国家视角”[②],关注那些活生生的人群如何应对这个充满不确定性的世界。

其实民众从未放弃语言的草根性,他们我行我素,说段子,爆粗口,把呆板的“八股语言”悬置起来,让使用这些“八股语言”的人“自说自话”。谚语、俗话、粗话、咒语、隐语、黑话、行话等,从本土社会生出,在日常活动中发展,在口头交流中变化。网络化生存增强了草根语言的生命力,增加了“任意性”。从“屌丝”到“月光族”,从“慢活族”到“奔奔族”,从“候鸟族”到“相亲族”,网络语言倡导、创造、推行和普及了一种“地天通”语言,和不接地气的官话、套话形成鲜明对照。

语言人类学从文化、社会、历史、实践、权力五个维度研究语言现象,研究人文世界中“征象”“对象”“释象”之间的对转、互构、交融,研究象征不忘“具身”,研究意识形态不忘物感物觉,归根到底是一门“地天通”的学问。本土人、他族人的思考值得我们去思考,本土人、他族人的体验值得我们去体验,本土人、他族人的喜怒哀乐值得我们去感受,本土人、他族人的价值观值得我们去琢磨。格尔茨的人类学观点值得一提:人类学者不是从外部观察乡村,而是在内部参与生活,要从本土人观点出发,不仅考察,不仅研究,还要全身心投入。民族志是阐释性的,要阐释“社会话语流”,要“努力从一去不复返的场合抢救对这种话语的‘言说’,把它固定在阅读形式中”。[③] 从质料到精神,从体态到气质,从油盐酱醋到三教圆融,人类学

① 罗伯特·芮德菲尔德:《农民社会与文化——人类学对文明的一种诠释》,王莹译,中国社会科学出版社2013年版。

② 詹姆斯·斯科特:《国家的视角——那些试图改善人类状况的项目是如何失败的》,王晓毅译,社会科学文献出版社2011年版。

③ 克利福德·格尔兹:《文化的解释》,纳日碧力戈、郭于华、李彬等译,上海人民出版社1999年版,第23页。

者始终以社会诗学(social poetics)[①]的立场从事民族志调查和人类学研究,脚踩大地,仰望星空。

> 人类学是研究人性与文化的学问,无论从人本的出发点,还是从对不同地理区域的族群生活方式的理解考虑,人类学都处在探索人类与国民未来发展的基础理念的重心之中。它的一些理念与原则可有构成一种潜在的知识储备于心中,提高全体国民的素养,建议人性与文化未来转换的方向,随时发挥对人类社会有益的作用;这门知识可以提供关于国民认同的知识原则,增强人民的自信力,以及提供不同民族之间的友好交往之道。[②]

---

① 社会诗学指个人自我创造性表演。参见 Michael Herzfeld, *Cultural Intimacy: Social Poetics in the Nation-State*, Preface and Acknowledgement, New York and London: Routledge, 2005。

② 庄孔韶主编:《人类学通论》,中国人民大学出版社 2016 年版,第 1 页。

参考资料

中文部分

[1] 爱德华·萨丕尔. 语言论[M]. 陆卓元,译. 北京: 商务印书馆,1985.

[2] 爱德华·泰勒. 人类学[M]. 连树声,译. 桂林:广西师范大学出版社,2004.

[3] 爱弥尔·涂尔干,马塞尔·莫斯. 原始分类[M]汲哲,译. 上海: 上海人民出版社,2000.

[4] 巴赫金. 弗朗索瓦·拉伯雷的创作与中世纪和文艺复兴时期的民间文化[M]//巴赫金全集. 第六卷. 李兆林,夏忠宪,译. 石家庄:河北教育出版社,1998.

[5] 巴赫金. 陀思妥耶夫斯基诗学问题[M]//巴赫金全集. 第五卷. 白春仁,顾亚铃,译. 石家庄:河北教育出版社,1998.

[6] 巴赫金. 长篇小说的话语[M]//巴赫金全集. 第三卷. 白春仁,晓河,译. 石家庄:河北教育出版社,1998.

[7] 巴赫金. 马克思主义与语言哲学——语言科学中的社会学方法基本问题[M]//巴赫金全集. 第二卷. 李辉凡,张捷,张杰,等,译. 石家庄:河

北教育出版社,1998.
[8] Bolinger, Dwight. 语言要略[M]. 方立,李谷城,李燕姝,等,译. 北京:外语教学与研究出版社,1993.
[9] 保罗·康纳顿. 社会如何记忆[M]. 纳日碧力戈,译. 上海:上海人民出版社,2000.
[10] 博特乐图. 胡尔奇:科尔沁地方传统中的说唱艺人及其音乐[M]. 上海:上海音乐学院出版社,2007.
[11] 布洛克曼. 结构主义:莫斯科——布拉格——巴黎[M]. 李幼蒸,译. 北京:商务印书馆,1986.
[12] 陈岗龙. 汉族戏曲故事在蒙古族民间的口头流传——以《葵花记》蒙古文译本《娜仁格日勒的故事》口头传播为例[J]. 西北民族大学学报:哲学社会科学版,2010(6).
[13] 陈岗龙. 东蒙古本子故事表演中的汉族说书赋赞和戏曲影响:以护背旗、虎头靴、绣龙蟒袍为例[J]. 内蒙古大学学报:人文社会科学版,2005(4).
[14] 陈海洋. 中国语言学大辞典[M]. 南昌:江西教育出版社,1991.
[15] 陈其光. 语言调查[M]. 北京:中央民族大学出版社,1998.
[16] 陈其光. 中国语文概要[M]. 北京:中央民族学院出版社,1990.
[17] 陈原. 社会语言学[M]. 北京:学林出版社,1983.
[18]《辞海》编辑委员会. 辞海[M]. 上海:上海辞书出版社,1980.
[19] 戴庆厦,刘菊黄,傅爱兰. 云南蒙古族嘎卓语研究[J]. 语言研究,1987(1).
[20] 戴庆厦,田静. 语言的外部影响与内部机制[J]. 民族语文,2007(4).
[21] 戴庆厦. 互补和竞争:语言接触的杠杆——以阿昌语的语言接触为例[J]. 语言文字应用,2002(1).
[22] 戴庆厦. 语言竞争与语言和谐[J]. 语言教学与研究,2006(2).
[23] 戴维·克里斯特尔. 剑桥语言百科全书[M]. 方晶,译. 北京:中国社会科学出版社,1995.
[24] 杜玉亭、陈吕范. 云南蒙古族简史[M]. 昆明:云南人民出版社,1979.

[25] 恩格斯. 家庭、私有制和国家的起源[M]//中共中央马克思恩格斯列宁斯大林著作编译局. 马克思恩格斯选集:第四卷. 北京: 人民出版社,1972.

[26] 弗朗斯·德瓦尔. 共情时代:一种机制让“我”成为“我们”[M]. 刘旸,译. 长沙:湖南科学技术出版社,2014.

[27] 费尔迪南·德·索绪尔. 普通语言学教程[M]. 高名凯,译. 北京:商务印书馆,1980.

[28] 冯德培,谈家桢,王鸣岐. 简明生物学词典[M]. 上海: 上海辞书出版社,1983.

[29] 詹·乔·弗雷泽. 金枝:巫术与宗教之研究[M]. 徐育新,张泽石,汪培基,译. 北京: 中国民间文艺出版社,1987.

[30] 傅懋勣. 傅懋勣先生民族语文论集. 北京:中国社会科学版社,1995.

[31] 国家图书馆中国记忆项目中心. 我们的文字[M]. 北京:清华大学出版社,2015.

[32] 何九盈,胡双宝,张猛. 中国汉字文化大观[M]. 北京:北京大学出版社,1995.

[33] 黑川纪章. 新共生思想[M]. 覃力,杨熹微,慕春暖,等,译. 北京:中国建筑工业出版社,2008.

[34] 胡双宝. 说“哥”[M]//北京大学中文系《语言学论丛》编委会. 语言学论丛:第六辑. 北京:商务印书馆,1980.

[35] 黄淑娉,龚佩华. 文化人类学理论方法研究[M]. 广州: 广东高等教育出版社,1996.

[36] 黄应贵. 空间、力与社会[M]. 台北:“中央研究院”民族学研究所,1995.

[37] 黄应贵. 时间、历史与记忆[M]. 台北:“中央研究院”民族学研究所,1999.

[38] 康德. 纯粹理性批判[M]. 蓝公武,译. 北京:商务印书馆,1960.

[39] 康纳顿. 社会如何记忆[M]. 纳日碧力戈,译. 上海:上海人民出版社,2000.

[40] 亢亮,亢羽.风水与建筑[M].天津：百花文艺出版社,1999.
[41] 克利福德·格尔兹.文化的解释[M].纳日碧力戈,郭于华,李彬,等,译.上海:上海人民出版社,1999.
[42] 克利福德·吉尔兹.地方性知识:阐释人类学论文集[M].王海龙,张家瑄,译.北京：中央编译出版社,2000.
[43] 李幼蒸.理论符号学导论[M].北京：中国社会科学出版社,1993.
[44] 列维-布留尔.原始思维[M].丁由,译.北京：商务印书馆,1981.
[45] 列维-斯特劳斯.野性的思维[M].李幼蒸,译.北京：商务印书馆,1987.
[46] 林焘.北京官话区的划分[J].方言,1987(3).
[47] 林耀华.民族学通论[M].北京：中央民族大学出版社,1997.
[48] 刘康.对话的喧声——巴赫金的文化转型理论[M].北京:中国人民大学出版社,1995.
[49] 刘伶,黄智显,陈秀珠.语言学概要[M].修订本.北京:北京师范大学出版社,1987.
[50] 陆宗达,王宁.训诂与训诂学[M].太原:山西教育出版社,1994.
[51] 马克思,恩格斯.共产党宣言[M]//中共中央马克思恩格斯列宁斯大林著作编译局.马克思恩格斯选集:第一卷.北京：人民出版社,1972.
[52] 马克思.摩尔根《古代社会》一书摘要[M].中国科学院历史研究所翻译组,译.北京：人民出版社,1965.
[53] 马学良,瞿霭堂.普通语言学[M].北京：中央民族大学出版社,1997.
[54] 马学良.语言学概论[M].武汉：华中工学院出版社,1985.
[55] 纳日碧力戈.姓名论[M].北京：社会科学文献出版社,1997.
[56] 木仕华.卡卓语研究[M].北京:民族出版社,2003.
[57] 尼古拉斯·克里斯塔基斯,詹姆斯·富勒.大连接:社会网络是如何形成的以及对人类现实行为的影响[M].简学,译.北京:中国人民大学出版社,2013.

[58] R. R. K. 哈特曼,F. C. 斯托克. 语言与语言学词典[M]. 黄长著,林书武,卫志强,等,译. 上海:上海辞书出版社,1981.
[59] 饶宗颐. 符号 · 初文与字母:汉字树[M]. 上海:上海书店出版社,2000.
[60] 詹姆斯 · C. 斯科特. 国家的视角——那些试图改善人类状况的项目是如何失败的[M]. 修订版,王晓毅,译. 北京:社会科学文献出版社,2012.
[61] 让 · 波德里亚. 象征交换与死亡[M]. 车槿山,译. 南京:凤凰传媒出版集团,2009.

[62] 苏新春. 文化语言学教程[M]. 北京:外语教学与研究出版社,2006.
[63] 孙晶. 印度吠檀多不二论哲学[M]. 北京:东方出版社,2002.
[64] 唐功伟. 上江圩的妇女文字[M]//史金波、白滨、赵丽明. 奇特的女书:全国女书学术考察研讨会文集. 北京: 北京语言学院出版社,1995.
[65] 涂纪亮. 分析哲学及其在美国的发展[M]. 北京:中国社会科学出版社,1987.
[66] 威廉 · 冯 · 洪堡特. 洪堡特语言哲学文集[M]. 姚小平,编译. 长沙:湖南教育出版社,2001.
[67] 威廉 · 冯 · 洪堡特. 论人类语言结构的差异及其对人类精神发展的影响[M]. 姚小平,译. 北京: 商务印书馆,1999.
[68] 王贵. 藏族人名研究[M]. 北京: 民族出版社,1991.
[69] 王力. 汉语史稿[M]. 下. 北京:中华书局,1980.
[70] 王力. 同源字典[M]. 北京:商务印书馆,1982.
[71] 王寅. 简明语义学辞典[M]. 济南: 山东人民出版社,1993.
[72] 王寅. 认知语言学[M]. 上海:外语教育出版社,2006.
[73] 王永宏. 十二生肖流年运程[M]. 郑州: 中州古籍出版社,1994.
[74] 王元鹿. 比较文字学[M]. 南宁:广西教育出版社,2001.
[75] 沃尔夫. 论语言、思维和现实:沃尔夫文集[M]. 高一虹,译. 长沙: 湖南教育出版社,2001.

[76]《心理学百科全书》编辑委员会. 心理学百科全书[M]. 杭州: 浙江教育出版社,1995.

[77] 徐大明,陶红印,谢天蔚. 当代社会语言学[M]. 北京: 中国社会科学出版社,1997.

[78] 徐建新. 日本人的姓名[M]//张联芳. 外国人的姓名. 北京:中国社会科学出版社,1987.

[79] 徐一青,张鹤仙. 姓名趣谈[M]. 上海: 上海文艺出版社,1987.

[80] 杨成凯. 语用学理论基础研究[M]//中国社会科学院语言研究所,"汉语运用的语用原则"课题组. 语用研究论集. 北京: 北京语言学院出版社,1994.

[81] 杨承芳. 当代国外社会科学手册[M]. 南京:江苏人民出版社,1985.

[82] 杨希枚. 先秦文化史论集[M]. 北京: 中国社会科学出版社,1995.

[83] 叶蜚声,徐通锵. 语言学纲要[M]. 北京:北京大学出版社,1981.

[84] 亦邻真. 元代蒙语音译汉字的惯例[J]. 内蒙古大学学报:蒙古文. 1982(4).

[85] 袁庭栋. 古人称谓漫谈[M]. 北京: 中华书局,1994.

[86] 约翰·迈尔斯·弗里. 口头诗学:帕里-洛德理论[M]. 朝戈金,译. 北京:社会科学文献出版社,2000.

[87] 云峰. 蒙汉文化交流侧面观:蒙古族汉文创作史[M]. 天津:天津古籍出版社,1992.

[88] 赵杰,田晓黎. 语言人类学[M]. 北京:民族出版社,2015.

[89] 赵文工."哥哥"一词的来源初探[J]. 内蒙古大学学报:人文社会科学版,1998(1).

[90] 张公瑾. 文化语言学视野中的民族语言研究[J]. 湖北民族学院学报:哲学社会科学版,2005(1).

[91] 张双棣. 淮南子校释[M]. 北京大学出版社,1997.

[92]《中国大百科全书》总编委会. 中国大百科全书[M]. 北京: 中国大百科全书出版社,2009.

[93] 朱伦. 民族共治论:对当代多民族国家族际政治事实的认识[J]. 中国

社会科学,2001(4).
[94] 朱胜华.最新姓名学[M].台北:台湾大众书局,1986.
[95] 庄孔韶.人类学通论[M].北京:中国人民大学出版社,2016.

英文部分

[1] Albertine, Gaur. *Literacy and the Politics of Writing*. Bristol, UK and Portland OR, USA: Intellect, 2000.

[2] Anderson, Kate. "Justifying Race Talk: Indexicality and the Social Construction of Race and Linguistic Value." In *Journal of Linguistic Anthropology*, 2008,18(1): 108-129.

[3] Bakhtin, M. M. *The Dialogic Imagination*. Austin: University of Texas Press, 1981.

[4] Banton, Michael. *Racial Theories*. Cambridge: Cambridge University Press, 1987.

[5] Barlow, John Perry. "Being and Nothingness." In Benedikt, Michael. *Mondo 2000*, 1990: 29-37.

[6] Barnard, Alan and Anthony Good. *Research Practices in the Study of Kinship*. London: Academic Press,1984.

[7] Barnard, Alan and Jonathan Spencer. *Encyclopedia of Social and Cultural Anthropology*. London & New York: Routledge,1996.

[8] Barnes, R. B. "Personal Names and Social Classification." In Parkin, David. *Symantec Anthropology*. London: Academic Press, 1982: 211-226.

[9] Bakhtin, Mikhail. *Rabelais and His World*. Trans. Hélène Iswolsky. Bloomington: Indiana University Press,1984.

[10] Basso, K. " 'To Give up on Words': Silence in Western Apache Culture." In Giglioli, P. P. *Language and Social Context*. Harmondsworth: Penguin,1972.

[11] Bauman, R. *Let Your Words Be Few*. Cambridge: Cambridge University Press, 1983.

[12] Baumgarten, Albert. *The Phoenician History of Philo of Byblos: a Commentary*. Leiden: Brill, 1981.

[13] Beattie, J. H. Contemporary Trends in British Social Anthropology. Sociologus, 1955.

[14] Berlin, Brent and Paul Kay. *Basic Color Terms: Their Universality and Evolution*. Berkeley and Los Angeles: University of California Press, 1969.

[15] Bernstein, Basil. *Class, Codes and Control*. London: Routledge and Kegan Paul, 1970.

[16] Bourdieu, Pierre. *Outline of a Theory of Practice*. Cambridge: Cambridge University Press, 1977.

[17] Bourdieu, Pierre. *The Logic of Practice*. Stanford: Stanford University Press, 1990.

[18] Bourdieu, Pierre. "Structures, Habitus, Power." In Dirks, Nicholas. et al. *Culture/Power/History*. Princeton, New Jersey: Princeton University Press, 1994: 155-199.

[19] Brown, Penelope and Stephen Levinson. *Politeness: Some Universal in Language Usage*. Cambridge: Cambridge University Press, 1987.

[20] Brown, R. and A. Gilman. "the Pronouns of Solidarity and Power." In Giglioli, P. P. *Language and Social Context*, Harmondsworth: Penguin, 1972. 252-282.

[21] Burks, Arthur. *Collected Papers of Charles Sanders Peirce*. Volume VII. Cambridge: Harvard University Press, 1958.

[22] Chomsky, A. N. *Syntactic Structures*. Hague: Mouton, 1957.

[23] Conklin, Harold. *The Relation of Hanunoo Culture to the Plant World*. Unpublished PhD dissertation in Anthropology. Yale University, 1954.

[24] Connerton, Paul. *How Societies Remember*. Cambridge: Cambridge Uni-

versity Press,1989.

[25] Craik, K. J. W. *The Nature of Explanation*. Cambridge: Cambridge University Press,1943.

[26] D'Andrade, Roy. *The Development of Cognitive Anthropology*. Cambridge: Cambridge University Press,1955.

[27] Daniel, E. Valentine. *Fluid Signs*. Berkeley: University of California Press,1984.

[28] Diringer, David. *The Alphabet: A Key To The History of Mankind*. Columbia, MO: South Asia Books,1996.

[29] Dolgin, Janet. et al. *Symbolic Anthropology*. New York: Columbia University Press,1997.

[30] Douglas, Mary. *Purity and Danger*. London: Routledge & K. Paul,1996.

[31] Dreyfus, Hubert and Paul Rabinow. *Michel Foucault: Beyond Structuralism and Hermeneutics*. 2nd ed. Chicago: The University of Chicago Press,1983.

[32] Duranti, Alessandro. *Linguistic Anthropology: A Reader*. Massachusetts & Oxford: Blackwell,2001.

[33] Duranti, Alessandro. *Linguistic Anthropology*. Cambridge: Cambridge University Press,1997.

[34] Fox, Richard G. *Realm and Region in Traditional India*. Durham, N. C.: Duke University,1977.

[35] Schieffelin, Bambi B., Kathryn A. Woolard and Paul V. Kroskrity. *Language Ideologies*. Oxford: Oxford University Press,1998.

[36] Fadiman, Anne. *The Spirit Catches You and You Fall Down*. New York: Farrar, Straus and Giroux,1997.

[37] Fano, Giorgio. *The Origins and Nature of Language*. Bloomington: Indiana University Press,1992.

[38] Faudree, Paja. "Linguistic Anthropology in 2008: An Election-Cycle

Guide." In *American Anthropologist*, 2009, 111 (2): 153-161.

[39] Fillmore, Charles. *Santa Cruz Lectures on Deixis*. Bloomington: Indiana University Linguistics Club, 1971.

[40] Finney, Ben. *Hokulea the Way to Tahiti*. New York: Dodd, Mead and Company, 1979.

[41] Firth, Raymond. "Personal Names." In *LSE Quarterly*, 1987, 1(3): 273-299.

[42] Foley, William. *Anthropological Linguistics*. Massachusetts & Oxford: Blackwell, 1997.

[43] Frazer, James. *Totemism and Exogamy*. London: Macmillan, 1910.

[44] Gaur, Albertine. *Literacy and the Politics of Writing*. Bristol, UK and Portland OR, USA: Intellect, 2000.

[45] Geertz, Clifford. *The Interpretation of Cultures*. New York: Basic Books, Inc, 1973.

[46] Geertz, Clifford. *Local Knowledge*. New York: Basic Books, 1983.

[47] Gelb, I. J. *A Study of Writing*. 2nd ed. Chicago: University of Chicago Press, 1963.

[48] Gell, Alfred. *The Anthropology of Time*. Oxford: Berg, 1992.

[49] Gellner, E. *Nations and Nationalism*. Ithaca, N. Y.: Cornell University Press, 1983.

[50] Gellner, Ernest. "On Concept of Kinship." In Ernest Gellner. *The Concept of Kinship and Other Essays*. Oxford & New York: Blackwell, 1987: 163-182.

[51] Giddens, Anthony. *Central Problems in Social Theory: Action, Structure and Contradiction in Social Analysis*. Berkeley: University of California Press, 1979.

[52] Giddens, Anthony. *The Constitution of Society: Outline of the Theory of Structuration*. Berkeley: University of California Press, 1984.

[53] Gladwin, Thomas. *East is a Big Bird*. Cambridge: Harvard University

Press, 1970.

[54] Gladwin, T. and W. Sturtevant. *Anthropology and Human Behavior*. Washington, DC: Anthropological Society of Washington, 1962.

[55] Goffman, Irvin. *Behavior in Public Places*. New York: Free Press, 1963.

[56] Goodenough, Ward. "Componential Analysis and the Study of Meaning." In *Language*, 1956, 32(1): 195-216.

[57] Goodenough, Ward. *Description and Comparison in Cultural Anthropology*. Chicago: Aldine, 1970.

[58] Goody, Jack. *Rethinking Anthropology*. London: Athlone, 1962.

[59] Goody, Jack. *The Domestication of the Savage Mind*. Cambridge: Cambridge University Press, 1977.

[60] Goody, Jack. *The Interface Between the Written and the Oral*. Cambridge: Cambridge University Press, 1987.

[61] Gough, Kathleen. "The Nayars and the definition of marriage." In *Journal of the Royal Anthropological Institute*, 1959, 89: 23-34.

[62] Schneider, David and Kathleen Gough. *Matrilineal Kinship*. Berkeley: University of California Press, 1961.

[63] Gray, Chris and Mark Driscoll. "What's Real About Virtual Reality?: Anthropology of, and in, Cyberspace." In *Visual Anthropology Review*, 1992, 8(2): 43-49.

[64] Gumperz, John and Stephen Levinson. *Rethinking Linguistic Relativity*. Cambridge: Cambridge University Press, 1996.

[65] Haiman, John. *Natural Syntax*. Cambridge: Cambridge University Press, 1985.

[66] Haiman, John. *Iconicity in Syntx* TSL6. Amsterdam: John Benjamins, 1985.

[67] Harris, Christopher. *Kinship*. Milton Keynes: Open University Press, 1990.

[68] Harris, Roy. *Rethinking Writing*. Bloomington: Indiana University Press, 2000.

[69] Haviland, John. "Anchoring, iconicity, and Orientation in Guugu-Yim-

idhirr. "In *Journal of Linguistic Anthropology*, 1993, 3(1): 3-45.

[70] Haviland, William. *Cultural Anthropology*. Fort worth, Philadelphia, San Diego, New York, Austin, San Antonio, Toronto, Montreal, London, Sydney, Tokyo: Harcourt Brace College Publishers, 1999.

[71] Heath, Shirley. *Ways with Words: Language, Life and Work in Communities and Classrooms*. Cambridge: Cambridge University Press, 1983.

[72] Herzfeld, Michael. *Cultural Intimacy: Social Poetics in the Nation-State*. Second Edition. New York and London: Routledge, 2005.

[73] Hill, Jane. *The Everyday Language of White Racism*. Malden, MA: Wiley-Blackwell, 2008.

[74] Holland, Dorothy, and Naomi Quinn. *Cultural Models in Language and Thought*. New York: Cambridge University Press, 1987.

[75] Howland, Douglas. *Translating the West: Language and Political Reason in Nineteenth-Century Japan*. Honolulu : University of Hawaii Press, 2002.

[76] Hugh-Jones, Christine. *From the Milk River: Spatial and Temporal Processes on Northwest* Amazonia. Cambridge: Cambridge University Press, 1979.

[77] Hutchins, Edwin. *Cognition in the Wild*. Cambridge: MIT Press, 1994.

[78] Hymes, Dell. "The Ethnography of Speaking." In Gladwin, Thomas and William Sturtevant. *Anthropology and Human Behavior*. Washington, DC: Anthropological Society of Washington, 1962: 13-53.

[79] Hymes, Dell. "Objective and Concepts of Linguistic Anthropology." In Mandelbaum, David, G. W. Lasker and E. M. Albert. *The Teaching of Anthropology*. American Anthropological Association, 1963: 275-302.

[80] Hymes, Dell. "General Introduction." In Hymes, Dell. *Language in Culture and Society: A Reader in Linguistics and Anthropology*. New York: Harper & Row, 1964.

[81] Hymes, Dell. *Foundations in Social Linguistics: An Ethnographic Ap-*

proach. Philadelphia: University of Pennsylvania Press,1974.

[82] Ingold, Tim. *Athropology and/as Education.* London & New York: Routledge,2018.

[83] Ingold, Tim. *Making: Anthropology, Archaeology, Art and Architecture.* London & New York: Routledge,2017.

[84] Ivy, Marilyn. "Critical Texts, Mass Artifacts: The Consumption of Knowledge in Postmodern Japan." In Miyoshi, Masao and H. D. Harootunian. *Postmodernism and Japan.* Durham and London: Duke University Press,1989:21-46.

[85] Jakobson, Roman. *Shifter, Verbal Categories, and the Russian Verb.* Cambridge, Massachusetts: Harvard University Press,1957.

[86] Janowitz, N. "Parallelism and Framing Devices in a Late Antique Ascent Text." In Meriz E. and Parmentier R. *Semiotic Mediation.* Orlando: Academic Press,1985:155-175.

[87] Jespersen, Otto. *Language.* New York: Henry Holt and Company,1924.

[88] Johnson, Mark. *The Body in the Mind: The Bodily Basis of Meaning, Imagination and Reason.* Chicago: University of Chicago Press,1987.

[89] Keller, Charles and Janet Keller. *Cognition and Tool Use.* Cambridge: Cambridge University Press,1996.

[90] Kelly, Louis. *The True Interpreter: A History of Translation Theory and Practice in the West.* Oxford: Basil Blackwell,1979.

[91] Kenny, Anthony. *Wittgenstein.* Cambridge, Massachusetts: Harvard University Press,1973.

[92] Kozulin, Alex. "Vygotsky in Context." In Vygotsky, Lev. *Thought and Language.* Cambridge, Massachusetts and London, England: The MIT Press. 1986.

[93] Kroeber, A. L. "Classificatory Systems of Relationship." In *Journal of the Royal Anthropological Institute*,1909, 39: 77-84.

[94] Labov, William. *The Social Stratification of English in New York City.*

Arlington: Center for Applied Linguistics, 1966.

[95] Labov, William. *The Study of Nonstandard English.* Champaign, IL: National Council of Teachers, 1970.

[96] Labov, William. *Language in the Inner City: Studies in the Black English Vernacular.* Philadelphia: University of Pennsylvania Press, 1972.

[97] Labov, William. *Sociolinguistic Patterns.* Philadelphia: University of Pennsylvania Press, 1972.

[98] Labov, William. "Field Methods of the Project on Linguistic Change and Variation." In Baugh, John and Joel Sherzer. *Language in Use: Readings in Sociolinguistics.* Englewood Cliffs, NJ: Prentice-Hall, 1984: 28-53.

[99] Lakoff, George. *Women, Fire, and Dangerous Things: What Categories Reveal about the Mind.* Chicago: The University of Chicago Press, 1987.

[100] Lakoff, George. "The Invariance Hypothesis." In *Cognitive Linguistics*, 1990, 1(1): 39-74.

[101] Leach, Edmund. "Concerning Trobriand Clans and the Kinship Category *tabu*." In Goody, Jack. *The Developmental Cycle of Domestic Groups.* Cambridge: Cambridge University Press, 1958: 120-145.

[102] Lévi-Strauss, Claude. *Structural Anthropology.* Trans. Claire Jacobson and Brooke Schoepf. New York: Basic Books, 1963.

[103] Lewis, David. *We The Navigators.* Honolulu: University Press of Hawaii, 1972.

[104] Lienhardt, Godfrey. *Divinity and Experience.* Oxford: Clarendon Press, 1961.

[105] Lloyd, G. E. R. *Demystifying Mentalities.* Cambridge: Cambridge University Press, 1990.

[106] Lounsbury, J. F. "Semantic Analysis of the Pawnee Kinship Usage," In *Language*, 1956, 32(1): 158-194.

[107] Lucy, John and Richard Shweder. "Whorf and His Critics: Linguistic

and Nonlinguistic Influences on Color Memory. " In *American Anthropologist*, 1979, 81:581-615.

[108] Lucy, John. *Language Diversity and Thought*. Cambridge: Cambridge University Press, 1992.

[109] Lyons, J. *Semantics*. Cambridge: Cambridge University Press, 1977.

[110] MacLaury, Robert. *Color and Cognition in Mesoamerica*. Austin: University of Texas Press, 1997.

[111] McLuhan, Eric and Frank Zingrone, *Essential McLuhan*, New York: Basic Books, 1996.

[112] Malinowski Bronislaw. "The Problem of Meaning in Primitive Languages." In Ogden, C. K. and I. A. Richards. *The Meaning of Meaning*. New York: Harcourt, Brace, & World, Inc, 1923: 296-336.

[113] Malinowski, Bronislaw, *Coral Gardens and Their Magic*. London: Allan & Unwin, 1978.

[114] Maturana, Humberto and Francisco Varela. *The Tree of Knowledge*. Boston & London: Shambhala, 1998.

[115] Merrel, Floyd. *Peirce, Signs, and Meaning*. Toronto Buffalo London: University of Toronto Press, 1997.

[116] Mill, J. S. *System of Logic*. London: Parker, 1843.

[117] Morris, Charles. *Signs, Language and Behavior*. New York: Prentice Hall, 1946.

[118] Murray, Craig and Judith Sixsmith. "The Corporeal Body in Virtual Reality." In *Ethos*, 1999, 27(3):315-343.

[119] Needham, Rodney. "Descent System and Ideal Language." In *Philosophy of Science*, 1960, 27: 96-101.

[120] Ohnuki-Tierney, Emiko. *Rice as Self*. Princeton, New Jersey: Princeton University Press, 1993.

[121] Ortner, Sherry B. "On Key Symbols." In *American Anthropologist*, 1973, 75(5): 1338-1346.

[122] Parkin, Robert. *Kinship*. Oxford: Blackwell,1997.

[123] Phillipson, Robert. *Linguistic Imperialism*. Oxford: Oxford University Press,1992.

[124] Robert , Redfield. *The Little Community and Peasant Society and Culture* (*Midway Reprint*). Chicago: Chicago University Press,1999.

[125] Rosaldo, M. "Woman, Culture and Society: A Theoretical Overview." In *Women, Culture and Society*. Stanford: Stanford University Press, 1974:17-42.

[126] Rosaldo, M. "The Use and Abuse of Anthropology: Reflections on Feminism and Cross-cultural Understanding." In *Signs*,1980:389-417.

[127] Ross, John. "On Declarative Sentences." In Jacobs, Roderick and Peter. Rosenbaum. *Readings in English Transformational Grammar*. Waltham, Mass: Georgetown University School of Language,1970.

[128] Sadock, Jerrold. *Toward a Linguistic Theory of Speech Acts*. New York: Academic Press,1974.

[129] Sahlins, Marshall. *The Use and Abuse of Biology: An Anthropological Critique of Sociobiology*. London: Tavistock,1977.

[130] Sapir, Edward. *Selected Writings*. Berkeley: University of California Press,1949.

[131] Saville-Troike, Muriel. *The Ethnography of Communication*. Oxford: Basil Blackwell,1982.

[132] Schieffelin, Bambi B. , Kathryn A. Woolard and Paul V. Kroskrity. *Language Ideologies*. Oxford: Oxford University Press, 1998.

[133] Basso, Keith and Henry Selby. *Meaning in Anthropology*. Albuquerque: University of New Mexico Press,1976.

[134] Schneider, David. *American Kinship: A Cultural Account*. 2nd edition. Englewood Cliffs, NJ: Prentice-Hall,1980.

[135] Schneider, David. *A Critique of the Study of Kinship*. Ann Arbor: University of Michigan Press,1970.

[136] Searle, John. *Speech Acts*. Cambridge: Cambridge University Press, 1970.

[137] Singer, Milton. *Man's Glassy Essence: Explorations in Semiotic Anthropology*. Bloomington: Indiana University Press, 1984.

[138] Sopher, David E. "Rohilkhand and Oudh: An Exploration of Social Gradients Across a Political Frontier." In Fox, Richard G. *Realm and Region in Traditional India*. Durham N. C.: Duke University, 1977.

[139] Subbarayalu, Y. *Political Geography of the Chola Country*. Madras: Tamil Nadu State Department of Archaeology, 1973.

[140] Trautmann, Thomas. *Lewis Henry Morgan and the Invention of Kinship*. Berkeley, Los Angeles, London: University of California Press, 1987.

[141] Tyler, Stephen. *Cognitive Anthropology*. New York: Holt, Rinehart and Winston, 1969.

[142] Underberg, Natalie and Elayne Zorn. "Multisensory Immersion in Virtual Spaces," In *Anthropology News*, 2009, April.

[143] Vygotsky, Lev. *Thought and Language*. Cambridge, Massachusetts & London, England: The MIT Press, 1986.

[144] Wasson, Christina. "*Being in Two Spaces at Once: Virtual Meetings and Their Representation.*" In *Journal of Linguistic Anthropology*, 2006, 16(1): 103-130.

[145] Wells, Spencer. *The Journey of Man: A Genetic Odyssey*. Princeton and Oxford: Princeton University Press, 2002.

[146] Whiteley, Peter. "Do 'Language Right' Serve Indigenous Interests? Some Hopi and Other Queries." In *American Anthropologist*, 2003, 105 (4): 712-722.

[147] Wierzbicka, Anna. *Semantics, Culture and Cognition*. New York: Oxford University Press, 1992.

[148] Wolbert, Barbara. "The Visual Production of Locality: Turkish Family Pictures, Migration and the Creation of Virtual Neighborshoods." In *Visual Anthropology Review*, 2001, 17 (1): 21-35.